O imaginário macabro

CONSELHO EDITORIAL
Ana Paula Torres Megiani
Eunice Ostrensky
Haroldo Ceravolo Sereza
Joana Monteleone
Maria Luiza Ferreira de Oliveira
Ruy Braga

O imaginário macabro

Idade Média – Romantismo

Juliana Schmitt

Copyright © 2018 Juliana Schmitt

Grafia atualizada segundo o Acordo Ortográfico da Língua Portuguesa de 1990, que entrou em vigor no Brasil em 2009.

Edição: Haroldo Ceravolo Sereza
Projeto gráfico, diagramação e capa: Mari Ra Chacon Massler
Editora Assistente: Danielly Teles
Assistente acadêmica: Bruna Marques
Editora de projetos digitais: Marilia Chaves
Imagem da capa: Frontispício da *Doten Dantz mit figuren*, de J. Meydenbach, 1490 - 1495

Esta obra foi publicada com apoio da Fapesp/ processo n° 2016/08714-0.

CIP-BRASIL. CATALOGAÇÃO NA PUBLICAÇÃO
SINDICATO NACIONAL DOS EDITORES DE LIVROS, RJ
S38i

Schmitt, Juliana
  O imaginário macabro : Idade Média : Romantismo / Juliana Schmitt. - 1. ed. - São Paulo : Alameda, 2017.
     : il. ; 23 cm.

  Inclui bibliografia
  ISBN 978-85-7939-526-0

  1. Literatura e história. I. Título.

17-46400   CDD: 869.91
                CDU: 821.134.3(81)-1

ALAMEDA CASA EDITORIAL
Rua Treze de Maio, 353 – Bela Vista
CEP 01327-000 – São Paulo – SP
Tel. (11) 3012-2403
www.alamedaeditorial.com.br

Sumário

9 Apresentação

13 Introdução

19 Origens do macabro

81 No rastro do macabro medieval

129 As danças macabras no século XIX

197 O Carnaval e a Morte

231 Considerações finais

235 Referências

249 Índice de imagens

253 Agradecimentos

Ao meu irmão, Henrique
Ao meu pai, Sérgio

– que não ficaram para ver este livro,
mas estão sempre comigo.

Apresentação

As danças macabras. Entre trágico-jocoso e humor ácido.

Que deleite para a mente e para a imaginação é o livro de Juliana Schmitt! Poderia nos causar surpresa que um estudo dedicado a um tema macabro seja assim, tão prazeroso. Mas é de todo esse paradoxo do tema, e de toda a arte da autora, que se produz esse sentimento. Esse estudo, de incrível erudição, que atravessa séculos e continentes, misturando as artes à literatura, se lê como um romance, graças à vivacidade de sua escrita e à força de sua explanação. Os poemas, as gravuras, as pinturas que ilustram esse belo livro rodopiam em nossas cabeças como uma festa dos mortos, fazendo-nos reviver um imaginário ainda presente, também no Brasil, como bem nos revela a autora em sua introdução. Parece-nos que, na Idade Média, as pinturas representando a dança dos mortos vêm ocupam o lugar de um gênero teatral que já não existe mais: a tragédia, ou melhor dizendo, a tragicomédia. De que modo uma pintura pode ser teatro e, mais exatamente, uma encenação trágica? Isso nos é explicado poeticamente por um dos autores que revolucionaram o teatro do século XX, e para o qual essas danças eram o protótipo do Teatro da Crueldade: Antonin Artaud. Em um trecho de *O Teatro e seu Duplo*, o autor evoca pintores tais como Bosch ou Brueghel, o Velho, que embora mais tardios, nos legaram obras em que "fervilha, por todo o lado, o teatro" (e o comentário aplica-se também às pinturas das danças macabras): "Um barulho lívido e rangente se ergue dessa bacanal de larvas onde nódoas de pele humana nunca revelam a mesma cor. [...] É um teatro mudo que, no entanto, fala muito mais do que se tivesse recebido uma língua para se expressar."

Como nos lembra Juliana Schmitt, o aparecimento das danças macabras é concomitante à uma transformação da representação da morte, decorrente da Peste Negra que se propagou na Europa a partir de 1348. Ora, um evento similar, ocorrido no século XVIII, para Artaud, em *O Teatro e a Peste* – texto no qual se exprime a violenta poesia macabra dos corpos pestilentos, constitui o modelo e a fonte do verdadeiro teatro. Em 1947, já no final da vida, depois de ter atravessado a guerra, a loucura e hospícios, onde ele diz ter morrido e ressuscitado, o autor, buscando ainda o lugar em que poderia ter surgido, conforme o título de seu texto, *O Teatro da Crueldade*, escreve: "Ali, os vivos marcam encontro com os mortos / e alguns quadros de danças macabras não têm outra origem senão essa. / São essas sublevações / nas quais se inscreve, incessantemente, o encontro de dois mundos singulares / que produzem a pintura da Idade Média, como, aliás, qualquer outra pintura [...] A terra se pinta e se descreve / pela ação de uma terrível dança / para alguém a quem ainda não foi oferecido / epidemicamente todos os seus frutos". Em 1959, depois do Apocalipse nuclear de Hiroshima, o japonês Tatsumi Kijikata encontrou essa inspiração, criando a dança Buto - a "Dança da Trevas".

Qual a relação entre as danças macabras e a tragédia? Evidentemente, há um elo com o antigo culto dos mortos; evidentemente, há a questão do inelutável encontro do homem com a morte no momento mais inesperado; mas há, sobretudo, aquilo que é o mais essencial na tragédia grega (conforme o helenista Fernand Robert): a inveja do povo para com os grandes e poderosos, cuja queda o público assiste com volúpia. Esse elemento motriz, nós também encontramos na tragédia barroca, no tema da Roda da Fortuna. Esse gozo diante da queda dos poderosos está no cerne das danças macabras, durante as quais os mortos arrastam príncipes, reis e até mesmo o papa para sua farândola.

Essas últimas observações nos remetem à tragicomédia, e porque não à comédia, como está tão bem demonstrado no último capítulo do livro, dedicado ao carnavalesco. Assim, os *Triunfos da Morte* são, na verdade, um triunfo da vida. Qualquer que seja o horror suscitado pelas danças macabras, ou o terror que as representações do Inferno possam insuflar, isso prova e confirma um dogma do cristianismo: a ressurreição dos corpos. O Inferno e o sofrimento eterno da carne são preferíveis ao Vazio. É exatamente o que nos atesta a obra de Sade, na qual Juliana Schmitt encontra o afloramento do imaginário macabro. Por mais torturados que sejam, basta um unguento, cujo segredo apenas os libertinos conhecem, para que os corpos recuperem a beleza perdida; ou ainda, insatisfeitos com a crueldade simplória desse mundo, os libertinos fazem morrer suas vítimas em pleno pecado ou sacrilégio para, gozando desse acréscimo de crueldade que lhes infligem, as virem assim, enviadas às torturas eternas do Inferno. Trata-se apenas de humor negro? Ou, como afirma Lacan, apesar do pretenso ateísmo, os libertinos sadianos e o próprio Sade, são incapazes de encarar o Vazio. Essa alegria cruel que a secreta crença na ressurreição e na indestrutibilidade dos corpos implica, encontra-se também naquela suscitada pelas danças macabras. Juliana Schmitt lembra, na p. 202: naquele tempo, a morte não era o Vazio.

Mesmo com a abrangência desse estudo, já ressaltada acima, sua força resulta da visão em perspectiva de dois períodos cruciais: a Idade Média e o Romantismo. A autora explica perfeitamente as razões a que se deve, entre outras, o gosto próprio aos românticos pelo macabro e pelo gótico. Mas podemos também refletir sobre as observações de Michel Foucault, em sua *História da Loucura*, para quem o romantismo encontrou o sentido trágico e profundamente humano da loucura, do qual, para ele, o carnaval e essas danças da morte eram uma forma de expressão. Além disso, como demonstram Victor Hugo ou Charles Baudelaire, uma das bases da estética romântica é o encontro entre o sublime e o grotesco, entre o belo e o abjeto, aspecto que esse livro analisa com propriedade. Baudelaire encontra o elo essencial entre o erotismo e a morte que as danças macabras exibem e dá como objeto da poesia o horror, como em *Uma Carniça*, texto ao qual Juliana Schmitt se refere com muita justeza, mas também o humor ácido daqueles ruídos e rangidos de ossos que reviravolteiam e se entrechocam na dança dos esqueletos. Assim, no final de um de seus poemas "condenados", *As Metamorfoses do Vampiro*, o poeta se volta "languidamente" para a mulher que "de seus ossos chupara toda a medula", e descobre que ao seu lado jazia, agora, "um odre com flancos pegajosos, todo cheio de pus" e que "Tremiam confusamente restos de esqueleto, / Dos quais emanava o lamento de um cata-vento/ Ou o de uma tabuleta, à ponta de um varão de ferro, / Balançada pelo vento das noites de inverno".

Essas poucas observações, apesar de insuficientes para resumir o livro de Juliana Schmitt ou revelar todo seu interesse, tentam capturar o alegre paradoxo sobre o qual foi construído – uma das razões pelas quais se explica o prazer da leitura que esse estudo magistral oferece.

Camille Dumoulié
Professor de Literatura Comparada na Université de Paris Ouest-Nanterre (França)

Introdução

Em novembro de 1866, o diretor do *Diário de São Paulo*, Cândido Justiniano Silva, abriu um processo contra o semanário humorístico *Cabrião*. De acordo com o denunciante, o periódico havia ofendido a moral pública em uma ilustração de seu sexto número, lançado naquele mesmo mês, assinada por Angelo Agostini, um de seus proprietários. O desenho representava uma farra entre vivos e mortos no cemitério da Consolação. Na cena, os convivas bebem animadamente, conversam, dançam, fumam e passeiam entre as lápides. Um pequeno esqueleto, caminhando em primeiro plano, sugere até mesmo a participação de uma criança na ruidosa pândega. (figura 1)

Figura 1: "O cemitério da Consolação no dia de finados", de Angelo Agostini, no *Cabrião* de novembro de 1866.

Diante da escabrosa confraternização sugerida pelo jornalzinho, Silva alegava que a estampa atentava contra a moral e a religião; que defuntos enterrados em um cemitério público haviam sido ridicularizados e constrangidos, numa atitude desrespeitosa que incluía, até mesmo... profanação de cadáver. O suposto delito foi enquadrado no artigo 279 do Código Criminal do Império e, apesar de inciada como uma ação privada, o processo em seguida foi aceito pelo promotor público. Oficializada a acusação, inciou-se ação penal.

Não era a primeira vez que o *Cabrião* incomodava os setores mais conservadores. Afinal, o periódico de caricaturas tinha no governo imperial o principal alvo de suas sátiras. "*O Cabrião veio ao mundo somente para rir e fazer rir*", anunciava a edição número 9, de 25 de novembro de 1866. Para chegar ao seu objetivo, não poupava ninguém, nem o Imperador, nem os membros do alto clero, políticos poderosos, a Guerra do Paraguai... No entanto, foi a folia na necrópolis que rendeu ao semanário um processo criminal.

Na tentativa de se defender e conquistar a simpatia da população local,[1] seus editores fizeram publicar, no *Correio Paulistano* de 8 de novembro, uma coluna que explicava os motivos da cena mostrada em suas páginas ilustradas:

> Aquela caricatura não ofende nem vivos nem mortos, pela simples razão de que comporta uma coisa impossível.
> A sátira ali existente é uma idéia verdadeira, e que está no espírito de todos; refere-se, não aos mortos, que não podem levantar-se de suas sepulturas, mas ao desrespeito que geralmente ostentam os que visitam o cemitério, não como quem vai ali cumprir um ato religioso, mas como quem vai a um lugar de passeio e de pagode, de chapéu na cabeça, charutinho na boca, e a dizer sandices e blasfêmias, como devem muitos ter visto e ouvido, e como está representado na caricatura aludida.
> A caricatura exagera os vícios para torná-los bem salientes. Nesse sentido é que deve ser compreendido o painel do cemitério da Consolação, pintado pelo 'Cabrião'.[2]

---

1 O caso é contado na Introdução da edição fac-similar do *Cabrião*, por Délio Freire dos Santos (Cabrião, 2000).
2 *Idem*.

A caricatura publicada pelo *Cabrião*, portanto, nada mais era do que uma afiada e engraçada crítica ao hábito local de se levar farnéis e bebidas ao cemitério no dia de finados.

Literatos e figuras da oposição manifestaram-se em defesa do jornal. Ainda pelo *Correio Paulistano*, Fagundes Varella, sob pseudônimo, teria escrito um artigo sugerindo que, indiretamente, era o próprio governo quem estaria interessado em mover a ação, numa tentativa de calar o periódico que tantas vezes lhe fizera chacota. O interessante é o comentário do autor a respeito da repercussão do caso na sociedade: "*é o tema exclusivo de todas as palestras, a questão pendente de todas as reuniões, a novidade das novidades por todos os cantos da cidade (...).*"[3]

Pois o famoso "processo do Cabrião", como o caso ficou conhecido à época, terminou bem: concluiu-se que os defuntos não haviam sido ofendidos, a estampa foi considerada inocente e os responsáveis por sua publicação, absolvidos. Mas é claro que, para um veículo dedicado à crítica social em tom humorístico, o episódio rendeu pequenas notas divertidas nas edições seguintes, além de diversas outras ilustrações, que apresentavam os mortos da Consolação indo à delegacia com o semanário nas mãos prestar denúncia com cara de poucos amigos (edição 7), vestidos de policiais, lendo o *Diário* e disfarçados de fantasmas e assombrando o Cabrião[4] de noite (na edição 9), ou até mesmo festejando em um grande baile o fim da pendenga (edição 12).

Para além de todas as polêmicas relativas ao processo, um momento particularmente intrigante do entrave foi a tentativa de justificar a famigerada imagem em um artigo publicado em 14 de novembro, também no *Correio Paulistano*. Com o título "'*As danças dos cemitérios*' ou '*A dança dos mortos*'" o texto, assinado pelo

---

3   Citado em artigo de Vicente de Paulo Vicente de Azevedo, publicado em 20 de março de 1965, pelo Estado de São Paulo (Suplemento Literário, p. 4). O texto era a terceira parte de um longo comentário analítico sobre *A escola byroniana no Brasil*, de Pires de Almeida.

4   O personagem criado pelo jornal, inspirado pelo *Cabrion*, de "*Mistérios de Paris*", de Eugène Sue. O Cabrião é a figura fictícia que narra e comenta as notícias dadas pela publicação.

pseudônimo "Arcesilao"5, tratava de enumerar exemplares de *danças macabras* até o século XVI - entre elas, uma na Igreja de São Miguel em Coventry, na Inglaterra, uma na Igreja dos Dominincanos em Strassbourg, uma na Igreja de La Chaise-Dieu na França, duas na Basiléia e o exemplar do convento dominicano em Berna (todas essas do século XV), além de um baixo relevo de 1534 num cemitério de Dresden, gravuras de Hans Holbein de 1530, entre muitas outras, cerca de 20, no total.

O argumento proposto pelo autor na defesa do Cabrião era de que: *"Estas danças com seus regabofes ou sem eles, com dançados ou sem eles, não são cousa nova"*6 e que, desde seu surgimento, até o ano de 1866, *"ninguém tinha tido a lembrança de processar alguém"*, pois tais obras nunca haviam configurado desprezo aos mortos ou aos cemitérios.

Curiosa associação essa, estabelecida pelo artigo, entre a ilustração do jornalzinho e as danças macabras. O caso do *Cabrião* mostra que, no repertório do meio intelectual de meados do século XIX no Brasil, circulavam certas tópicas alheias ao senso comum, relacionadas a um imaginário tão distante no tempo e no espaço. De onde teria vindo essa referência direta às danças macabras, que não só não fazem parte da cultura popular brasileira como são expressões da cultura européia medieval, sem análogos no Brasil? A descoberta da dança macabra do *Cabrião* assombra o interessado pelo tema. Seria possível desvendar os caminhos que trouxeram as imagens do baile dos mortos para os trópicos? Na tentativa de responder a essas questões, fez-se necessário um retorno às origens do fenômeno.

***

As danças macabras surgem no contexto da Baixa Idade Média cristã, decorrentes de uma série de elementos próprios daquela conjuntura: a Peste Negra, a guerra dos Cem Anos, grandes fomes, uma maior diversidade de ofícios graças ao crescimento urbano, a valorização crescente do material em detrimento do espiritual, mudanças em relação ao conceito de morte... Esses fatores somados

---

5   Segundo Délio F. dos Santos (*Cabrião*, 2000, p. XXXVIII), tratava-se do escritor Ricardo Viscotti de Castellazzo, amigo de Agostini, o autor do desenho. Essa hipótese se fortalece pelas menções que Agostini faz nas ilustrações dos números 3, 4 e 5 do Cabrião, a um "Arcesilao, autor de *O livro do democrata*" – título esse do livro de Castellazzo. No entanto, de acordo com o artigo de Vicente de Azevedo (ver nota 3), tratava-se de Américo dos Campos, um dos proprietários do Cabrião.

6   *Cabrião*, 2000, p. XXXVIII.

culminariam nessas obras que juntam, em um mesmo cenário, pessoas e... cadáveres. Daí sua novidade.

A historigrafia da morte, em geral, admite que os últimos séculos medievais desenvolveram um intenso interesse pelos processos de decomposição do corpo humano. *É como se o espírito do final da Idade Média não pudesse enxergar a morte sob outro aspecto além do da deterioração*, diz Johan Huizinga.7 Não era à toa. Em uma época castigada por carestias e epidemias, era fácil um homem presenciar uma morte terrível e projetar, nela, seu próprio fim. Com um realismo mórbido, os artistas se esforçam em traduzir o caráter horrível da peste, insistindo nos trespasses fulminantes e naquilo que o contágio tinha de mais odioso, inumano e repugnante.

O fascínio pela morte física e pela putrefação era particularmente observável nas representações dos processos post-mortem na iconografia e na literatura – o que se convencionou chamar, portanto, de "macabro". O termo, desde então, passa a denominar toda referência ao corpo após a morte, em seus estágios de decomposição, até a revelação do esqueleto. Uma série de manifestações do macabro aparecem na passagem para o Renascimento, sendo as mais importantes delas o *Encontro do três mortos com os três vivos*, as *Danças Macabras* e os *Triunfos da Morte*. O capítulo 1 tenta dar conta dessa primeira etapa da sensibilidade macabra que emerge no Ocidente.

O final do século XVIII redescobre os temas da cultura medieval, tendo por fio condutor a já conhecida obsessão dos românticos pelo período. O imaginário macabro, que tinha passado por um verdadeiro obscurecimento nos séculos modernos, retorna com todo seu vigor atráves da interpretação de suas tópicas pelo Romantismo, seja atráves de sua vertente frenética, de origem inglesa, seja atrávés da poesia francesa *mal de vivre*. A retomada da cultura medieval explicaria, em parte, o reaparecimento dos cadáveres decompostos na literatura romântica, mas o desenvolvimento do conceito de sublime pela filosofia ajuda a compreender como o morto e sua podridão passam a ser considerados objeto de fruição estética. Devedor dos temas do Romantismo europeu, em especial do francês, cujos autores eram lidos no original, o Romantismo no Brasil também repercute essa nova configuração do macabro. O capítulo 2 tratará de traçar esse itinerário.

Nesse processo de adaptação do macabro medieval, chama a atenção a maneira como os românticos se reapropriaram do antigo tema das danças macabras,

---

7   Huizinga, 2010: 221.

modificando-o não apenas na estrutura, mas em seu desenvolvimento. As danças românticas perdem o caráter didático, pedra de toque das originais, e focam nos elementos fantasiosos e terroríficos (as brumas, o toque da meia-noite, mortos que voltam à vida no meio da escuridão da madrugada, as louças sepulcrais que misteriosamente se levantam...). Essa literatura encontrou ecos no Brasil, onde também foi reproduzida, muitas vezes com estética própria. O capítulo 3 procura levantar uma espécie de inventário dessa produção, seja na prosa ou na poesia, mostrando como as danças contemporâneas passaram a configurar verdadeiros festins de defuntos.

A analogia com as festas dos vivos é inevitável, e o quarto capítulo se propõe a verificar as aproximações entre essas imagens de celebração. Assim como as festas carnavalescas populares, que invertem a ordem normativa do mundo, o retorno dos mortos à superfície pode ser considerado uma transgressão da realidade tangível – daí o conceito de *carnavalização* poder ser uma chave interpretativa do macabro. Também será comentada a fabulação da Morte que invade o baile de Carnaval, presente tanto no fim da Idade Média quanto no século XIX, que se confunde com a da dança macabra, potencializando ainda mais o impacto da entrada do medo de morrer no espaço-tempo da folia e do excesso.

Isto posto, cabe alertar que não se busca, aqui, esgotar a análise de todo tipo de manifestação do macabro em todo o processo histórico, tarefa demasiadamente ousada. Procurou-se lidar com a passagem do imaginário macabro medieval para o Romantismo, e levantar suas transformações e sua repercussão na cultura literária oitocentista no Brasil. Esse rastreamento evitou aprofundar-se em momentos como o Barroco, por exemplo, preferindo abordar apenas a origem do fenômeno em si e seu posterior resgate. Também se poderia ir muito além do período ao qual se limita - optou-se, contudo, pela literatura de caráter romântico feita até, aproximadamente, a década de 1880. O recorte mostrou-se mais do que necessário. Os momentos posteriores já encontrariam outros modos de compreender a morte, que escapam ao nosso escopo. A intensa medicalização do óbito, o surgimento de empresas que monetarizam sobre o cadáver e o crescimento da prática da cremação, que elimina totalmente o despojo, resultam em manifestações outras do imaginário macabro, que frutificam majestosas na *Belle Époque* ocidental, notadamente no Simbolismo, e se intensificam com a irrupção da Primeira Guerra Mundial.

O caminho está aberto para novas e futuras contribuições. O assunto, como se vê, é inesgotável. Passemos, agora, ao seu início.

Origens do macabro

> *Je fis de macabre la danse*
> *Qui toutes gens mène à sa tresse*
> *Et a la fosse les adresse*
> *Qui est leur dernière maison*[1]
>
> Jean Le Fèvre, ca. 1376
>
> *L'homme n'est que charogne et sac à vermines*[2]
>
> Pierre de Nesson, 1461

O imaginário macabro nasce e se desenvolve no contexto medieval, mais especificamente em seus momentos finais, na chamada Baixa Idade Média. Ele representa uma certa concepção da existência humana, e se manifesta, via de regra, na iconografia e na literatura do período.[3] Se até o século XIV, aproximadamente,[4] predominava na cristandade a noção que contrapunha alma e corpo, sendo a morte uma libertação da alma (imaterial e imortal) de seu invólucro terrestre – e, portanto, passagem para uma outra existência, mais importante e plena, – os séculos seguintes testemunharam uma mudança de fundo na maneira em que o medievo percebia o óbito. Como se houvesse uma maior valorização do "aqui e agora", a morte passava a ser vista, também e cada vez

---

1 *Eu tornei macabra a dança / Que a todos conduz em sua trança / Levando-os à fossa / Que é sua última morada.*
Todas as traduções do francês foram feitas por Françoise Louise Reverdy.

2 *O homem não é nada além de carniça e saco de vermes*

3 Essa ressalva refere-se à questão específica e não resolvida das danças macabras – se estas seriam ou não registros de práticas populares, como processões ou encenações em festas populares. Os autores não entram em um consenso, mas a maioria não vê esse vínculo, pelo menos não nas origens das danças. O assunto será melhor discutido mais adiante.

4 Seguramente, esses recortes históricos não têm precisão matemática. Como será visto, mesmo os séculos anteriores ao XIV já assistiam à geração de uma nova forma de se conceber a morte – ela, no entanto, amadurecerá mais adiante.

mais, como um fim. Não que deixasse de ser uma travessia; a fé na continuidade da alma permanecia. Mas perdia espaço para uma maior crença na vida material.

A existência tornava-se, assim, menos transcendental e crescia, nos homens, a percepção de si enquanto indivíduos atuantes em uma realidade empírica. A vida deixava, gradualmente, de ser, apenas, preparação para o grande trespasse. Tanto valor quanto o "além", passava a ter também o que se era, o que se tinha, o que se fazia e o que se deixava no mundo. A noção de identidade pessoal progredia na medida em que práticas relativas à privacidade, como a confissão, o diário e a escritura de cartas pessoais, entre outras, emergiam.[5] A arte dedicava-se cada vez mais ao retrato; a Igreja incentivava a confissão - a narrativa dos próprios pecados. Os cuidados com o corpo aumentam,[6] uma vez que se reconhece, nele, o vínculo com essa existência terrena valorizada.[7]

Se o corpo material era tão importante quanto a alma que ele continha, naturalmente ele passava a ser alvo de grande curiosidade – mesmo depois de morto. "*A morte tornou-se o lugar em que o homem melhor tomou consciência de si mesmo*", analisa Philippe Ariès, um dos nomes mais importantes da historiografia da morte.[8] A ciência, gradativamente, começava a estudar a anatomia humana e realizar análises e dissecações, o que era, até então, proibido pela Igreja. O destino do cadáver tornava-se uma preocupação e o fim da Idade Média testemunhou o surgimento das primeiras identificações lapidares, que traduziam o desejo em se individualizar o local da sepultura para que a memória corpórea permanecesse, e consequentemente, sua lembrança física no mundo. Os ofícios dos mortos, que escondiam os corpos em mortalhas e esquifes, deixavam agora o defunto exposto, para que fosse reconhecido e homenageado.[9]

---

5 Sobre o surgimento da consciência de si na Baixa Idade Média, ver *História da vida privada. Da Europa feudal à Renascença*, em especial, o capítulo "A emergência do indivíduo". (Duby e Ariès, 1990, p. 503-619.)
6 Sobre esse assunto, ver: Vigarello, Georges. *O limpo e o sujo. Uma história da higiene corporal*. São Paulo: Martins Fontes, 2002.
7 Não é por acaso que esse momento vê também o nascimento da moda, como resultante de uma maior preocupação com a aparência do corpo físico. Ver, a respeito: Boucher, François. *História do vestuário no Ocidente*. São Paulo: Cosac Naify, 2010.
8 Ariès, 2003; 58.
9 Sobre as práticas funerárias da Idade Média, ver o capítulo "A morte de si mesmo", In: Ariès, 2003, p. 46 – 63.

Por extensão, o período teria desenvolvido um interesse obsessivo pelos processos de decomposição. A tendência era tão forte que pode-se dizer, ecoando Johan Huizinga, que é como se o final da Idade Média não pudesse enxergar a morte sob outro aspecto além do da deterioração.[10]

Não foi por acaso: em um contexto de fomes e epidemias, observar o sofrimento de outrem e imaginar o próprio fim devia ser uma constante. O século XIV, em especial, acumulou catástrofes e perturbações sociais,[11] além de uma profunda crise econômica e demográfica. Frequentes guerras, entre elas a dos Cem Anos, e a chegada da Peste Negra no continente europeu, desestabilizaram o Ocidente medieval, desencadeando um novo olhar sobre a morte.

A influência da Peste

Sabe-se que o surto de peste bubônica, iniciado em 1348, que foi chamado de Peste Negra, causou um grande impacto às sensibilidades da época. A quantidade assustadora de vítimas dizimadas pelo flagelo (mais de 25 milhões em dez anos, um terço da população européia),[12] um mal generalizado, que atacava indiscriminadamente, que não cedia ou amenizava diante de nenhum remédio conhecido e ceifava populações inteiras em poucos dias, fazia da morte um evento cotidiano.

É famoso o relato de Boccaccio, no *Decamerão*, sobre sua chegada no continente a partir de Florença. Nele, é tocante o sofrimento dos inúmeros moribundos, que, abandonados pelos familiares e amigos, agonizavam sozinhos. Seus corpos, horrivelmente deformados pelos bubões que se espalhavam e rompiam, liberavam líquidos fétidos e o odor de podredume tomava conta das casas infectadas. As pessoas morriam a todo instante, em qualquer lugar, e não havia meios de transportar e até mesmo de enterrar a todos. A ferocidade do contágio causava espanto: "Essa peste foi de extrema violência; pois ela atirava-se contra os sãos, a partir dos doentes, sempre que doentes e sãos estivessem juntos."[13]

---

10 Huizinga, 2010, p. 221.
11 Sobre esse assunto, ver o capítulo "As transformações dos séculos XIV e XV", In: Pirenne, 1968, p. 197-227.
12 Pirenne, 1968, p. 200.
13 Boccaccio, 1971, p. 16.

Nesse contexto, os rituais fúnebres eram improváveis, (*"Tais cerimônias quase se extinguiram, no todo ou parcialmente, quando principiou a crescer o furor da peste."*[14]) o que tornava o evento dessas mortes ainda mais estupefante.

> O tratamento dado às pessoas mais pobres, e à maioria da gente da classe média era ainda de maior miséria. Em sua maioria, tal gente era retida nas próprias casas, ou por esperança, ou por pobreza. Ficando, deste modo, nas proximidades dos doentes e dos mortos, os que sobreviviam ficavam doentes aos milhares por dia; como não eram medicados, nem recebiam ajuda de espécie alguma, morriam todos quase sem redenção. Muitos eram os que findavam seus dias na rua, de dia ou de noite. (...) A tal estado chegou a coisa, que não se tratava, quantos aos homens que morriam, com mais carinho do que se trata agora das cabras.[15]

Pode-se imaginar como as histórias sobre as valas comunais dos cemitérios transbordando de cadáveres fétidos e das pilhas de corpos putrefatos acumulando-se nas cidades e vilas em toda a Europa, tenham ficado de herança para as gerações seguintes. Em apenas cinco anos, todo o continente estava infectado, da chegada pelo Mediterrâneo em 1347 à Itália, norte da Espanha, França, em 1348; atravessando o mar e tomando a Inglaterra e a Irlanda, retornando ao norte da França até a Flandres em 1349; chegando aos Balcãs, à Renânia, à Alemanha, Dinamarca, Suécia e Hungria em 1350, no ano seguinte avança em direção às regiões bálticas, Polônia, Lituânia e, em 1352, ao coração da Rússia.[16] A epidemia não cessou plenamente e focos da doença reapareciam esporadicamente em diversos lugares durante os três séculos seguintes (de acordo com Hélène e Bertrand Utzinger, *"on peut dire que chaque génération connaît, entre 1348 et 1460, au moins une épidémie meurtrière. Il y eut 14 épidémies en Espagne, plus de 10 à Hambourg, à Cologne, plusieurs à Paris aussi."*[17]), relembrando a sua rapidez e crueldade.

Como consequência destes complexos processos sociais, culturais, mentais, o corpo morto passava a ser reinterpretado. Jean Delumeau comenta que essas tragédias repercutiam em outros campos e, *"com um realismo mórbido, os artistas*

---

14 *Idem, ibidem*, p. 17.
15 *Idem, ibidem*, p. 17-18.
16 Vovelle, 1983, p. 91.
17 Utzinger, 1996, p. 33.

e esforçam em traduzir o caráter horrível da peste e o pesadelo acordado vivido pelos contemporâneos. Insistiram nos trespasses fulminantes e naquilo que o contágio tinha de mais odioso, inumano e repugnante."[18] Esse fascínio pela morte física era particularmente observável na presença da representação dos processos post-mortem na iconografia e na literatura - o que se convencionou chamar de "macabro": "*o adjetivo que para nós adquiriu uma nuance de significado tão nítido e próprio, a ponto de, com ele podermos marcar toda a visão de morte do fim do período medieval.*"[19]

Assim, "costumam-se chamar "macabras" as representações realistas do corpo humano durante a sua decomposição. *O macabro medieval começa depois da morte e pára no esqueleto dessecado*",[20] ou seja, é a morte úmida, o estágio de "transi", como passou a ser denominado essa condição transitória da dissolução. Seja como cadáver repulsivo, corpo ressequido ou esqueleto, o morto era mostrado e descrito de uma maneira sem antecedentes. Insiste-se na exposição da podridão, em especial do abdômen – estufado ou aberto, abarrotado de vermes exaltados ou vazio, com as peles penduradas. "*Isso significa que se quer mostrar o que não se vê, o que se passa debaixo da terra e que é, na maioria das vezes, escondido dos vivos.*"[21]

A historiografia do macabro

O fenômeno do desenvolvimento da estética macabra não passou despercebido e suscitou interpretações diversas entre os historiadores. Dos estudos mais fundamentais sobre o tema, destaca-se os comentários de Johan Huizinga, em *O outono da Idade Média*, de 1919, que via o macabro como mais um sintoma do fim de uma época, em que a morte adquire caráter fatalista e exagerado, acompanhando os eventos traumáticos da Peste, das guerras e das crises alimentícias e demográficas que marcaram o período. Por outro lado, Alberto Tenenti, em outro texto necessário, *Il senso della morte e l'amore della vita nel Rinascimento*, de 1957, entende o macabro como evidência de uma nova sensibilidade a respeito do humano. Ele seria resultado dos questionamentos acerca de Deus e do lugar do homem no mundo, que revelam uma maior ênfase no material, no corpo –

---

18 Delumeau, 2009, p. 191.
19 Huizinga, 2010, p. 231.
20 Ariès, 1989, p. 118.
21 Ariès, 2003, p. 140.

um novo posicionamento, mais positivo, do indivíduo acerca de si mesmo, que seria prêambulo da cultura renascentista subsequente.

Posteriores à Huizinga e à Tenenti, uma outra geração de historiadores das mentalidades, vinculada à tradição francesa iniciada pelos *Annales*, formados nas décadas de 1960 e 1970, pôde conciliar as duas abordagens e observá-las em fontes iconográficas e literárias, como é o caso de Philippe Ariès em *Essais sur l'histoire de la mort en Occident du Moyen Âge à nos jours*, de 1975, e *L'homme devant la mort* de 1977, ou em documentos até então pouco explorados pela historiografia, como os testamentos e os altares às almas no purgatório – no caso de Michel Vovelle, em uma longa pesquisa que produziu, entre outros títulos, *Mourir autrefois*, de 1974, e *La mort et l'Occident, de 1300 à nos jours*, de 1983.[22] Esse posicionamento sobre o macabro se manteve em trabalhos que tocam na questão da morte no Ocidente medieval e já usam como referência os estudos de Ariès e Vovelle, como o de Jean Delumeau, *La peur en Occident*, de 1978, e, mais tardiamente, o de Jean-Claude Schmitt, *Les revenants: les vivants et les morts dans la société médiévale*, de 1994, entre outros. No âmbito deste trabalho, compartilharemos do entendimento de que o imaginário macabro se constitui

---

22 Os textos de Philippe Ariès e Michel Vovelle sobre a história da morte no Ocidente são as mais conhecidas contribuições para as pesquisas na área – em especial o primeiro, verdadeiro bastião, onipresente nos estudos sobre a morte em qualquer área acadêmica. No entanto, apesar de contemporâneos, os autores propõem vias opostas para o entendimento das concepções da morte na cultura ocidental cristã. Ariès, a partir do exame de conjuntos documentários diversos e heterogêneos (literários, litúrgicos, testamentários, epigráficos e iconográficos) buscava em suas fontes "a expressão inconsciente de uma sensibilidade coletiva". Nem políticas, nem econômicas, tampouco culturais: as evoluções analisadas parecem ser sempre do domínio psicológico, fazem parte das transformações do equipamento mental humano. Quando colocadas na perspectiva de uma história de longa duração, sua narrativa sobre as mentalidades em relação à morte se aproxima muito de uma "psico-história". No caso de Vovelle, sua metodologia vai no sentido contrário: contempla diferentes dados materiais das sociedades para deles extrair uma possível "mentalidade" da época estudada. Sendo assim, para se fazer, por exemplo, a história da morte, é preciso tomar a morte como um todo: considerar informações brutas sobre o óbito (as curvas demográficas, ocorrências de epidemias, fomes, guerras, etc), passando pelos rituais e gestos fúnebres até as produções mais elaboradas, literárias ou estéticas, do sentimento da morte. Isso porque, para Vovelle, em franca oposição ao sistema de Ariès, as modificações no entendimento do fim da vida não ocorrem somente por intermédio de engrenagens mentais que se movimentam, mas porque todas as estruturas da sociedade entram em choque – e afetam não apenas a visão da morte, mas todo o sistema de valores e de sensibilidades.

tanto como resposta às grandes baixas demográficas e crises sociais do período, como quanto reflexo de um desenvolvimento maior da consciência de si – na trilha da hipótese levantada pelo antropólogo Edgar Morin em *L'homme et la mort*, de 1970. Neste texto fundamental, que influenciou profundamente os historiadores das mentalidades, Morin defende a tese de que existia, nas antigas sociedades, uma relação entre as atitudes destas diante da morte e a consciência individual.[23] Neste sentido, o surgimento do macabro, enquanto conjunto de manifestações relacionadas à decomposição do cadáver, confirmaria sua teoria, já que, para o autor,

> La terreur de la décomposition n'est autre que la terreur de la perte de l'individualité. (...) L' ' horreur de la mort, c'est donc l' émotion, le sentiment ou la conscience de la perte de son individualité. Emotion-choc, de douleur, de terreur ou d'horreur. Sentiment qui est celui d'une rupture, d'un mal, d'un désastre, c'est-à-dire sentiment traumatique. Conscience enfin d'un vide, d'un néant, qui s'ouvre là où il y avait la plénitude individuelle, c'est-à-dire conscience traumatique.[24]

Antecedentes

Antes mesmo do imaginário macabro se popularizar no século XV, identificado como a exposição do cadáver e dos processos post-mortem, é possível perceber as pistas de sua gestação. Na arte funerária, por exemplo, é notável o aparecimento de esculturas portando a marca do que se consideraria macabro

---

23 Que, até então, era inexistente. Conforme Ariès, herdeiro dessas noções inauguradas por Edgar Morin, *A morte tal como a vida não é um ato apenas individual* e expressa a convicção de que a vida humana não é um destino particular *mas um elo do phylum fundamental e ininterrupto (...) Uma primeira solidariedade submetia assim o indivíduo ao passado e ao futuro da espécie. Uma segunda, o mergulhava em sua comunidade que participava ativamente dos seus momentos finais. A morte não era portanto um drama pessoal, mas a prova da comunidade encarregada de manter a continuidade da espécie.* (Ariès, 2000, p. 658)

24 "*O terror da decomposição não mais do que o terror da perda da individualidade. (...) o horror da morte, é, portanto, a emoção, o sentimento ou a consciência da perda de sua individualidade. Emoção-choque, de dor, de terror ou de horror. Aquele sentimento de um rompimento, uma dor, uma catástrofe, isto é, sentimento traumático. Consciência enfim de um vazio, de um nada, um nada que se abre ali, onde antes havia a plenitude individual, ou seja, consciência traumática.*" (MORIN, 1970, p. 70.)

por volta de meados do século XIV. As efígies tumulares até então, representavam o falecido sobre a sua tumba como jacente, em posição de dormir, de olhos fechados, mãos postas sobre o peito, vestido ou envolvido em mortalha, com expressão calma, plácida. *"Les gisants sont sereins et sûrs de leur mort qui est leur vie éternelle."* [25] No momento seguinte, porém, surgem imagens impressionantes, mesmo para a época:

> l'art de la mort se transforme profondément; toute mort porte la marque de la désolation, de la pourriture, de la consternacion et, par-delà, d'une certaine inquiètude. A l'évidence, en moins d'une génération, la tempête remplace le calme, la torture artistique remplace la sérénité, le rictus remplace le sourire, l'anatomie remplace le vêtement, le ver remplace le vair, le transi remplace le gisant, la pourriture remplace la vie éternelle. [26]

Na efígie da tumba (um cenotáfio, na verdade) de François de La Sarra (ca. 1363, o monumento foi erigido entre 1380-1400), na Capela de Saint-Antoine, em Vaud, na Suíça, sapos cobrem seu rosto e seus genitais, e serpentes atacam seus braços e pernas (figura 1). O médico Guillaume de Harcigny, cuja sepultura, de 1393, encontra-se no Museu de Laon, na França, foi representado com sinais cadavéricos evidentes: um corpo completamente nu, ressequido, com esqueleto já visível por baixo da pele (figura 2).

---

25 *"Os defuntos estão serenos e certos de sua morte que é para eles, vida eterna. "*(Utzinger, 1996, p 45.)

26 *"a arte da morte se transforma profundamente; toda morte traz a marca da desolação, da podridão, da consternação e além disso, um certo temor. Aparentemente, em menos de uma geração, a tempestade substitui a calma, a tortura artística substitui a serenidade, o ricto substitui o sorriso, a anatomia substitui a vestimenta, o verme substitui a pele, o cadáver substitui o defunto, a podridão substitui a vida eterna."* (Utzinger, 1996, p 45.)

Figura 1: Efígie de François de La Sarra. Capela de Saint-Antoine, Vaud, Suíça.

Figura 2: Efígie de Guillaume de Harcigny. Museu de Laon, França.

Tumbas compostas, com dois andares, deste mesmo período, mostravam duas esculturas: no andar de cima, uma tradicional de jacente, no de baixo, o cadáver em pleno processo de decomposição – como se quisessem, literalmente, mostrar o que acontece *debaixo da terra*. O exemplo mais conhecido é a do cardeal Jean Lagrange, falecido por volta do ano 1402, em Avignon, cuja parte de baixo de sua escultura tumular encontra-se no Musée du Petit Palais d'Avignon. Sobre o baixo-relevo que o representa ressequido, lê-se, em latim: *"Infeliz! Qual a razão de teu orgulho? Nada mais és que cinzas, e tu serás exatamente como eu, um cadáver fétido, alimento para os vermes"*[27](figura 3). Este tipo de construção foi feito ainda no monumento do arcebispo Richard Fleming, em 1430, na catedral de Lincoln, e na do arcebispo Henry Chichele, de 1443, na Catedral de Canterbury, ambas na Inglaterra. Incomuns até o século XIV, são contabilizadas cerca de 75 peças desse tipo no século XV, e 160 no XVI.[28]

---

27 Traduzido do francês a partir de citação em Mâle, 1961, p. 136.
28 Ariès, 2003, p. 150.

Figura 3: Efígie de Jean Lagrange. Museu do Petit Palais de Avignon, França.

Mas a arte funerária não foi o principal suporte dos temas macabros.[29] A fixação pelo cadáver, ou pelo menos pelos aspectos físicos da decomposição apareciam também na literatura, em exemplos esparsos que remontam ao século XII. Os *Versos da Morte*, do monge cisterciense Hélinand de Froidmont, compostos entre 1193 e 1197, e o tratado *De contemptus mundi*, de Lotario de Conti, mais tarde papa Inocêncio III, produzido entre 1194 e 1195, são representativos do terreno fértil em que se formariam os textos macabros.

No poema de Froidmont, escrito em primeira pessoa, o autor se dirige à Morte. Apesar de não ter voz própria no poema, o narrador apresenta-a personificada – uma novidade -, cruel, "ceifadora", que faz armadilhas para suas vítimas (*"Morte, tu sabes enfeitiçar"*; *"Tu és astuta"*)[30], carregando armas (*"Tu levantas sobre todos tua clava"*; *"Tu que, na pedra de amolar, fazes afiar tua navalha"*; *"A morte sobre eles joga a faca"*) e atacando-as de surpresa (*"Morte, tu que surpreendes brutalmente / Aqueles que crêem viver muito tempo"*), com agressividade (*"Morte, fendes de alto a baixo com tua cutilada"*; *"Tu sabes muito bem nos aterrorizar"*). Em um tom de crítica social, ele pede que ela espalhe suas lições de humildade aos seus conhecidos (*"Morte, eu te envio a meus amigos"*; *"Saúda por mim meus*

---

29 Idem, ibidem, p. 54.
30 Todos os trechos foram retirados da tradução feita por Heitor Megale para o português. (Froidmont, 1996)

amigos / Inspirando-lhes um santo temor") e às altas hierarquias (ao rei, ao cardeal, ao bispo [*"Tu que sabes abater os fortes / Tu que para os potentados fazes a lei / Que reduzes honras a nada / Que fazes tremer os mais poderosos"*]), mas que não se esqueça das gentes simples, das mais variadas categorias (*"Ó morte, manténs presos os grandes / Assim como nós, pobres campônios"*), das mais variadas idades (*"A idade não tem nada com o assunto"*). O texto insiste nos ensinamentos sobre a morte: sua inevitabilidade, sua imprevisibilidade, a necessidade de se estar preparado para ela, renunciando aos prazeres físicos e mundanos:

> Ó morte, se fosse possível
> Os ricos pensarem em ti,
> Ocupar-se-iam menos com dinheiro,
> Amariam menos sua carcaça
> E não esfolariam, estes rapaces,
> Com suas unhas, os pobres.
> Por que tu, morte, tu fincas teus dentes
> Mais forte e mais profundamente
> Sobre aqueles que, sem trégua, atormentam
> Os abandonados a todos os ventos,
> Sugam o sangue dos indigentes
> E se mostram os mais vorazes.[31]

Já o *Contemptus mundi*, texto amplamente lido por toda cristandade, inclusive com traduções nas línguas vulgares, causou impacto pela reflexão sobre a vanidade das coisas terrenas, o que incluía o corpo humano: a vida, portanto, nada mais seria do que um constante processo de degradação, sendo o homem fadado ao apodrecimento a partir do momento em que nasce. Sobre o tratado, Hélène e Bertrand Utzinger comentam que *"Il traite avec une violence étonnante la décomposition de la chair – après la mort, en terre, mais aussi pendant la vie (...) Il parle de la brièveté de la vie, de la putréfaction, de l'imbécillité et de la laideur de la sénilité. Au total, la naissance, la vie et la mort ne sont rien que saleté, pourriture et charogne."* [32]

---

31 FROIDMONT, 1996, p. 62.
32 "Ele trata com uma violência surpreendente, a decomposição da carne – depois da morte, sob a terra, mas também durante a vida (...) Ele fala da brevidade da vida, da putrefação, da imbecilidade e da feiura da senilidade. Em suma, o nascimento, a vida e a morte não passam de sujeira, podridão e carniça."(Utzinger, 1996, p. 56.)

Deste caldo literário, fizeram parte também o motivo popular do *Debate da alma com o corpo* e os temas latinos do *Vado mori* e da *Lamentatio*, todos bastante difundidos no século XIII, com os quais diversos poemas foram escritos. No *Debate*, os dois componentes complementares e antagônicos da natureza humana enfim se separam no momento da expiração e, personificados, estabelecem um diálogo para desenvolver comentários e queixas sobre si e sobre o outro. A Alma repreende o Corpo por suas fraquezas e por ser responsável pelo seu destino – acusações respondidas pelo Corpo.

Nos outros dois, coloca-se em cena um elenco de homens que representam tipos diversos da sociedade medieval e que, já moribundos, declamam seus lamentos e arrependimentos ao pressentirem a chegada do momento da morte (que começam e terminam com a fórmula "*Vou morrer*"). Em um manuscrito de *Vado Mori*, escrito, acredita-se, pelo poeta Hélinant,[33] conservado na Biblioteca de Mazarine (no. 980, folha 83), em Paris, o papa e o rei iniciam as lamúrias...

> Vado mori, papa, qui iussu regna subegit,
> Mors mihi regna tulit eccine, vado mori.
>
> Vado mori, rex sum, quid honor, quid gloria regni?
> Est via mors hominis regia, vado mori.

...das quais não escapa nem mesmo o homem pobre do povo, que viveu como o Cristo e, por isso, é amado por ele:

> Vado mori, pauper, que pauper Christus amavit,
> Hunc sequar evitans omnia, vado mori.[34]

O encontro dos três mortos com os três vivos

Na passagem para os quatrocentos, vem à tona um dos temas principais do desenvolvimento da estética macabra: *O encontro dos três mortos com os três vivos*. A cena em que três cadáveres reanimados encontram-se e conversam com três homens tornou-se um gênero literário e iconográfico popularíssimo no fim da Idade Média.

---

33 Corvisier, 1998, p. 7.
34 Retirado de Infantes (1998, p. 65 e 66), que por sua vez copiou de Hammond, E.P. Latin Texts of the Dance of Death. MPh, VIII (1910-1911), p. 399-410.

No *Encontro* os vivos não são convidados a partir imediatamente. Trata-se de um aviso para que aproveitem o tempo que lhes resta para praticarem o bem, arrependerem-se e garantirem, assim, uma boa morte. A fórmula *Quod fuimus estis, quod sumus eritis* está em seu cerne. De origem obscura, provavelmente francesa, é um dos temas responsáveis pela difusão do macabro no Ocidente. Isto se deve à representação plástica dos mortos: via de regra, apresentam os três estágios físicos post-mortem – e aí reside sua originalidade.[35] Distinguem-se, assim, graficamente os diferentes momentos: o primeiro cadáver está ainda em bom estado de conservação, possui certas características físicas e sociais (trajes, objetos pessoais) da pessoa que foi, apresentando poucos sinais de deterioração. O segundo, quase nu, às vezes coberto por mortalha, tem o corpo bastante decomposto, o ventre aberto; o terceiro, em geral, é já um esqueleto, ou praticamente um, com restos de pele ressecada colada aos ossos. Como em um espelho, os mortos refletem os vivos, lhes oferecendo a visão de sua aparência futura.

O primeiro texto do *Encontro* do qual se tem registro é anônimo e data da década de 1280, no entanto, não há cópia preservada deste original. O mais antigo dos manuscritos preservados data de 1295 e é atribuído ao menestrel Baudoin de Condé (1244-1280), da corte da condessa Marguerite de Flandres. Os versos são acompanhados da primeira gravura registrada do gênero, representando a cena. O documento foi depositado na Biblioteca de Arsenal (Ms. 3142) e conta como três jovens nobres e de prestígio, ricamente vestidos, deparam-se, um dia, com três cadáveres desfigurados, comidos pelos vermes. Uma experiência perturbadora enviada por Deus, para provocá-los e fazê-los refletir.

> Ainsi que le raconte l'histoire,
> ils étaient, qui duc, qui comte,
> trois hommes nobles de grand prestige
> et riche équipage, comme il convient à des fils de roi
> et en plus très jolis et pleins de gentillesse.
> Ils étaient durs envers tout le monde
> qui voisinait leurs terres.
>
> Un jour, pour éprouver leur orgueil,
> leur apparaît une vision venant de Dieu,
> troublante et effrayante à voir des yeux,

---

35 Glixelli, 1914, p. 27.

et terrifiante: je ne vous mens pas là-dessus:
c'était trois morts mangés par les vers,
aux corps enlaidis et défigurés. ³⁶

Se estabelece um diálogo entre eles, no qual os mortos chamam a atenção dos jovens para seu estado físico, pedindo que olhem seus rostos e o corpos deformados. Deles, que também foram belos rapazes que aproveitavam a vida um dia, resta apenas ossos cobertos de pele escurecida.

Alors l'un des morts dit aux vivants:
"Seigneurs, regardez-nous au visage
et puis au corps; nous dont au total
arrive l'avoir, voyez ce que nous sommes,
ainsi serez-vous et ainsi, comme à présent
vous êtes, fûmes-nous il y a quelque temps encore,
aussi beaux et d'une même valeur;
mais la mort y a prélevé un capital
qu'on n'évalue pas en des derniers,
car c'est un bien de chair, de peau et de nerfs
dont il nous reste peu sur les os,
et ce peu est plus noir que mûre.³⁷

O texto do *Encontro* teve diversas versões em línguas vulgares, como no francês, no alemão e no castelhano, entre outras, e os manuscritos eram, normalmente, bastante ilustrados. Acredita-se que o relato tenha entrado para a tradição oral, sendo contado como *exempla* pelas ordens mendicantes e se espalhado.

---

36 *"Conforme relata, a história, / Eram, qual duque, qual conde,/Três homens nobres, de grande prestígio, /E rico séquito, como convém aos filhos de rei /e, além disso, muito bonitos e cheios de maneiras educadas. /Eram rudes com todos /que viviam nos arredores de suas terras. /Um dia, para testar seu orgulho, /Aparece-lhes uma visão enviada por Deus, /Perturbadora e apavorante de se ver, /E aterrorizante: eu não estou mentindo: / Eram três mortos comidos pelos vermes, /Com corpos enfeados e desfigurados."* (retirado de Glixelli, 1914.)

37 *"Então, um dos mortos diz aos vivos:/'Senhores, olhem para nosso rosto, /E depois para nosso corpo; /nós que tudo possuímos, vejam o que somos,/assim serão vocês e assim, como agora são, /nós, há pouco tempo ainda, um dia fomos/tão belos e de mesmo valor;/mas a morte retirou um capital/que não pode ser avaliado em moedas, /pois é um bem em carne, pele e nervos/dos quais nos resta um pouco sobre os ossos,/e este pouco é mais negro que negro."* (retirado de Glixelli, 1914.)

Seus detalhes eram alterados de acordo com o local em que apareciam, como o estado de decomposição dos mortos ou o grupo social e a faixa etária dos vivos – na França, por exemplo, a lenda conta a história de três jovens nobres cavaleiros que saem à caça, com seus cães, quando são surpreendidos. Mas sua essência pedagógica se manteve.

A primeira pintura mural com o tema foi, provavelmente, a da Igreja de Sainte-Ségolène de Metz, do fim do século XIII (destruída entre 1895-1910), momento em que o motivo se populariza, migrando para toda a cristandade. Os exemplares imagéticos mais conhecidos e estudados são o afresco do cemitério do Camposanto de Pisa, de meados do século XIV, e o do convento beneditino de Subiaco, do século XV (figura 4), ambos na Itália. O *Encontro* foi também amplamente utilizado para ilustrar textos genéricos sobre a morte e em artigos pessoais, como em livros de horas.

Figura 4: *O encontro dos três mortos com os três vivos.* Anônimo. Convento beneditino de Subiaco, Itália.

"Macabre"

Finalmente, na segunda metade do século XIV, teremos o primeiro registro documentado do uso da palavra *macabro*. Ela aparece nos versos de um longo poema intitulado *Le respit de la mort*[38], escrito por volta de 1376 e, curiosamente,

---

38 *A prorrogação da morte*

relacionada à palavra *dança*. Seu autor, um jurista e poeta francês chamado Jean Le Fèvre (1322-1387), acabava de se reestabelecer de uma grave doença e decide contar sua experiência de quase-morte, e o que aprendeu com ela.

> L' intencion de l acteur
> Pour venir a mon intencion
> Je fistz nagaire mencion
> Pour le mal don't je me douloie
> Comment respit avoir vouloie
> Affin que je nallasse mye
> Le chemin de lespidemye
> l an mil. CCC. soixante et seize
> Charles le quint regnant lan treze
> Et de son regne tres eureux
> Et comme j estoie paoureux
> En disant helas et my
> Huit jours apres la Saint Remy
> Je doubtay de la mort premiere
> Estaindre vouloit ma lumiere
> Et moy bouter hors de ce monde
> Ou nul tant ait d avoir n abonde
> Volente me vint desseoier
> Si je pourvoie deloyer
> Que je n allasse par della
> Ennuis meurt qui a pris nela
> Ainsi malades et enfermes
> Mon autre destrempay de larmes
> Par escript de main langoreuse
> Fistz ceste epistre doloureuse. [39]

---

[39] "*À intenção do executor/Para conseguir meu intento/Fiz, há pouco, menção/Ao mal de que padeci/Para obter prorrogação da sentença/Afim que eu não adentrasse/No caminho da epidemia/Ano mil trezentos e setenta e seis/no reinado de Charles V, ano treze/ E do seu reino muito feliz/Mas com pavor/E cheio de aflições/Oito dias depois da Saint Remy/Eu duvidava que a morte /Quisesse apagar a minha luz/E me enxotar para fora desse mundo/Onde ninguém em bens ninguém abunda tanto/Que a frívola viesse me roubar/Ah se eu pudesse retardar/A minha partida para o além/Morte intrusa que carrega/Assim doentes e enfermos/Em meu pergaminho encharcado de lágrimas/Escrito por mão langorosa/Fiz esta carta dolorosa*" (Retirado de Utzinger, 1996, p. 57.)

Seu texto, portanto, é o testemunho de um homem que sabe que esteve muito próximo do fim, amargando suas dores e angústias mais profundas; passa, então, por lenta convalescência e, afinal, agradece a nova chance alcançada de viver. Não é à toa que batiza o poema de *Respit*, visto que, temporariamente, foi poupado da morte.

O documento está depositado na Biblioteca Nacional da França, em Paris (Ms. fr. 1543, fol. 26Ir) e, a partir do verso 3069, lê-se:

> Je vueil respit pareillement
> En attendant son jugement
> Mon crediteur et surtout maitre
> Souverain roi souverain pretre
> Si je luis dois tribut
> Bien voy que c est commun voyage
> Toutes gens, toutes nations
> Par toutes obligations
> Y sont liez de leur naissance
> **Je fis de macabre la dance**
> Qui toutes gens maine à sa tresse
> Et à la fosse les adresse
> Qui est leur dernière maison
> Il fait bon en toute saison
> Penser a sa fin dernière
> Pour en mirer mieux sa maniere[40]

O polêmico verso *"je fis de macabre la dance"* causa controvérsias e provoca as mais diversas interpretações. Ainda hoje, não se sabe o sentido exato que ele teria, tampouco qual o significado de *macabre* e a que estaria relacionado. Seria uma indicação de algum poema anterior do mesmo autor, que já teria escrito sobre o mesmo assunto? Teria ele utilizado uma expressão comum à sua época? Uma hipótese bastante discutida no século XIX pelos primeiros pesquisadores

---

40 "*Requeiro trégua também /Enquanto espero o julgamento /A meu credor e sobretudo mestre/Soberano rei, soberano padre /Se lhes devo tributo /Bem vejo que essa viagem é comum/Todas as pessoas, todas as nações /Cada qual com sua dívida /Estão todos a ela ligados /Desde o nascimento /Fiz de maca¬bra a dança /Que a todos leva em sua trança /E à fossa conduz /Esta que é a derradeira morada /É salutar a toda estação / Pensarem seu último momento/Para melhor observar suas ações*" (retirado de Utzinger, 1996, p. 57. Grifo meu.)

do macabro, como Francis Douce, é a que propõe que *macabre* estivesse se referindo a um nome próprio. Le Fèvre estaria, assim, promovendo uma relação da "dança que leva a todos para a fossa" a um sujeito de nome "Macabre". Com a difusão do tema da Dança Macabra, que discutiremos a seguir, diversos manuscritos desse gênero traziam grafias diferentes, o que acabou causando ainda maiores divergências. Macaber, Machabree, Macabré, Macaire, Marcade, Marcabrus, Marcabrum, entre outros,[41] foram alguns dos nomes aos quais as danças foram atribuídas nas versões e traduções que o motivo gerou.[42]

Atrelada a essa hipótese, existe a possibilidade de que Macabre (e suas variações) fosse considerado o autor da primeira dança macabra, da qual não se tem evidências comprovadas. Ou ainda, que tenha sido o poeta dos versos que depois foram transcritos em uma Dança no cemitério de Saints-Innocents em Paris, considerada a primeira de que se tem registro e cuja autoria nunca foi comprovada. *"Trata-se de um nome próprio, seja qual for a etimologia da palavra"*,[43] chegou a afirmar Huizinga, influenciado por essa teoria. Seria impossível, no estágio atual das pesquisas, se assegurar sobre uma das possibilidades, ou mesmo sobre sua procedência.[44] Mas, se for esta a razão da origem da palavra, é possível pensar que o gênero de obras chamado "Dança Macabra" era, originalmente, a "dança de Macabre", relativo ao artista, independente da grafia correta e, posteriormente, com o uso, transformou-se no adjetivo qualitativo da "dança".

Outra tese, mais aceita, é a que aproxima o termo *macabro* do sobrenome *Macabeus*, dos sete irmãos mártires do Antigo Testamento. *"Não é surpreendente, aliás, que se tenha dado por volta do século XIV, ao "corpo morto" (quase não se usava o termo cadáver) o nome dos santos Macabeus; estes já eram há muito tempo venerados como patronos dos mortos, porque eram considerados, com ou sem razão, inventores das orações de intercessão pelos mortos."*[45] Haveria ainda uma relação com uma suposta "dança dos Macabeus" (*chorea Macchabaeorum*),[46] cerimônia

---

41 Exemplos retirados de Douce, 1833; Langlois, 1852; Infantes, 1997.
42 Como, por exemplo, no caso da tradução para o inglês da primeira dança macabra francesa que, segundo Douce continha o verso "la danse Macabre sapelle" e que na versão inglesa aparece "the daunce of Machabree", o que modificava o sentido do termo e sua grafia. (Douce, 1833, p. 29)
43 Huizinga, 2010, p. 231.
44 Infantes, 1997, p.23.
45 Ariès, 2011, p. 123.
46 Mâle, 1949; Corvisier, 1998.

na qual um grupo disposto em círculo interpretava a história dos irmãos, que morrem torturados juntos de sua mãe, ou, ainda, a existência de certas solenidades funerárias em que se declamava passagens do Livro dos Macabeus.[47] *"Existe toda una tradición elaborada y documentada hasta el siglo XVI en la que Judas Macabeo pasaba por ser el que intituyó el culto a los muertos."*[48]

Seria possível, também, porventura, aludir "macabro" a São Macário. O santo não só foi representado ao lado da morte no grande afresco do Triunfo da Morte pintado no Campo Santo de Pisa,[49] como aparece também em algumas versões do *Encontro dos três vivos e dos três mortos*, ao lado dos defuntos.[50] Victor Infantes, talvez o principal estudioso contemporâneo dos temas macabros, indica, a respeito dessa aproximação entre São Macário e os mortos, uma lenda hagiográfica sobre a ressurreição de um morto através de sua intercessão.[51] E, claro, como em qualquer outra hipótese que busque as raízes obscuras do termo, problemas de tradução e transcrição devem ser considerados: *"the Saint's name, wich, in the modern ortography of that language* [o francês], *is* Macaire, *would, in many ancient manuscripts, be written* Macabre *instead of* Macaure, *the letter* b *being substituted for that of* u *from the caprice, ignorance, or carelessness of the transcribers."*[52]

Outros, ainda, estabeleceram a conexão de *macabro* com a palavra *marcheria*, "muro", em baixo latim, devido às pinturas feitas nos muros dos cemitérios (que, em francês, supostamente, teria se transformado em *danse du mure*, depois, *des morts*[53]). Ou ainda, que poderia ter derivado do árabe *Maqbara* (singular) e *Maqabir* (plural) que significaria "túmulo" ou mesmo "cemitério". Este vocábulo, misturou-se ao espanhol popular (que, além de maqabir, utilizava, com o mesmo sentido, *almacabra* – advindo do português antigo *almocávar*). Ao passar para a França, teria se relacionado, na língua comum, com o sobrenome Macabeu,

---

47 2 Macabeus 7, 1-42.
48 "Existe toda uma tradição elaborada e documentada até o século XVI que presumia que Judas Macabeu instituiu o culto aos mortos."(Infantes, 1997, p. 26.) Todas as traduções do espanhol foram feitas por Maria Claudia de Aguiar Destri.
49 *Idem, ibidem*, p. 28.
50 Douce, 1833, p.32.
51 Infantes, 1997, p. 28.
52 *"o nome do santo que, na moderna ortografia daquela língua [o francês], é Macário, teria, em muitos manuscritos antigos, sido grafado como Macabre, em vez de Macaure, sendo a letra b substituída pelo u pelo capricho, ignorância ou descuido dos transcritores."* (Douce, 1833, p. 34. Langlois traz a mesma hipótese [1852, p. 113])
53 Langlois, 1852, p. 106.

originando o termo *macabre*. Essa transmissão se confirmaria no termo em holandês para as Danças macabras, *Makkabeusdans*. Soma-se a essa receita o hebreu *meqaber*, que seria o equivalente a "coveiro" no Antigo Testamento,[54] sendo, portanto, mais uma palavra envolvida na gênesis do macabro.

De qualquer maneira, a sua aproximação com "dança" voltaria a aparecer em outros manuscritos de datação ainda imprecisa, mas seguramente posteriores ao *Respit de la mort*. A diferença era que, nesses, ela aparece já com a estrutura e a temática do gênero que seria o mais importante no desenvolvimento e na difusão da estética macabra: a *Dança Macabra*. Ou seja, entre o seu primeiro registro e esses textos, algum processo ainda não totalmente esclarecido, desembocou nas Danças. Elas traziam, agora, uma composição bastante específica.

As Danças Macabras

Denomina-se "Dança Macabra" toda obra textual (normalmente em estrutura de poema) ou iconográfica (independente do suporte) – ou ambos -, que apresenta um desfile de personagens em que parte deles está morta e a outra parte, viva. Ele pode se configurar como uma fila ou uma procissão, uma ciranda ou uma dança. É presidida por uma representação da morte personificada, que pode ser múltipla (a mesma personagem que reaparece várias vezes) ou um grupo (vários cadáveres, seus enviados). A morte ou os mortos geralmente aparecem como transis, como cadáveres em decomposição, ou, o que seria mais comum a partir do século XVI, como esqueletos. Em movimento, ela segura ou encaminha, um por um, os vivos. Estes representam a sociedade e são apresentados sempre em hierarquia descendente. Cada qual simboliza uma categoria social, um estágio da vida, um estado emocional, um gênero. Seu contato com um morto significa que está sendo levado a óbito.

Muitas começam e terminam com a presença de um pregador, o que atribui às Danças um aspecto de sermão. Fica claro que, ali, há algo a ser aprendido. Uma característica essencial é que os vivos devem exemplificar figuras existentes na realidade medieval. Não são representação metafóricas ou fantasiosas, mas verossímeis e presentes na sociedade. Assim, entram em cena autoridades laicas como o imperador, o rei, o príncipe, duque, conde, cavaleiro; eclesiásticas como

---

54 Infantes, 1997. Este autor fez um recolhimento minucioso de outras várias hipóteses menos difundidas, a maioria, carecendo de qualquer tipo de prova para se manter; algumas delas parecem advir apenas da intuição dos historiadores que as defendem.

o papa, o cardeal, o bispo, o abade, monges de ordens diversas, pároco, mendicante. Membros das camadas intermediárias, integrantes da sociabilidade urbana, também apareciam, como o burgomestre, o comerciante, o artesão, o trovador; assim como o lavrador, representando a gente simples do campo. Outras categorias diversas como o jovem apaixonado, a criança, o velho, o louco, a mulher (geralmente os personagens eram masculinos, logo, os poucos femininos se destacavam), o cego, o ermitão, etc, também entravam. O elenco variava muito – o que é revelador sobre as escolhas que os autores faziam das figuras consideradas relevantes para representarem a sociedade, ou mais apropriadas ao local onde fariam a obra.[55] No caso dos textos (ou da presença deles junto com imagens), a dança deve ter configuração de diálogo, entre os vivos e os mortos, como no exemplo retirado da dança macabra de Berna, na Suiça:[56]

> La mort dit au Comte:
>
> Comte puissant, regardez-moi,
> Laissez en repos tous vos équipements,
> Recommandez votre pays aux héritiers,
> Car vous avez maintenant la mort sous la main!
>
> Réponse du Comte:
>
> Je suis de noble maison
> La mort m'est maintenat une triste nouvelle,
> J'aurais voulu jouir plus longtemps de ma seigneurie,
> Oh, mort veux-tu vraiment mettre fin à ma vie? [57]

---

55   Isso se observa, principalmente, quando se compara as pinturas feitas nas vilas campesinas ou nas cidades – o "burguês" e o "camponês" variam bastante de posição por esse motivo. O mesmo ocorre com autoridades administrativas (como o condestável, o prefeito, o coletor de impostos) ou tipos tipicamente citadinos (como o padeiro, o vendedor ambulante, o mendicante, etc).

56   Afresco com versos pintado entre 1516 e 1519, pelo artista suiço Niklaus Manuel Deutsch, em um muro do convento dominicano de Berna. O original foi destruído em 1660, mas cópias em aquarelas foram preservadas e estão expostas no Museu Histórico da cidade.

57   "*A morte diz ao Conde: Conde poderoso, olhe-me,/Deita ao chão todos os teus pertences/Passa suas terras aos herdeiros/Pois agora, tens bem próxima, a morte*". "*Resposta do Conde: Eu sou de casa nobre/A morte é para mim uma triste notícia/Eu gostaria de desfrutar do meu poderio por mais tempo/Oh, morte, queres realmente pôr fim à minha vida?*" (retirado da tradução para o francês de UTZINGER, 1996, p. 296.)

É comum, também, a participação de cadáveres que tocam instrumentos musicais – destacando o elemento rítmico do gênero. Nesse sentido, a legitimidade do termo "dança" se daria muito mais pela presença dos transis músicos entre os personagens representados (às vezes abrindo ou fechando o desfile) e, especialmente, pela postura dos mortos que, excitados pela sua função, estão sempre em movimento – ao contrário dos vivos que congelam. Essa inversão é, em si mesma, uma sátira: os mortos, *animados*, parecem muito mais vivos que seus pares.

As expressões "Dança da morte", "Dança dos mortos" ou "Danças macabras" são empregadas indistintamente para denominar o tema, apesar de portarem uma pequena diferença conceitual. Essa seria no sentido de estabelecer a identidade precisa do(s) personagem(ns) morto(s): se se trata de um grupo de mortos que representam a morte ou personificam o evento da morte, ou se é "a" própria Morte, individualizada. Neste caso, a Morte chama à sua dança fatal os vivos; no anterior, o morto que aparece diante do vivo seria, dependendo da interpretação e, às vezes, do que sugere o texto, um personagem aleatório e anônimo, ou uma espécie do duplo do vivo, seu espelho, que reflete o futuro. A nomenclatura das Danças em outras línguas revela esses usos distintos: no alemão, as mais frequentes são *Totentanz* ou *Todestanz*; *Dance of death* em inglês, *Danza de la muerte* em espanhol, *Dansa de la morte* no italiano. No francês, assim como no português, prevaleceu a expressão *Danse macabre/Dança macabra*. Independente do termo, tratam todos do mesmo gênero.

O exemplar mais relevante das Danças foi um afresco pintado no cemitério de Saints Innocents, em Paris, em 1424. É considerada a primeira obra registrada do gênero, reunindo texto e imagem. Sua grandiosidade causou um grande impacto à época: uma pintura de vinte metros de extensão na parte interna de um dos muros que cercava o terreno, na qual trinta personagens eram chamados à dança da morte. Cada um era acompanhado por seu par, um cadáver ressequido, e, abaixo, pelos versos do poema. A obra localizava-se abaixo de um dos carneiros do cemitério, as galerias construídas sobre os muros para receberem os ossos que não estivessem completamente limpos mas que deveriam ser retirados das fossas comunais para abrir espaço para novos corpos. A visão das pilhas de ossos ainda cobertos de pele ou carne combinada à do afresco provavelmente intensificava o efeito da obra. No quadro de um artista flamengo anônimo pertencente ao Musée Carnavelet em Paris (c. 1570), é possível observar a área do cemitério, com a igreja ao fundo e os corredores laterais formados pelos muros, pelos carneiros em cima e pelas arcadas internas. A dança estaria do lado direito da imagem (figuras 5 e 6).

Figura 5. *O cemitério e a igreja dos Santos Inocentes*. Atribuído a Jakob Grimer. Museu Carnavelet, Paris. No limiar da margem direita da tela, é possível ver o carneiro repleto de ossos, sobre a galeria em arcos abobadados.

![Fig. 33. — Arcades du côté de la rue de la Ferronnerie, contenant la Dance macabre.]

Figura 6: reconstituição da galeria com o carneiro em cima, onde foi pintada a dança macabra de Saints-Innocents, feita pelo arquitetoT. J. H. Hoffbauer, publicada em 1885.

Saints-Innocents era o principal cemitério da capital francesa. Localizado do coração da cidade, no 1er arrondissement, era intensamente utilizado, já que vinte paróquias da região tinham o direito de realizar seus sepultamentos no local, além da igreja de Saints-Innocents da qual era anexo e do Hôtel-Dieu, o hospital para onde iam as vítimas de epidemias e os cadáveres anônimos para serem reclamados. Por isso, estima-se que centenas de pessoas passavam por ali diariamente. Mas sabe-se também que foi um lugar muito frequentado por toda população, espaço de sociabilidade e de comércio: *"em meio ao constante enterrar e desenterrar, era um lugar para passear e um ponto de encontro. Havia lojinhas junto aos ossuários e prostitutas sob as arcadas. (...) Até festividades aconteciam ali."*[58]

---

58 Huizinga, 2010, p. 240.

Supõe-se que naqueles anos anteriores à confecção do afresco, suas valas comunais estivessem abarrotadas, pois concentravam as vítimas da peste de 1421, da grande fome de 1417 e da guerra contra a Inglaterra, que perdurava. Estima-se cerca de 100 mil mortos enterrados lá em 1418.[59] Inspiração não faltava, portanto, ao artista anônimo que empreende a grande pintura mural a partir de novembro de 1424.[60]

Apesar de destruída (parte em 1529, totalmente em 1669[61]), a obra foi demasiadamente documentada e comentada, inspirando a confecção de outros afrescos logo depois de terminada, na Páscoa de 1425.[62] De Paris, a dança de Saints-Innocents passa muito rapidamente para a Inglaterra. O poeta e monge beneditino John Lydgate (que esteve em Paris em 1426 e conheceu a dança original[63]) teria feito sua primeira tradução por volta de 1430 (*The Daunce of Death*) e, em 1440, John Carpenter, um burguês enriquecido de Londres, patrocina um afresco pintado em um muro do cemitério do claustro de Saint-Paul, com os versos de Lydgate escritos abaixo.

Dos afrescos feitos logo após a dança parisiense e que resistiram aos séculos, podendo ser visitados ainda hoje, os pesquisadores consideram aquele pertencente à abadia de La Chaise-Dieu o que mais se aproxima da aparência da original (figuras 7 e 8). Trata-se de uma obra interminada e mesmo assim monumental: possui vinte e seis metros de extensão por 1,50 de altura, e é dividida em três grandes painéis, que ocupam uma parede interna da Igreja. Seus vinte e três personagens, devidamente acompanhados de seus parceiros defuntos, estão separados em grupos correspondentes à sua posição social. Não há consenso sobre

---

59 Utzinger, 1996, p. 83.
60 E. Mâle cita o *Journal d'un bourgeois de Paris* que teria escrito: *"L'an 1424 fut faite la danse macabre aux Innocents, et fut commencée environ le moys d'août et achevée au carême ensuivant."* (([No ano de 1424 houve a dança macabra no cemitério dos Innocents, e começou em agosto e terminou na quaresma seguinte."] MÂLE, 1961, p. 140). Este documento será melhor comentado no capítulo 3.
61 Em 1785, todo o cemitério foi removido em um processo de retirada dos cemitérios do centro de Paris. As ossadas foram transferidas para as catacumbas sob a catedral de Notre-Dame. No local, manteve-se apenas uma fonte, que data de 1549, no centro do quarteirão, que se transformou em local de feira. Em 1856, a quadra se tornou praça (Place Joachim du Bellay).
62 Ver nota 54.
63 Infantes, 1998, p. 167.

a data precisa e sua produção, mas a análise indumentária considera que tenha sido feita até, no máximo, a década de 1480.[64]

Figura 7: O primeiro painel da dança macabra de La Chaise-Dieu, com os poderosos da sociedade (papa, imperador, cardeal, rei, religioso de alta hierarquia, condestável, bispo, cavaleiro) acompanhados de seus respectivos transis.

---

64 Os estudiosos que se debruçaram sobre o afresco, como Aimé Brunereau, Pierre Mailon, Patrick Rossi, destacam certos elementos como as mangas longas cujos punhos esbarram no chão, frequentes no século XV e que não eram mais usadas no XVI e, sobretudo, o uso dos sapatos pontudos que portam quase todas as figuras, denominados *à la poulaine* – grande voga desde meados do século XIV que teve seu apogeu entre 1410 e 1470 até que foi proibido pelo decreto suntuário de 1480, sendo rapidamente substituído por calçados amplos de ponta achatada, o que sugere que a obra foi feita antes desta data.

Figura 8: detalhe do terceiro painel, com os mais humildes da sociedade. Os três transis levam consigo o menestrel, o religioso estudante e o camponês.

A pequena igreja românica de Meslay-le-Grenet, no Eure-et-Loir, construída no século XII, também foi suporte para pinturas murais no final do século XV. As paredes, praticamente sem janelas do prédio simples de teto baixo, receberam diversos temas em voga no período: um "Encontro dos três mortos com os três vivos"; a "Lenda do Rei morto", as "Mulheres tagarelas na missa" (*Les femmes bavardes à la messe*[65]) e uma Dança Macabra (figura 7), além de uma Paixão de Cristo atrás do altar. A dança de Meslay-le-Grenet também parece ter sido feita aos moldes do afresco parisiense; pela proximidade entre as duas cidades, é de se supor que reproduções chegaram aí rapidamente. Apesar disso, ela possui um elenco menor devido às dimensões diminutas do edifício – são 20 pares transi-vivo, no total (papa, imperador, cardeal, rei, abade, patriarca, condestável, arcebispo, cavaleiro, escudeiro do rei, abade, meirinho, sábio ou astrólogo, burguês, cura, médico, lavrador, criança, usurário e ermitão). Ao contrário da dança de La Chaise-Dieu, possui as estrofes em oito versos referentes à fala de cada personagem, ainda hoje bem visíveis – todas as pinturas foram descobertas em 1864 e, possivelmente, restauradas. O poema é atribuído a Jean

---

65 *As mulheres fofoqueiras na missa*

le Fèvre, mas não se comprovou sua autoria. O desfile é precedido da presença de um pregador.[66] (figuras 9 e 10)

Figura 9: O lado sul da nave principal, com a dança macabra e os outros temas, em Meslay-le-Grenet.

---

66 De acordo com André Corvisier, este seria um indício de que o afresco foi pintado após a publicação da dança macabra de Guyot Marchand, da qual se falará a seguir, que data de 1485 – e a dança de Meslay-le-Grenet, de aproximadamente 1490-1500 (Corvisier, 1969, p. 5).

Figura 10: detalhe da dança de Meslay-le-Grenet: transis levando o Imperador, o Cardeal, o Rei e o Abade

A grande divulgação da dança de Saints-Innocents foi alavancada, em larga medida, pelas versões impressas dos textos e de gravuras que viajaram a Europa. A Biblioteca Nacional da França possui pelo menos 13 manuscritos de supostas cópias dos versos da dança do cemitério parisiense, sendo o mais antigo anônimo e intitulado *"Les vers de la danse macabre de Paris, tels qu'ils sont présentés au cimentière des Innocents"* (Ms. fr. 25550 fol. 235),[67] indicativo de que a expressão *dança macabra* já havia sido adotada.[68] Outro desses documentos, datado de 1425, começa a atribuir ao poeta Jean Gerson a autoria dos versos e, a partir daí, surgiu a hipótese de que talvez ele fosse seu autor original.[69] Seus conteúdos, até então manuscritos, passaram a ser impressos e comercializados na década de 1480.

Entre essas publicações, a mais famosa e provavelmente a maior responsável pela difusão do afresco parisiense, é um conjunto de xilogravuras acompanhadas de versos, publicado pelo editor parisiense Guyot Marchand em 1485. Acredita-se que seja um registro bastante fiel tanto do texto quanto da pintura de Paris, reproduzindo os mesmos personagens na mesma configuração. Apenas um exemplar

---

67 "Os versos da dança macabra de Paris, tal como são apresentados no cemitério dos Inocentes" (Mâle, 1961, p. 141.)

68 Sobre isso, existe também o registro do *Journal d'un bourgeois de Paris*, citado na nota 67, acima.

69 Infantes, 1997, p. 164.

desta edição foi conservado e encontra-se na Biblioteca Municipal de Grenoble. A *"dança de Marchand"*, como passou a ser chamada, teve diversas edições – a primeira já no ano seguinte, aumentada em dez novos personagens, e acrescida da história do *Encontro entre os três mortos e os três vivos*, de uma *Dança macabra das mulheres* (de autoria de Martial d'Auvergne), e dos versos do *Vado mori*. Uma verdadeira "coletânea macabra" de grande sucesso comercial, o que comprova a força do tema à época. Tamanha repercussão gerou inúmeras cópias do modelo de Marchand, a mais famosa delas é a *Danse Macabre a Paris*, por Pierre Le Rouge, a mando de Antoine Vérard, editor parisiense, que as publica em 1491. Vê-se que as figuras são mais bem elaboradas, com maior riqueza de detalhes, indicando pequenas alterações feitas pelos copistas. (figuras 14, 15 e 16).

É principalmente por causa dessa versão de Guyot Marchand para a dança de Saints-Innocents, apoiada pelos registros manuscritos dos versos, que é possível elaborar um esboço daquela obra seminal. Tratava-se, então, de uma dança *dos mortos* e não *da Morte*. Um narrador-pregador abria os trabalhos, destacando o caráter universal e inevitável da morte:[70]

> O creature raysonnable
> Qui desires vie eternelle.
> Tu as cy doctrine notable:
> Pour bien finer vie mortelle.
> La dance macabre sapelle:
> Que chascun a danser apprant.
> A homme et femme est naturelle,
> Mort nespargne petit ne grand. [71]

Ele explica, em seguida, seu funcionamento: cada vivo, um morto faz avançar; e os primeiros a entrarem na dança são os "grandes" da sociedade:

> En ce miroer chascun peut lire
> Qui le convient ainsi danser.
> Saige est celuy qui bien si mire.

---

70 Todos os excertos provêm da reprodução dos versos da *Danse Macabre* de Guyot Marchand em Utzinger, 1996, p. 277-299.
71 "Oh criatura pensante/Que desejas vida eterna/Tens aqui uma doutrina notável:/Para bem terminar a vida mortal./A dança macabra conclama:/Que cada um aprenda a dançar/Ao homem e à mulher, é natural/A morte não poupa nem pequenos nem grandes"

Le mort le vif fait avancer.
Tu vois les plus grand commancer
Car il nest nul que mort ne fiere:
Cest piteuse chose y panser.
Tout est forgie dune matiere.⁷²

Na sequência, quatro cadáveres tocam seus instrumentos, cujo som dará ritmo ao desfile (figura 11). Eles também declamam seus versos. Ao leitor, que é também o espectador da cena, o primeiro morto adverte que todos, bons ou maus, participarão da dança um dia; seus corpos servirão de comida aos vermes, assim como o dele e de seus companheiros músicos:

> Vous par divine sentence
> Qui vives en estatz divers
> Tous: danseres ceste danse
> Unefoys. et bons: et pervers.
> Et si seront manges de vers
> Voz corps. helas: regardez nous
> Mors. pourris. puans. descouvers
> Comme sommes: telx seres vous. ⁷³

Um morto introduz o primeiro vivo a ser conduzido ao trespasse, a figura mais importante da cristandade: o papa (figura 12).

Le mort

> Vous qui vivez: certainnement
> Quoy quil tarde ainsi danceres:
> Mais quant: dieu le scet seulement
> Advisez comme vous seres.
> Dam pape: vous commenceres

---

72 *"Neste espelho cada um pode ler/A dança que aqui convém dançar/Sábio é aquele que se olha atentamente/O morto ao vivo faz avançar/Tu vês os maiores começarem/Pois ninguém da morte escapa:/É insensato pensar o contrário/Tudo é feito da mesma matéria"*

73 *"Vós, que por divina sentença/Viveis em modos diversos/Todos: dancem esta dança/ Juntos. Bons e perversos/E sim, serão comidos pelos vermes/Vossos corpos. Não há o que fazer: olhem-nos/Mortos, podres, fétidos, estripados/Como estamos agora, assim estarão vocês"*

> Comme le plus dige seigneur:
> En ce point honore seres
> Aux grans Maistre est deu lonneur[74]

Herdeiro da Igreja de São Pedro, o "deus na terra", nem mesmo o papa escapa à morte. Não só é necessário que ele acompanhe seu morto, como deve inaugurar a procissão:

> Le pape
>
> Hee: fault il que la dance mainne
> Le premier: qui suis dieu en terre
> Jay eu dignite souverainne
> En leglise comme saint pierre:
> Et comme autre mort me vient querre
> Encore point morir ne cuidasse:
> Mais la mort atous maine guerre
> Peu vault honneur qui si tost passe[75]

A autoridade laica maior, o imperador, é o próximo da fila (figura 12). O morto ordena que ele abandone os acessórios símbolos de seu poder: o globo de ouro, o cetro, o selo ("*Laisser fault la pomme dor ronde / Armes: ceptre: timbre: baniere*" [76]), pois ele já não governa nada. Este chega à conclusão que, apesar de sua hierarquia, os grandes nada têm de vantagem diante da morte ("*Et morir me fault pour tout gage / Quest ce de mortel demainne / Les grands ne lont pas davantage*" [77]).

O mesmo se passa com o restante do elenco, que intercala leigos e cléricos, e é formado, após o imperador, pelo cardeal, o rei, o patriarca, o condestável, o

---

74 *"O Morto: Vocês que vivem: certamente/Ainda que tarde, dançarão assim também/ Quando: só deus sabe/Saibam como vocês serão./Papa: vós começareis/Como o mais digno dos senhores:/Agora neste momento /Aos grandes Mestres cabe a honra"*

75 *"O Papa: Pois bem: Que a conduzir a dança: /Seja eu o primeiro: eu que sou deus na terra/Que já recebi dignidade soberana, /Pela igreja como São Pedro: /Pois que outro morto a mim quer /Melhor seria não ter de morrer: /Mas a morte a todos vem buscar/ Pouco vale a honra fugaz"*

76 *"Deixe o pomo de ouro/Armas: cetro: selo: pendão"*

77 *"E morrer é meu penhor / E da condição de mortal / Os grandes não estão eximidos"*

arcebispo, o cavaleiro, o bispo, o escudeiro, o abade, o meirinho, o astrólogo, o burgomestre, o cônego, o comerciante, o cartuxo, o sargento, o monge, o usurário, o médico, o apaixonado, o cura, o lavrador, o advogado, o menestrel, o franciscano, a criança, o padre e o ermitão. Ao fim, os conselhos do "rei morto" àqueles que acompanharam o desfile (*"Vous: qui en ceste portraiture / Venez danser estas divers / Pensez que humaine nature: / Ce nest fors que viande a vers"* [78]), lembrando que tudo na terra é transitório (*"cest tout vent: chose transitoire"* [79]), e, sendo a morte certa, é necessário *"mener vie humble et religieuse"*. [80]

Cada figura era sempre acompanhada de seu morto. Abaixo da gravura, as 2 estrofes em 8 versos octossilábicos, a primeira com a convocação do cadáver, a segunda com a resposta ao chamamento (figura 13). Contabilizam, ao final, 92 estrofes. Dessas, chama a atenção as palavras proferidas por um dos últimos personagens, a criança. Ela sequer aprendeu a falar, apenas balbucia; é recém-nascida ainda, mas evoca a mais pungente lição das danças: ninguém está imune à morte.

> Lenfant
>
> A. a. a. ie ne scay parler
> Enfant suis: iay la langue mue.
> Hier nacquis: huy men fault aller
> Ie ne faiz que entrée et yssue.
> Rien nay mesfait. mais de peur sue
> Prendre en gre me fault cest le mieulx
> Londenance dieu ne se mue.
> Ainsi tost meurt ieune que vieulx. [81]

---

78 " *Vocês que revestidos de aparências / De origens diversas vêm dançar / saibam que a natureza humana: / Não é mais do que carne para vermes"*
79 *não passa de vento: coisa transitória"*
80 *"ter uma vida humilde e religiosa"*
81 *"A criança: A.a.a. Não sei falar /Criança que sou: tenho a língua muda/Ontem nasci: hoje preciso partir, /Mal entrei preciso sair./Nada fiz de mal, mas sinto medo/Aceitar minha sorte, é o melhor a fazer/Os desígnios de Deus não podemos alterar/Assim cedo, morro jovem e não velho."*

Mos est hic hominis semper cum tempore labi: Et semper quadam condicio
ne mori. Est hominis nudum nasci: nudum qs reuerti. Est hominis putrere
solo limum qs fateri: Et miseris gradibus in cinerem redigi. Res et opes pre
stantur ei: famulantur ad horam. Est locuplex mane: vespere pauper erit.

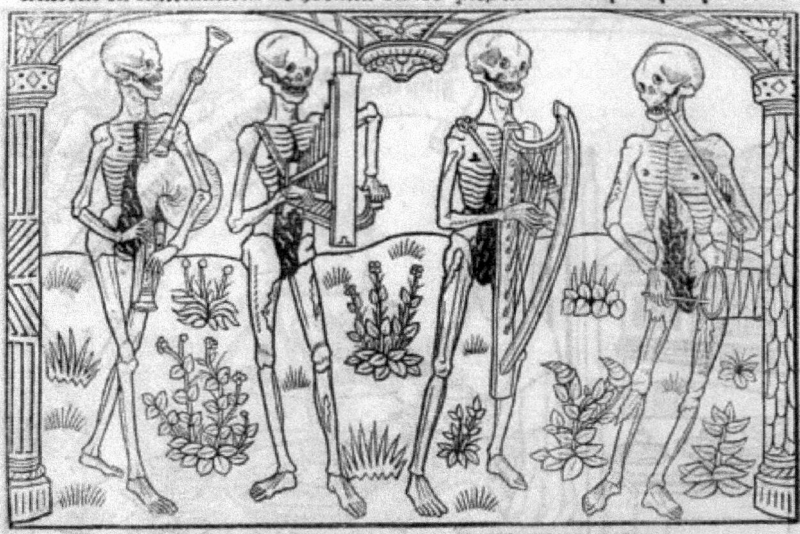

Le premier mort
Vous par diuine sentence
Qui viues en estatz diuers
Tous: danseres ceste danse
Vnefoys. et bons: et peruers.
Et si seront menges de vers
Voz corps. helas: regardez nous
Mors. pourris. puans. descouuers
Comme sommes: telz seres vous.

Le second mort
Dictez nous par quelles raisons
Vous ne penses point a morir
Quāt la mort va en voz maisons
Huy lung: demain lautre querir.
Sans quon vous puisse secourir
Cest mal viure: sans y penser
Et troup grant danger de perir.
Force est quil faille ainsi danser.

Le tier mort
Entendez ce: que ie vous dis.
Jeunes et vieulx: petis et grans
De iour en iour selon les dis
Des sages: vous alez mourās
Car vos iours vont diminuans
Pour quoy: tous serez trespasses
Ceulx qui viuez: deuāt cent ans,
Las: cent ans seront tost passes.

Le quart mort
Deuāt quil soient cent ans passes
Tous les viuans comme tu dis
De ce monde seront passes
En enfer: ou en paradis
Mon compagnon: mais ie te dis.
Peu de gent sont qui aient cure
Des trespasses: ne de nos dis.
Le fait deulx: git en aduēture.

Figura 11: Os cadáveres-músicos da "dança de Marchand", de 1485.

Mors dūm servo: mors sceptra ligonibus equat: Dissimiles sūt cōdicōne trahēs
Vado mori: mors certa quidem:
nil certius illa. Hora sit incerta:
vel mora. vado morir.
Vado mori: quid amem quod finem
spondet amarum: Cuius inanis
amor non amo. vado mori.

Le mort
Vous qui vivez: certainnement
Quoy quil tarde ainsi dancer es:
Mais quant: dieu le scet seulement
Advisez comme vous feres.
Dam pape: vous commenceres
Comme le plus digne seigneur:
En ce point honore seres
Aur grans maistre est deu lonneur

Le pape
Hee! fault il que la dance mainne
Le premier: qui suis dieu en terre
Jay eu dignite souverainne
En leglise comme saint pierre:
Et cōme autre mort me viēt querre
Encore point morir ne cuidasse:
Mais la mort a tous maine guerre
Peu vault hōneur que si tost passe

Le mort
Et vous le non pareil du monde
Prince et seigneur grāt emperiere
Laisser fault la pomme dor ronde:
Armes: ceptre: timbre: baniere.
Je ne vous lairay pas derriere
Vous ne povez plus signorir.
Jen maine tout cest ma maniere.
Les filz adam fault tout mourir.

Lemperenr
Je ne scay devant qui iapelle
De la mort: quansi me demainne.
Arme me fault de pic. de pelle:
Et dun linseul ce mest grant paine
Sur tous ay eu grādeur mōdaine:
Et morir me fault pour tout gage.
Quest ce de mortel demainne.
Les grans ne lont pas dauantage

a. iii

Figura 12: O Papa e o Imperador.

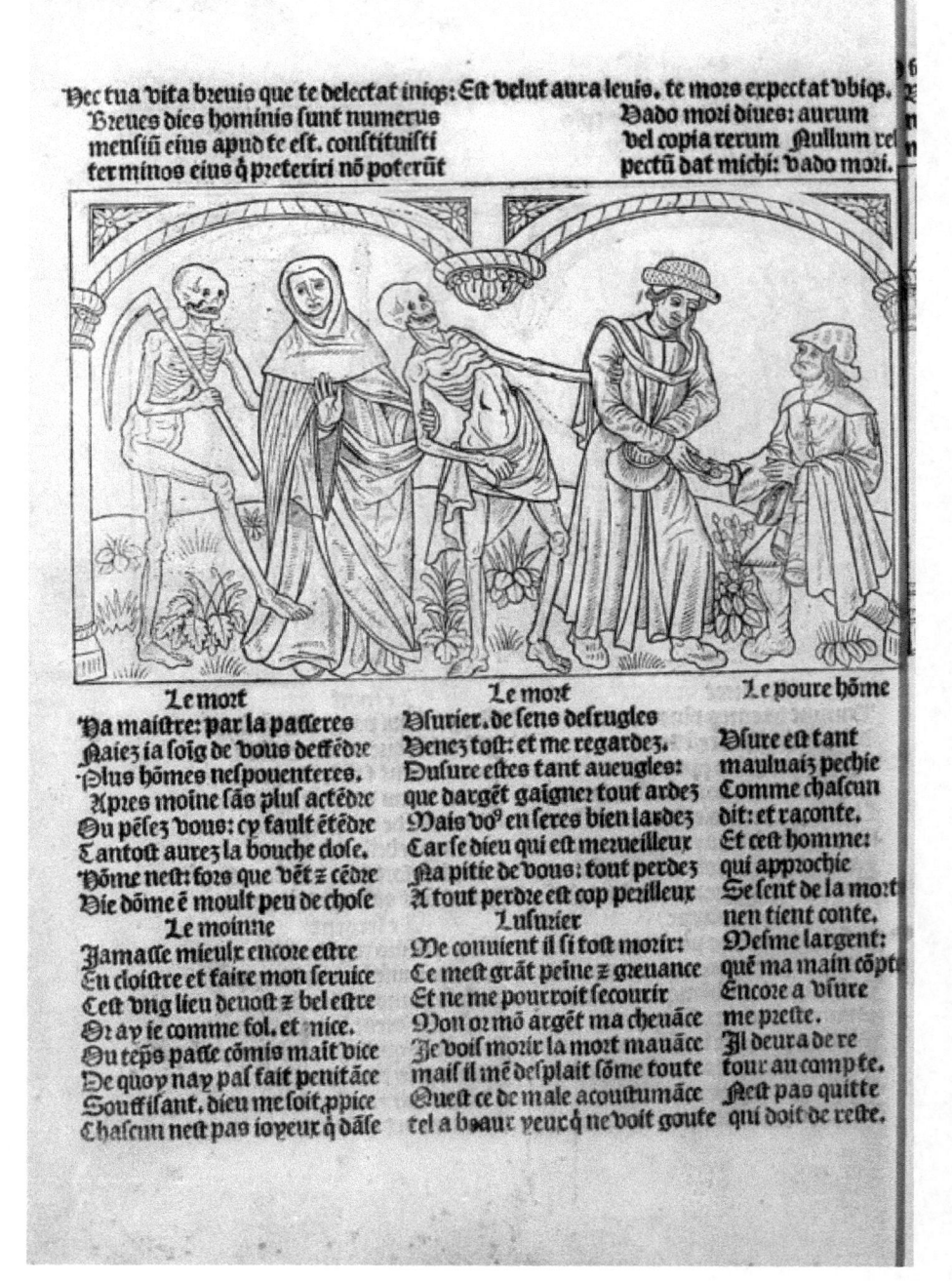

Hec tua vita breuis que te delectat iniqs: Est velut aura leuis, te mors expectat vbiqs.
Breues dies hominis sunt numerus
mensiũ eius apud te est. constituisti
terminos eius q preteriri nõ poterũt

Vado mori diues: aurum
vel copia rerum. Nullum re
pectũ dat michi: vado mori.

Le mort
Ha maistre: par la patteres
Naiez ia soig de vous deffẽdre
Plus hõmes nespouenteres.
Apres moine sãs plus actẽdre
Ou pẽsez vous: cy fault ẽtẽdre
Tantost aurez la bouche close.
Hõme nest fors que vẽt z cẽdre
Vie dõme ẽ moult peu de chose

Le moinne
Jamasse mieulx encore estre
En cloistre et faire mon seruice
Cest vng lieu denost z bel estre
Or ay ie comme sol. et nice.
Ou teps passe cõmis mait vice
De quoy nay pas fait penitãce
Souffisant, dieu me soit ppice
Chascun nest pas ioyeur q dãse

Le mort
Vsurier, de sens desrugles
Venez tost: et me regardez.
Dusure estes tant aueugles:
que dargẽt gaigner tout ardez
Mais voº en seres bien lardez
Car se dieu qui est merueilleur
Na pitie de vous: tout perdez
A tout perdre est cop perilleux

Lusurier
Me conuient il si tost morir:
Ce mest grãt peine z greuance
Et ne me pourroit secourir
Mon or mõ argẽt ma cheuãce
Je vois morir la mort mauãce
mais il me desplait sõme toute
Quest ce de male acoustumãce
tel a beaur yeucq ne voit goute

Le poure hõme
Vsure est tant
maulnaiz pechie
Comme chascun
dit: et raconte.
Et cest homme:
qui approchie
Se sent de la mort
nen tient conte.
Mesme largent:
que ma main cõpte
Encore a vsure
me preste.
Il deura de re
tour au compte.
Nest pas quitte
qui doit de reste.

Figura 13: O monge, o usurário e o pobre.

Figura 14: Página da dança macabra de Antoine Vérard, 1491.

Figura 15: Página da dança macabra de Antoine Vérard, 1491.

Figura 16: Página da dança macabra de Antoine Vérard, 1491.

Com a publicação por Marchand dos supostos versos e personagens da dança original de Saints-Innocents, o gênero ganha um modelo, um formato razoavelmente padronizado que foi replicado em diferentes suportes (manuscritos, afrescos, gravuras, esculturas) e difundido por toda Europa Ocidental no final do século XV e no decorrer do século XVI. Levantamentos[82] apontam que a Alemanha é o território que possui o maior número de exemplares documentados (pelo menos trinta e seis). A França vem na sequência, com cerca de vinte e oito. Onze danças são italianas, doze provêm da Suíça, cinco da Áustria. Na Inglaterra são também cinco, enquanto que na Grã-Bretanha, por volta de catorze. Quatro danças, apenas de textos, são espanholas. A Polônia, a Dinamarca, a Estônia e a Finlândia participam desta lista contando com uma ou duas danças, cada. Destes exemplares, alguns se tornaram populariíssimos, devido ao grande impacto que causaram à época, ajudando a disseminar a cultura do macabro. Infelizmente, grande parte desse inventário já não existe mais ou encontra-se bastante degradada.

Certos documentos nos ajudam a refletir sobre a passagem do poema de Le Fèvre para essa nova configuração, tão particular, das Danças. Um deles é o manuscrito encontrado na cidade de Wurzbourg, escrito por Sigismund Gossembrot, alocado em uma coletânea de textos produzidos entre 1443 e 1447, chamada *Codex Palaticum Germanicum*, depositado na Biblioteca Universitária de Heidelberg (Cod. pal. germ. 314, fol 79-80). Apesar de sua data aproximada de confecção, acredita-se que ele seja, na verdade, uma versão ou transcrição de um texto mais antigo, do qual quase nada se sabe. O manuscrito de Wurzbourg seria responsável pela linhagem em línguas germânicas das Danças.

Sua narrativa dispõe 24 personagens de variadas condições sociais (papa, imperador, imperatriz, rei, cardeal, patriarca, arcebispo, duque, bispo, condestável, abade, cavaleiro, jurista, cônego, médico, nobre, nobre dama, comerciante, freira, mendicante, cozinheiro, camponês, criança e mãe) que dialogam com os mortos que chegam para buscá-los. Seria, na verdade, um tipo de mescla entre o *Vado Mori* (devido à sua estrutura de estrofes de dois versos) com a *Lamentatio* (na qual a fala dos personagens é direcionada a alguém), mas com a presença dos mortos como interlocutores - apesar destes nunca contestarem. A fala de um pregador abre o texto.

---

82 As referências, aqui, são a lista de Utzinger (1996), de Infantes (1998) e de Corvisier (1998). Os números finais são aproximados.

Um dos versos ("*Hec ut pictura docet exemplique figura*") pode sugerir uma referência às danças iconográficas, ainda que não se saiba exatamente qual (se uma específica, ou se ao próprio gênero, em geral). Se for o caso, é possível supor que o manuscrito seja posterior às primeiras danças macabras documentadas, isto é, após 1424. Sabe-se que o manuscrito foi publicado diversas vezes e em apenas duas edições foram acrescentadas xilogravuras (uma de meados do século, outra de cerca de 1480).[83]

A mesma polêmica a respeito da datação correta ocorreu com a *Danza General de la Muerte*, manuscrito em castelhano antigo, doado à Biblioteca do Mosteiro El Escorial, em Madrid, no ano de 1576 (Ms. b.IV.21, fol. 109-129). Não há informação alguma sobre sua procedência, autoria ou data de composição, que se estima por volta de 1440-1450. No entanto, existem fortes indícios de que se trata de uma transcrição, pois lê-se em sua primeira linha: "*Dança general. Prologo enla trasladaçion*", o que pressupõe que este manuscrito não passe de uma tradução ou de uma cópia de um outro original, do qual não se têm notícias. Os pesquisadores não chegam a um consenso em relação a esse suposto texto original, mas, se ele existiu, presumem que seja dos últimos anos do século XIV ou dos primeiros do século XV. [84]

A *Dança general* é excepcional no sentido de ser uma das raras danças apenas literária, sem qualquer tipo de iluminura ou ilustração. Além do texto de apresentação, em prosa, na primeira página, tem setenta e nove estrofes de oito versos dodecassilábicos. Trata-se de uma dança *da Morte* e não *dos mortos*. O esquema

---

83   Wetzel In: *Danse macabre*, 2011, p. 28.
84   Inúmeras teorias foram construídas neste sentido, como por exemplo, a de Victor Infantes. Para este autor, no caso de haver um texto original, a única informação sobre ele estaria contida na ordem dos documentos dada pelo compilador da miscelânea, que teria unido textos de um mesmo período, obedecendo um sentido cronológico. Assim, seria possível presumir que o texto original pertenceria à segunda metade do século XIV, provavelmente das últimas décadas, próximo de 1400. No entanto, segundo Solá-Solé, há um outro dado a ser considerado: a presença de um personagem denominado "rabino Açá", que o pesquisador identifica como sendo Yishaq ben Seset Perfet (1326-1408), perseguido pelo pogrom de 1391, causando grande comoção da comunidade judaica. Na última década do século XIV, o nome do rabino seria, por isso, bastante popular, o que teria influenciado o autor da dança a incluí-lo entre os personagens – resultando, assim, na estimativa de sua produção como sendo desses anos. Para James Clark e Hurtado e Cvitanovic o texto era a tradução de um texto francês, sem, no entanto, fornecer maiores provas desta teoria. (Ver em: Solá-Solé, 1981; Hurtado y Cvitanovic, 1966; Clark, 1947; Infantes, 1997.)

é o de praxe nas obras do gênero: a Morte convida um personagem para entrar na dança, este, surpreso, tenta se esquivar e argumentar. Na estrofe seguinte, ela critica seu comportamento e assinala ser esse seu momento derradeiro; no último verso, intima o próximo da fila. Seus trinta e três personagens, intercalados entre laicos e religiosos, indicam os tipos mais representativos da sociedade medieval – como de costume nas Danças. Entre eles, está o papa, primeiro a ser convocado, guia para os outros. Seu poder incomparável não o livra da morte; deve destituir-se de sua capa e começar a saltar ao ritmo da dança, sem mais demoras:

> E porque el Santo Padre es muy alto señor,
> y en todo el mundo non hay su par
> que desta mi danza será guiador,
> desnude su capa, comience a sotar;
> non es ya tiempo de perdones dar,
> nin de celebrar en grande aparato,
> que yo le daré en breve mal rato:
> danzad, Padre Santo, sin más detardar. [85]

Apesar de todas as honras e benefícios que goza, o Papa admite por fim que nem ele poderia escapar à morte. Depois de se queixar, evoca Jesus e a Virgem no instante derradeiro:

> Dice el Padre Santo
>
> ¡Ay de mí, triste, qué cosa tan fuerte!
> a yo, que tractaba con grand prelacía,
> haber de pasar agora la muerte
> y non me valer lo que dar solía.
> beneficios y honras y grand señoria

---

85 "E porque o Santo Padre é muito valoroso senhor,/e em todo o mundo não há similar/ que desta minha dança será condutor,/tire sua capa, comece a saltar;/já não é tempo de perdões dar,/nem de celebrar em grande ostentação/que eu lhe darei em breve uma má ocasião:/dance, Padre Santo, sem mais tardar."

tuve en el mundo, pensando vivir;
pues de ti, muerte, non puedo fuir.
valme Iesucristo, y tu, Virgem Maria.[86]

Na estrofe seguinte, a Morte faz pouco caso das lamúrias do papa (*"Non vos enojedes, señor Padre Santo, de andar em mi danza"*[87]) que deve ir sem mais protestos (*"aquí moriredes sin ser más bollícios"*[88]). No último verso, ordena a presença do imperador em seu baile, e que este esteja com expressão contente (*"¡Danzad, Imperante, con cara pagada!"*[89])! O Imperador, apavorado, não compreende de imediato quem o obriga a dançar contra sua vontade. Reconhece a Morte, contra a qual ninguém pode se defender, homem grande ou "coitado", rei ou duque. Neste momento, pede por socorro, mas é tarde: já se sente confuso, com a consciência alterada.

Dice el Emperador

¿Qué cosa es esta que tan sin pavor
me lleva a sua danza a fuerza, sin grado?
Creo que es la muerte, que non ha dolor
de hombre que sea grande o cuitado,
non hay ningun rey nin duque esforzado,
que della me pueda ahora defender:
¡acorredme todos! mas non puede ser,
que yo tengo della todo el seso turbado.[90]

Mesmo sendo uma figura *muy grande* e poderosa no mundo, que a tudo governou com grande tirania, a Morte recomenda ao Imperador que não mais

---

86 *O Santo Padre diz / Ai de mim, triste, que coisa tão forte!/e eu, que tratava com grande prelação,/ter de passar agora à morte/e não me valer o que soía dar./Benefícios e honras e grande distinção,/tive no mundo, pensando existir;/pois de ti, morte, não posso fugir./ valha-me Jesus Cristo, e tu, Virgem Maria.*
87 *"Não vos aborreçais, senhor Padre Santo, de andar em minha dança"*
88 *"aqui morrereis sem mais rumor"*
89 *"Dançai, Imperante, com cara alegre!"*
90 *O Imperador diz/Que coisa é esta que tão sem pavor/me leva para sua dança à força, sem medida?/Creio que é a morte, que não tem dor/de homem que seja grande ou coitado,/não há nenhum rei nem duque esforçado,/que dela possa agora me defender:/ acudam-me todos! mas não pode ser,/que eu tenho dela todo o senso turvado.*

se preocupe pois não há mais tempo para tal: ninguém ou nada pode livrá-lo. Ao término da estrofe, chama o próximo da fila, o cardeal.

> Dice la muerte
>
> Emperador muy grande, en el mundo potente,
> non vos cuitedes, ca non es tiempo tal
> que librar vos pueda imperio nin gente,
> oro nin plata, nin otro metal;
> aquí perderedes el vuestro cabdal,
> que atesorastes con grand tirania,
> haciendo batallas de noche y de día.
> morid, non curedes. ¡Venga el cardenal!
>
> (...)[91]

Com a única exceção do monge, que declara "*muerte, non me espanto de tu fealdad*"[92], todos os outros personagens temem a Morte e lamentam o encontro abrupto com ela. O arcebispo exclama: "*¡Ay muerte cruel! ¿Qué te merecí,/ o por qué me llevas tan arrebatado? viviendo en deleites, nunca te temí;/ fiando en la vida, quedé engañado.*"[93] O duque pede mais tempo ("*espérame un poco, muerte, yo te ruego*"[94]); o bispo chora de tristeza ("*Mis manos aprieto, de mis ojos lloro,/ porque soy venido a tanta tristura*"[95]). O cavaleiro pondera: a ele não parece apropriado largar suas armas para dançar ("*A mí non parece ser cosa guisada / que deje mis armas y vaya danzar*"[96]). Mesmo na hora de morrer, a principal preocupação do comerciante é com seus negócios ("*¿A quién dejaré todas mis riquezas / y mercadurías que traigo en la mar?*"[97]), assim como o usurário ("*Non quiero tu danza nin*

---

91 *A morte diz/Imperador mui grande, no mundo potente, /não vos cuides, já não é tempo tal/que vos livrar possa império nem gente,/ouro nem prata, nem outro metal;/aqui perdereis o vosso caudal,/que entesourastes com grande tirania/fazendo batalhas de noite e de dia./Morreste, não curai. Venha o cardeal! (...)*
92 "*morte, não me espanto com tua fealdade*"
93 "*Ai, morte cruel? Por que te mereci, / ou por que me levais tão arrebatado? Vivendo em deleites, nunca te temi,/ confiando na vida, estive enganado.*"
94 "*espere-me um pouco, morte, eu te imploro*"
95 "*Minhas mãos aperto, meus olhos choram, / por que tenho tanta tristeza*"
96 "*A mim não me parece coisa apropriada / que deixe minhas armas e vá dançar*"
97 "*Para quem deixarei todas minhas riquezas / e mercadorias que trago do mar?*"

tu canto negro,/mas quiero, prestando, doblar mi moneda"[98]). O lavrador humilde nem sabe como reagir ao chamado – ele, que nunca tirou as mãos do arado (*"¿Cómo conviene danzar al villano / que nunca la mano sacó de la reja?"*[99]).

Mas a Morte na *Danza general* aparece como senhora absoluta do destino da humanidade. Não é piedosa, usa armas e armadilhas e, em inúmeras passagens do poema, chega mesmo a ser fria e direta quanto à sorte de suas vítimas, parecendo negar, em alguns momentos, a ideia cristã do trespasse como passamento. Na obra, ela é castigo (*"esto vos ganó vuestra madre Eva /por querer gostar fructa devedada"*[100]); sua dança não é prazeirosa, é, antes, denominada *"danza mortal"* (verso 57), *"danza baja"* (verso 138), *"danza sin piadad"* (verso 153), *"danza negra"* (verso 235), *"danza de dolores"* (verso 268). Ainda assim, ela é sarcástica e exige constantemente que seus convidados dancem com animação e com a feição alegre. Nenhuma circunstância permite livrar-se dela: nem o poder temporal do rei, nem o poder religioso do papa, ainda menos o dinheiro do burguês – *"Yo soy la muerte cierta a todas criaturas"*[101], anuncia desde seu primeiro verso. Tampouco a idade serve de excusa – do ancião ao jovem, todos são levados. Diante dela, a nostalgia, a resignação e o medo são sentimentos comuns, que igualam os homens. Tanto é que, ao final, ela se remete a todos aqueles que ainda não entraram em sua dança, mas que o farão quando menos esperarem: que respondam ao chamado prontamente, sem delongas:

---

98 "Não quero tua dança nem teu canto negro, / mas quero, emprestando, dobrar minha moeda"
99 "Como convém dançar ao vilão / que nunca a mão tirou da correia?"
100 "isto ganhou para vós mãe Eva / por querer gostar de fruta proibida"
101 "Eu sou a morte certa para todas as criaturas"

> Lo que dice la muerte a los que non nombró
>
> A todos los que aquí non he nombrado,
> de cualquier ley y estado o condición,
> les mando que vengan muy toste priado
> a entrar em mi danza sin excusación.[102]

A caracterização da Morte personificada é *sui generis* na Dança espanhola e merece comentário. Além de portar objetos diversos como *"lazos"*, *"redes"*, *"arco"*, *"frecha"*, *"charanbela"* e *"bozina"*, e de ter *"mano dura"* e *"duros dientes"*, tem uma aparência terrível, é *"cruel"* e *"muy braba"*. Com astúcia, chega repentinamente, às vezes *"sin facer ruído"*. Presenteia suas vítimas com *"bubas y landres"*; estas ficam com o *"seso turbado"*, pois sua chegada é *"cosa muy fuerte"*; um *"pierde el entendimiento"*, outro se torna cego, a muitos falham os sentidos.

A *Danza general* originou outros manuscritos, entre eles uma dança impressa em Sevilha, em 1520, depositada na Biblioteca de Alexandria. Seu texto é similar ao da primeira, com a diferença de ter mais 23 personagens e consequentemente, ser mais longo (as setenta e nove estrofes se convertem em cento e trinta e nove). A *Dança Sevillana*, como passou a ser chamada, refletiria, portanto, uma sociedade urbana que, em menos de um século, se tornou ainda mais complexa, contando com novos e representativos tipos sociais que sequer foram mencionados no texto anterior.

Decerto, mais do que os poemas, a produção de afrescos e depois de gravuras foi responsável pela expansão do tema para toda a Europa Ocidental. Os primeiros pelo seu aspecto público, uma vez que as pinturas ficavam expostas em locais de grande circulação, como em igrejas ou cemitérios. No caso das gravuras, pelo alcance que tinham essas reproduções que circulavam e viajavam pela cristandade, fossem nas mãos de curiosos, fossem com os clérigos pregadores que as utilizavam em suas peregrinações. Mas essa passagem das danças como pinturas murais para as danças impressas exigiu uma mudança em sua estrutura. Pela dificuldade em manter a configuração de desfile ou ciranda dos afrescos em que todos os personagens se tocam, eles agora são divididos em suas duplas de morto-e-vivo e cada uma, ocupando uma página da publicação. Abaixo das

---

102 *O que diz a morte aos que não nomeou /A todos que aqui não nomeados /de qualquer lei ou estado ou condição/ordeno que venham muito rápido/a entrar na minha dança sem desculpação.*

imagens dos pares, as duas estrofes do poema nas quais o cadáver chama sua vítima e esta responde. Ao retirar cada vivo da roda e isolá-lo com seu morto, sua própria projeção, o novo suporte permitiria uma leitura mais individualizada do evento da morte.

Ars Moriendi, Livros de horas e Triunfos da Morte

Essa mesma característica encontra-se em outro gênero iconográfico bastante difundido no fim da Idade Média, os Ars Moriendi. Tratam-se das representações do momento da morte que se passam no quarto do moribundo. São ensinamentos sobre a "arte de bem morrer", quer dizer, sobre como conduzir o próprio óbito para o caminho correto, buscando uma morte piedosa, edificante, que visa a ascensão ao paraíso. Seu caráter novedoso se dá por enfatizar a ação individual, como o arrependimento, nos últimos momentos da vida. Ao redor do leito, anjos e demônios disputam a alma do agonizante, mas o destino de sua alma depende de suas decisões.

Os Ars Moriendi foram muito populares entre os séculos e XV e XVI, principalmente no formato de gravuras impressas. Sua origem é incerta; acredita-se que sejam inspirados em um tratado do poeta Jean Gerson chamado De arte moriendi, de cerca de 1403. A primeira que se tem registro data de 1465, proveniente da Colônia. Na França e na Alemanha, sua aparição data da primeira metade do século XV, e nos Países Baixos, e depois na Inglaterra e na Espanha, por volta de 1480. Até o fim do século se disseminaram na Inglaterra e na Itália.[103] Ainda que as imagens do macabro não fossem fundamentais para as mensagens dos Ars Moriendi, poderiam aparecer cadáveres ao lado do moribundo (sua imagem futura), ou ainda, transis representando a chegada da morte – como no caso da tela A morte do avarento, de Hieronymus Bosch (1490-1500), em exposição na National Gallery of Art, em Washington (figura 17).

---

103 Corvisier, 1998, p 48.

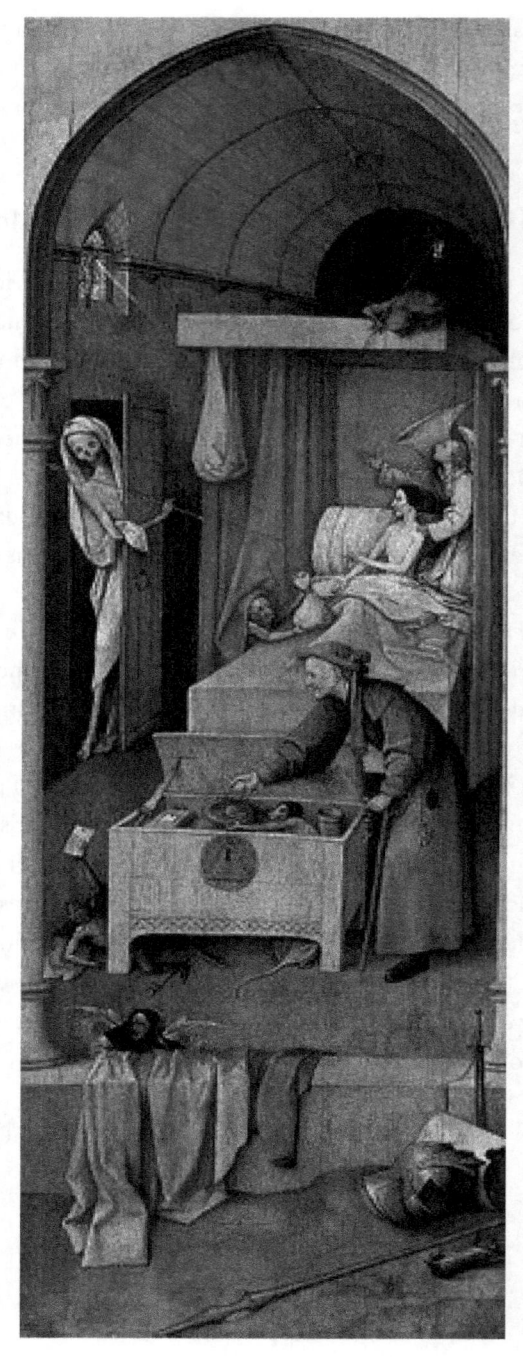

Figura 17: *A morte do avarento*, de Hieronymus Bosh (1490-1500). National Gallery of Art, Washington.

O mesmo ocorria com os *Livros de Horas*. Considerados dos mais importantes documentos manuscritos deixados pela Idade Média Tardia para o estudo da vida privada na época, eram *"essencialmente livros pessoais de orações encomendados por aristocratas leigos e produzidos para eles pelos melhores calígrafos e iluminadores."*[104] Sua função era fornecer textos litúrgicos e preces apropriadas para cada hora canônica do dia ou evento do cotidiano. A produção de livros de horas se torna mais profícua a partir do fim do século XV, principalmente nas cortes francesa e borgonhesa e avança no século seguinte, fazendo parte da cultura material dessas elites.

Ricamente decorados por miniaturas e iluminuras, incorporaram gradativamente a iconografia macabra nos ofícios para os mortos, com ilustrações inspiradas nos *Ars Moriendi*, no Encontro dos três mortos com os três vivos e nas Danças. Michel Vovelle confirma esse processo com base nos exemplares depositados na Biblioteca Nacional de Paris, nos quais analisou cerca de 280 imagens de ofícios de mortos: as representações da decomposição física ou de cadáveres (transis, deitados ou mortos de maneira violenta) limitam-se no século XIV a menos de 5%; aumentando constantemente até chegarem a um quarto no começo dos setecentos. As *Très riches heures du Duc du Berry* e o livro de horas da família Rohan são edições particularmente conhecidas por seu bom estado de conservação. Ambos são de aproximadamente 1410-1415[105] e contam com cenas do repertório macabro (figura 18 e 19).

---

104 Hartham, J. Verbete *Livros de horas*. In: Loyn, 1997, p. 238.
105 Mâle, 1961, p. 137.

Figuras 18 e 19: "O dia do Juízo" e "O ofício dos mortos", do Livro de horas da Família Rohan, 1410-1415.

O caso dos *Triunfos da Morte* é notadamente especial no percurso até aqui traçado sobre o macabro medieval, pois ele antecede a imagem da morte que prevaleceria nos séculos modernos: a da morte personificada, ou melhor, a "Morte", e não mais "os mortos". Assume-se, agora, sua identidade feminina, dada pelo gênero da palavra morte nas línguas latinas. Suas raízes estão nos *Versos da Morte*, de Froidmont, na *Dança Macabra*, notadamente em sua linhagem espanhola, e no poema *Il Trionfo della Morte*, de Petrarca (publicado entre 1351 e 1374). Neste, a Morte é uma *"insegna oscura e trista"* (verso 30), uma dama vestida de negro (*"una donna involta in veste negra"* [verso 31]) que a todos extirpa com sua espada.

> Io ho condotto al fin la gente greca
> e la troiana, a l'ultimo i Romani,
> con la mia spada la qual punge e seca,
>
> e popoli altri barbareschi e strani;
> e giugnendo quand'altri non m'aspetta,
> ho interrotti mille penser vani.
>
> Or a voi, quando il viver più diletta,
> drizzo il mio corso inanzi che Fortuna
> nel vostro dolce qualche amaro metta.[106]

Essa representação da grande ceifadora, detentora gloriosa do destino do mundo, é a que vigora na iconografia do *Triunfo da Morte*. Mas a personagem toda-poderosa, quando feita em imagem, revela sua ascendência macabra: a dama de preto à maneira petrarquista é substituída pelo transi, ou ainda, pelo esqueleto, que prevalece nos exemplares do gênero. Entre 1450 e 1550, o tema obteve um inquestionável sucesso, não somente na Itália, onde surgiu e foi enormemente explorado, mas também na França. Ele se espalha por Alemanha e Espanha principalmente através de gravuras e iluminuras.[107]

---

106 *Para o seu fim, conduzi, o povo grego/ e o troiano, e por ultimo os romanos, / com a minha lamina que punge e ceifa / E outros povos bárbaros e estranhos; / Chegando quando por mim menos esperam,/ interrompo mil pensamentos vãos./ E quanto a vós, para quem a vida ainda é um deleite / Redireciono meu caminho antes que a Fortuna / em vosso caminho, coloque qualquer amargura.*
Todas as traduções do italiano foram feitas por Maria Fernanda Alves Garcia Montero.
107 Vovelle, 1983, p. 123.

Nos afrescos, forma em que obteve maior repercussão, os *Triunfos* mostram uma morte impiedosa, que provoca verdadeiros massacres. Os exemplares mais significativos desse conjunto talvez sejam o do Camposanto, de Pisa, uma monumental pintura mural de meados do século XIV, cuja autoria é atribuída à Buonamico Buffalmac, e o do Palazzo Abbatelli, em Palermo, de pintor anônimo, do século XV (figura 20). Nelas, a Morte está montada a cavalo, um tipo de convenção que emerge como um padrão às obras do gênero, emulando o imaginário do cavaleiro do Apocalipse. Assim, ela é replicada no mais famoso exemplar de *Triunfo da Morte*, a tela de Pieter Brueguel, de 1562, em exposição no Museo del Prado, Madrid.

Figura 20: Triunfo da Morte, no Palazzo Abbatelli, Palermo, Itália.

O macabro na poesia

Enquanto o *Encontro* e as *Danças* (e, por extensão, as *Ars Moriendi*, os *Triunfos da Morte* e os *Livros de horas*) ajudavam a tornar o macabro visível e imagético, havia ainda uma produção poética que falava dessa mesma exposição ostensiva da decomposição do corpo. Pierre de Nesson (1383 – ca. 1442) foi particularmente significativo nessa leva de obras que exaltam a carniça e a podredume em um poema que, originalmente, não tinha título, mas cujas versões posteriores trataram de denominá-lo *Neuf leçons de Job*[108] e, mais tarde, *Vigiles des morts*[109] (o manuscrito mais antigo encontra-se na Biblioteca Nacional da França [Ms. fr. 578 fol. 122-130]).[110] O autor enumera nove lições retiradas, por sua livre interpretação, do *Livro de Jó* e, em seguida, reflete sobre elas, em versos notadamente macabros. Para ele, o homem está fadado a apodrecer desde que nasce (*"Tu nais et puis tu te norris; / Tu vis puis muers et puis porris; / Et, après ce, tu n'es mes rien."* [111]) e, ao contrário da natureza que oferece flores perfumadas e frutos que alimentam, o homem não é mais que secreção, fedor, corrupção:

> Helas! quant les arbres fleurissent!
> Deux belles odorans fleurs yssent,
> Et fruit savoureux qu'on mengue:
> Mais de toy n'ist que toute ordure,
> Morveaulx, crachas et pourriture,
> Fiante puant et corrumpue! [112]

A morte não é alívio; pelo contrário, é dolorosa, pois após o trespasse, só resta ao corpo decompor-se e, por isso, não há para ele lugar nesse mundo – dejeto repugnante, ele infecta o ar, a água:

---

108 *Nove lições de Job*
109 *Vigílias dos mortos*
110 Champion, 1923, p. 198.
111 *"Tu nasces e então te alimentas; / Tu vives então morres e então apodreces; / E depois disso, não és mais nada"*
112 *"Que pena! Quando as árvores florescem! /De suas belas flores perfumadas surge /O fruto saboroso que comemos: /Mas de tu resta lixo, /Verme, secreção e podridão, /Excrementos fétidos e corrompidos! "*

> Et lors, quant tu trespasseras,
> Des le jour que mort tu seras,
> Ton orde char commencera
> A rendre pugnaise pueur.
> Que ne goutes tu de suer
> Quant tu penses que ce sera?
> Car qui en l'air te laisseroit?
> Incontinent infect seroit;
> En l'eau ne te mettra l'en pas:
> Car ton orde char fault qu'il pue,
> Si on feroit l'eau corrumpue.
> Helas! que doloreux trespas!
> Quant ces elemens te refusent,
> Et de toy recevoir s'excusent,
> Doubtans que de toi n'empirassent!
> Que feras tu, pueur infecte? [113]

Só resta, portanto, colocar a carniça sob a terra, em uma fossa profunda, coberta por uma grande pedra – *"tenebreuse maison"* [114]. Sua única companhia são os vermes engendrados pela própria carne putrefata.

> Il conviendra que l'en te mecte
> L'ou l'en met tous ceulx qui trespassent:
>
> En une grande, parfonde fosse,
> Selon que la charoigne est grosse,
> Comme se droit venin estoies,
> L'en t'enfouira dedans la terre,
> Et couvrira d'une grant pierre
> Affin que jamais veu ne soyes.

---

113 *"E então, quando passares para o outro lado, /No dia em que morto estarás, /Tua repugnante carcaça começará /A exalar um mal cheiro detestável/Insuportável transpiração/Quando pensas que isso acontecerá?*
Pois aqui a ti o ar permitiria ficar? /Profanador infecto serias; /E a água não se derramará sobre ti: /Pois tua carcaça precisa feder, /Senão a água seria corrompida. /Oh! Que doloroso trespasse! /Quantos elementos a ti rejeitam, /Esquivando-se sorrateiros, / Temendo ser contaminados! /O que farás-tu, fedor infecto?"
114 *"tenebrosa casa"*

O tres tenebreuse maison!
O charoigne qui n'es mais hon,
Qui te tenra lors compaignie?
Ce qui istra de ta liqueur:
Vers engendrés de la pueur
De tal vil char encharoignie. [115]

É pouco o que se conhece a respeito do poeta - por exemplo, que trabalhou para Jean, o duque de Berry, e sua corte, durante alguns anos, e a data de algumas de suas composições. No entanto, *"ce que nous pouvons affirmer, c'est que Leçons de Job ont eu un grand succès, qu'elles correspondaient bien au sentiment de cette époque funèbre. Car nous en connaissons de nombreux manuscrits."* [116] Champion enumera nove desses manuscritos que contêm os *Vigiles*, de Nesson.

São versos eloquentes da sensibilidade macabra também aqueles atribuídos ao rei René d'Anjou (1409-1480), escritos em um quadro de sua autoria que, até a Revolução Francesa, ficava no convento dos celestinos, em Avignon (e que, depois, desapareceu). A tela, sem data precisa, representava um cadáver feminino em pé, bem penteado, envolto em mortalha, que os vermes atacavam e comiam as entranhas.[117] Os primeiros versos falam da transformação da bela dama, fresca e tenra, que vestia seda e habitava um palácio, em um corpo nu que vai se tornar cinzas dentro de um caixão em uma fossa cheia de aranhas :

Une fois sur toute femme belle
Mais par la mort suis devenue telle.
Ma chair estoit très belle, fraische et tendre,
Or est-elle toute tournée en cendre.

---

115 *"Será conveniente colocar-te /Onde se depositam todos os defuntos: Em uma grande, profunda fossa, /Conforme o tamanho da carcaça, /Como convém ao veneno que secretarás, /Serás enterrado profundamente na terra, E coberto por uma grande pedra /Para que nunca possas ser visto. /Oh tão tenebrosa casa! /Oh carniça solitária, /Quem te fará companhia? /Aquilo que de teu licor sobreviverá: /Vermes engendrados na podridão /De tua carne vil em decomposição"*
(retirado de Champion, 1923, p. 202-5. Manteve-se a grafia em francês desta fonte.)

116 *"o que podemos afirmar, é que as Leçons de Job (Lições de Job) foram um grande sucesso e que correspondiam exatamente ao sentimento dessa época fúnebre. Pois conhecemos vários manuscritos a seu respeito."* (Champion, 1923. p. 213.)

117 Vovelle, 1983, p. 109.

> Mon corps estoit très plaisant et très gent,
> Je me souloye souvent vestir de soye,
> Or en droict fault que toute nue je soye.
> Fourée estois de gris et de menu vair,
> En grand palais me logeois à mon vueil,
> Or suis logiée en ce petit cercueil.
> ma chambre estoit de beaux tapis ornée,
> Or est d'aragnes ma fosse environée. [118]

O efeito da pintura e das inscrições devia aumentar consideravelmente com a lenda, surgida um pouco depois da confecção da obra, *"segundo a qual o próprio artista em carne e osso, amante da vida e da beleza por excelência, teria visto a sua amada no túmulo três dias após ter sido sepultada, e então a pintou."* [119]

Também o manuscrito original do poema inglês *Disputacioun Betwyx the Body and Wormes*[120] (ca. 1435-1440) conta com impressionantes ilustrações que complementam o teor macabro do texto. Herdeiro do gênero do *Debate entre a alma e o corpo*, o *Disputacioun* traz uma diferença essencial com sua ascendência: *"the conversation in this poem occurs not between the body and the soul but between the body and the worms that are eating it as it lies in the grave."*[121] O documento, anônimo, está depositado no British Museum (Ms. Add. 37049), em uma coletânea de textos do começo do século XV, recolhidos em um monastério cartuxo do norte da Inglaterra.[122] Em sua primeira página, uma ilustração em cores do que parece ser um túmulo composto, de dois andares, ou os dois estágios da morte física: no de cima, uma efígie de jacente, uma figura feminina, vestida à moda da época, semblante sereno e mãos postas sobre o peito. No de baixo, seu cadáver retorcido, embrulhado em mortalha, de

---

118 *"Outrora bela mulher eu fui/Mas com morte tornei-me assim./Minha pele bela, fresca e macia, /Agora, macilenta, se tornou cinzas. /Meu corpo, muito sensual e gracioso, / Sempre com sedas vestido/Agora, obrigado à nudez. /Nas entranhas insetos e pequenos vermes, /Do grande palácio que tinha por morada, /Tenho agora esse pequeno caixão. /Meu quarto antes ornado com belos tapetes,/ Agora por aranhas minha fossa é rodeada."* (Retirado de Huizinga, 2010, p. 227.)

119 Huizinga, 2010, p. 228.

120 *Debate entre o corpo e os vermes.* Todas as traduções do inglês foram feitas por Aline Corange.

121 *"a conversa nesse poema não ocorre entre o corpo e a alma, mas entre o corpo e os vermes que o estão comendo enquanto jaz no túmulo."* (Rytting, 2009, p. 2.)

122 *Idem, ibidem.*

pele ressequida e caveira aparente, sem cabelos, infestado de vermes, baratas e animais infames de toda sorte (figura 21).

Figura 21: Página do manuscrito Disputacioun Betwyx the Body and the Worms. Anônimo, século XV.

O narrador do poema, um peregrino não identificado escapando da Peste, pára em uma Igreja que encontra em seu caminho para rezar e é distraído pelo túmulo recém-construído de uma dama *"of true noble birth"*.[123] Ao ler seu epitáfio, entra em uma espécie de divagação, um tipo de "sonho acordado", no qual ouve a conversa entre o corpo enterrado e os vermes que o comem (*"I heard, strange to say, all manner of jawing / Between this fair corpse and the worms on her*

---

123 *"nascida em berço realmente nobre"*

gnawing / In the manner of a dialogue it went"[124]). A tônica dos versos é revelar a vanidade das vaidades, ao enfatizar o horror dos processos post-mortem. O corpo, antes uma figura *"fresh and sweet"*,[125] está agora nu, desprotegido, sendo devorado até os ossos sem descanso, pelo apetite insaciável desses parasitas cada vez mais robustos de tanto se fartarem ("*Now you've grown fat and ugly and round [...] Leave me alone, out of courtesy, / For I'm almost gone – almost eaten away!*"[126])

The Body speaks to the Worms:

"Worms, O worms," this body mourned.
"Why do you thus? What makes you eat?
By you my flesh is foully adorned,
Which once was a figure fresh and sweet,
Right amiable, fragrant, and always neat.
Of all creatures I was loved the best,
Called lady and sovereign, I do attest.
Most unnatural neighbors that ever were known!
You have me for lunch and for supper at night,
Now gnawing and eating me right to the bone
With a greedy, insatiable appetite.
There's no rest, for always you suck and bite.
You won't abstain for a single hour
But are always ready to cruelly devour![127]

---

124 "*Eu ouvi, estranho dizer, todo tipo de conversa / Entre esse belo cadáver e os vermes a roê-lo / À maneira de um diálogo se dava.*"
125 "*fresca e doce*"
126 "*Agora que estão gordos, feios e redondos [...] Deixem-me em paz, por gentileza, / Pois estou quase finda - quase toda devorada!*"
127 "*O Corpo fala com os Vermes: /"Vermes, ó vermes", este corpo lamentou /"Porque o fazem? O que os faz comer?/Terrivelmente adornada por vocês é minha carne, /Que uma vez fora uma figura fresca e doce, /Amável, perfumada e sempre limpa. /Era a mais amada entre todas as criaturas, /Chamada de senhora e soberana, eu o atesto. /Mais anormais vizinhos jamais foram conhecidos! /Vocês me têm para o almoço e para o jantar à noite, /Agora roendo e me comendo até os ossos /Com um ganancioso, insaciável apetite. /Não há descanso, pois vocês sempre chupam e mordem. /Vocês não se abstêm por uma única hora /Mas estão sempre prontos para devorar cruelmente!*"

Os vermes não deixarão o cadáver até que dele só sobrem os ossos – deixados limpos, polidos, *"not a joint neglected"*. Irônicos, relembram à jovem que, no estado em que se encontra, apodrecida e fétida, qualquer outra criatura a repudiaria, exceto eles:

> The Worms speak to the Body:
>
> "No, no, we won't depart from you
> While one of your bones with another's connected,
> Till we have scoured and polished 'em, too,
> Made 'em clean as can be, not a joint neglected.
> And for our work, there's no pay expected.
> For gold, silver, or riches we have no need.
> We only ask your flesh on which to feed.
>
> For we have no way of tasting or smelling
> Your horrible, rotting, stinking waste.
> All creatures find you extremely repelling
> Except for us worms; we're already disgraced.
> If we, as beasts, could smell or taste,
> Do you think that we your corpse would touch?
> Nope, we'd surely avoid it, thank you very much!"[128]

Já François Villon (1431- após 1463), com a habilidade que tem um grande poeta, não precisou de mais do que uma estrofe para descrever as perturbações físicas e a agonia do momento final:

---

[128] *"Os Vermes falam com o Corpo: /"Não, não, não nos afastaremos de você /Enquanto um de seus ossos estiver ligado à outro, /Até que os tenhamos areado e polido, também, /Deixado-os tão limpos quanto possível, nenhuma articulação negligenciada. /E por nosso trabalho, não esperamos nenhum pagamento. /Não temos necessidade de ouro, prata e riquezas. /Pedimos apenas sua carne em que nos alimentar. /Porque não temos como provar ou cheirar /Seus horríveis, pútridos, fedorentos restos. /Todas as criaturas acham-lhe extremamente repugnante /Exceto por nós, vermes; que já estamos desonrados. /Se nós, como bestas, pudéssemos cheirar ou provar, /Acha que tocaríamos seu cadáver? /Não, certamente o evitaríamos, muito obrigado!"*
Trechos do poema retirados de Rytting, 2000. A grafia não é a original, bastante incompreensível, mas, sim, uma tradução feita por J. Rytting.

> La mort le fait fremir, pallir,
> Le nez courber, les vaines tendre,
> Le col enfler, la chair mollir,
> Joinctes et nerfs croistre et estendre. [129]

Suas meditações pungentes sobre a morte, seu assunto preferido, fizeram com que o *Grand Testament*, de 1461, fosse uma obra muito lida em sua época e nos séculos seguintes. Francês nascido em Paris, cidade na qual eventualmente residia, Villon, como muitos de seus contemporâneos, conhecia e frequentava o cemitério de Saints-Innocents. Lá ficava ainda mais latente sua atração pela morte física, que via exposta sem constrangimento nos ossuários e carneiros, amontoados de despojos ali depositados indistintamente, de gente pobre e rica, senhores e servos. Eles aparecem em seu testamento, em um trecho ao mesmo tempo solene e engraçado, no qual o poeta deixa seus óculos (sem o estojo!) como doação à instituição parisiense de ajuda aos cegos, o *Quinze-Vingt* (tornado depois hospital) - que, pelo sistema numérico local equivale ao número trezentos (era essa a quantidade de leitos que o prédio comportava):

> Item je donne aux Quinze-Vingt
> Qu'autant vaudrait nommer Trois-Cents
> De Paris, non pas de Provins,
> Car à eux je tenu me sens
> Ils auront, et je m'y consens,
> Sans les étuis, mes grand'lunettes,
> Pour mettre à part, aux Innocents,
> les gens de bien des déshonnêtes.
>
> (...)
>
> Quand je considère ces têtes
> Entassés en ces charniers
>
> (...)

---

129 "A morte o faz estremecer, empalidecer /O nariz curvar-se, as veias enrijecerem-se/O peito inchar, a carne amolecer,/Juntas e nervos quebrar e distender" (retirado de Champion, 1923, p. 129.)

> Et icelles qui s'inclinaient
> Unes contre autres en leurs vies;
> Desquelles les unes régnaient
> Des autres craintes et servies:
> Là les vois toutes assouvies,
> Ensemble en un tas pêle-mêle:
> Seigneureries leur sont ravies.
> Clerc ni maître ne s'y appelle. [130]

Por serem escritos em língua vulgar e não no latim, estima-se que estes textos tiveram a atenção também de um público menos letrado e culto. Seu real alcance, assim como seu verdadeiro lugar na difusão do macabro, é difícil de mensurar. A esse respeito, sabe-se do papel fundamental das ordens mendicantes em popularizar a imaginação macabra. Tanto a iconografia (em especial as gravuras, por sua portabilidade), quanto a literatura, foram instrumentos bastante explorados pelos frades em suas peregrinações. Seus sermões insistiam na pobreza, no arrependimento, na caridade, nas obras, como garantias necessárias de uma boa morte e da salvação da alma. O macabro funcionava como um *memento mori* expressivo, corroborando esse discurso através do medo da corrupção da carne e do horror post-mortem.

Ora, a fascinação com o cadáver, posto a lume nas manifestações visíveis da cultura, se dava em proporção inversa ao seu ocultamento na realidade: "*O que a arte macabra mostrava era precisamente o que não se via, o que se passava debaixo da terra, o trabalho escondido da decomposição, e não o resultado de uma observação, mas produto da imaginação.*"[131] A morte macabra foi uma etapa do reconhecimento do homem em seu próprio corpo e, consequentemente, da construção do indivíduo moderno. Os séculos seguintes assistem a continuação desse processo.

---

130 *Esse item deixo ao Quinze-Vinte/Que também poderia chamar-se Trezentos/De Paris e não da Província/Pois graças a eles mantive o sentido/Eles terão, e eu consinto, / Sem o estojo, o meu par de óculos, /Para separar, nos Innocents, as pessoas de bem das desonestas. (...) Quando considero essas cabeças /Aos montes nesses carneiros (...) /E aquelas que em vida se inclinavam/Umas para as outras; /Dentre as quais algumas reinavam /Sendo servidas e temidas por outras: /Vejo-as ali sem vida, /Juntas em um amontoado aleatório: /Suas propriedades não lhes pertencem mais. /O Clérigo nem de Padre é mais chamado.* (Villon, 1859, p. 227.)

131 Ariès, 1998, p. 147.

No rastro do macabro medieval

La première fois que j'ai pris la main à la nature vraie, ce fut à la Morgue.[1]

Jules Janin, *L'âne mort*, 1829

La création triste, aux entrailles profondes,
Porte deux Tout-puissants,
le Dieu qui fait les mondes,
Le ver qui les détruit.[2]

Victor Hugo, *L'epopée du ver*, 1877

Ah! certo eu vi! – um pútrido cadáver,
Amarelento, ensanguentado e feio,
Pávido erguer-se no sudário envolto.

Gonçalves Dias, *Fantasmas*, 1846.

O imaginário do cadáver em decomposição se popularizou após a Baixa Idade Média. A tarefa de traçar seus percursos no decorrer dos séculos modernos é difícil: reapropriado por obras de natureza outra, que não tinham por objetivo os ensinamentos cristãos que garantiam uma boa morte e exploravam seu aspecto

---

1 A primeira vez que tomei nas mãos a verdadeira natureza, foi no Necrotério
2 A criação triste, de vísceras profundas,/Porta dois Todo-poderosos, o Deus que faz os mundos,/ O verme que os destrói.

horrível e repugnante, o macabro medieval se fundia a gêneros literários e iconográficos como o do terror[3] ou do grotesco,[4] por exemplo.

Assim, se é possível rastrear as reminiscências do macabro de outrora, elas se manifestam, por um lado, na manutenção do tema das danças macabras, como continuidade (e, às vezes, reinterpretação) das fabulações medievais. Por outro lado, na imagem do defunto putrefato e todas as infâmias que participam do seu repertório (a carniça e a carcaça, os fedores, os miasmas e a sânie, os líquidos viscosos e nojentos, os vermes e os parasitas que nele se alimentam) que reaparecem na sensibilidade romântica a partir da segunda metade dos setecentos. No primeiro caso, o conjunto de obras que receberam o título de "danças macabras", ou que emularam o modelo medieval de alguma maneira, podendo ser assim classificadas, forma um corpo relativamente coeso, que será analisado no próximo capítulo. O segundo caso é preciso investigar com mais cautela. Esvaziado do seu poder pedagógico, o cadáver servirá, nessa literatura, como um potencializador das cenas de horror.[5]

---

[3] Conforme definição de Ann Radcliffe, na qual Terror seria o sentimento de antecipação (medo ou ansiedade) diante de uma situação indeterminada, obscura, que pode ou não representar uma ameaça. "The union of grandeur and obscurity (....) expands the soul and awakens the faculties to a high degree of life." (Radcliffe, 1826, p. 150)

[4] Conforme definição de Bakhtin: O exagero, o hiperbolismo, a profusão e o excesso são, segundo opinião geral, os sinais característicos mais marcantes do estilo grotesco. (Bakhtin, 1987) Segundo Georges Minois: "O grotesco surge, em geral, na sequência das agitações políticas e sociais que inverteram a ordem "natural" das coisas e que nos levam a ter um olhar novo sobre o mundo: este se desestrutura, decompõe-se; seus elementos fundem-se uns nos outros, recompõem-se de forma mosntruosa e ridícula. (...) A palavra aparece com a descoberta, pouco antes de 1500, de antigas decorações complexas no subsolo, as "grotas"da Casa Dourada de Nero. Trata-se de uma invenção mediterrânea, que dá lugar, desde o início do século XVI, a um estilo pleno de fantasia, bizarrice, evocando o sonho e, ás vezes, a loucura. A coisa existia antes da palavra, isso é certo; mas no século XVI, ela entra no vocabulário e adquire verdadeira autonomia." (Minois, 2003, p. 94 e 301)

[5] Conforme definição de Radcliffe, na qual Horror é o sentimento de repulsa que se sente logo após a revelação ou a experimentação de algo potencialmente ameaçador. Enquanto o Terror "expands the soul and awakens the faculties to a high degree of life", o Horror, ao contrário, "freezes and nearly annihilates them". (Radcliffe, 1826, p. 150)

A febre gótica

O final do século XVIII, *"momento em que se assiste ao teatro da crueldade do marquês de Sade, a volta do sentimento dos cemitérios, da nostalgia e do pré--romantismo"*,[6] testemunha uma redescoberta dos temas da cultura medieval, tendo por catalisador a já conhecida obsessão dos românticos pelo período: *"Le moyen âge est sans doute l'époque historique vers laquelle, en imagination, le romantisme s'est le plus intensément projeté."*[7] Essa inclinação é presente mesmo no seu léxico: é bastante conhecida a definição de Mme de Staël, de 1813, segundo a qual *"o termo 'romântico' foi introduzido recentemente na Alemanha para designar a poesia que teve origem nas canções dos trovadores, a que nasce da cavalaria e do Cristianismo."*[8] Definição que se manteve mesmo nos estudos contemporâneos sobre a escola, como sugere Michel Löwy: *"No termo 'romântico' tal como era compreendido nos começos do movimento que exibia esse nome existe a referência a um passado bem determinado: a Idade Média. Uma das principais origens da palavra é o romance cortês medieval."*[9]

A voga teria sido estimulada por diversos fatores. O grande interesse historiográfico de uma geração de pesquisadores que trouxe à tona a cultura medieval sem o preconceito iluminista, como John Ruskin, Champollion-Figeac, Hyacinthe Langlois ou Jules Michelet, que resultou em textos impregnados de emoção saudosista.[10] Também a redescoberta de autores da época, como François Villon, e

---

6   Vovelle In: Braet e Verbeke, 1996, p. 17.
7   "A Idade Média é sem dúvida a época histórica sobre a qual, através da imaginação, o romantismo se projetou o mais intensamente."Assim inicia o verbete Moyen Âge do Dictionnaire du Romantisme (Vaillant, 2011, p. 477).
8   Mme de STAËL In: Gomes, 1992, p. 87.
9   Em Michel Löwy (1995, p. 41). De acordo com o mesmo autor: "a utilização dos adjetivos [romântico, romantismo] remonta ao século XVII, sobretudo na Inglaterra e na Alemanha. No início, são utilizados para qualificar tudo o que é considerado como característico dos "romances"- medievais e mais tardios: exaltação dos sentimentos, extravagância, maravilhoso, cavalaria, etc. Os dois pontos de focalização são a emoção e a liberdade de imaginação. Se estas representam valores negativos para o século XVII, tornam-se cada vez mais positivas no decorrer do XVIII (...)" (*Idem, ibidem*, p. 71)
10 Interessante observação de Eric Hobsbawm a respeito da influência desses autores: "Em outra época, um Lamennais ou um Jules Michelet na França, um Carlyle ou um Ruskin na Grã-Bretanha poderiam ter sido poetas ou romancistas com algumas opiniões acerca de assuntos públicos; na sua época foram propagandistas, profetas, filósofos ou historiadores levados por um ímpeto poético." (Hobsbawm, 2006, p. 373)

a republicação de romances de cavalaria ou de peças literárias como as *Reliques of Ancient English Poesy*, do Bispo Percy, em 1765, que recuperava baladas populares - ou, ainda, a invenção dessa mesma literatura (como no caso emblemático dos *Cantos de Ossian*), foram particularmente importantes a esse processo. O fascínio pelo estilo gótico na arquitetura (cujas catedrais inspiraram Caspar David Friedrich, John Constable e Pérez Villaamil, e eram elogiadas por Goethe[11]), e sua retomada no neogótico (do qual as restaurações executadas por Viollet-le-Duc pela França ou mesmo a concretização dos delírios monumentais de Horace Walpole, na Inglaterra, são apenas dois exemplos) foram outras facetas dessa moda.

A Idade Média cumpriria, para esse início de Romantismo,[12] o papel de mito fundador, uma pré-história da sociedade moderna,[13] em contraposição à

---

11 Em famososo artigo de 1772, "Architecture Allemande" ("Sobre a arquitetura alemã"), sobre a catedral de Strasbourg, na qual diz encontrar a beleza onde o senso comum só vê "violência e imperfeição" (GOETHE, In: LOBO, 1987, p. 23).

12 Não se trata, aqui, nos limites desse trabalho, de oferecer uma análise exaustiva sobre o Romantismo. Tantos outros autores já o fizeram e com muito mais propriedade. Pelo contrário, nos interessa um entendimento mais abrangente, no sentido de uma sensibilidade romântica, para aquém e para além dos limites cronológicos do movimento que recebeu essa denominação – e lançar luz à sua vertente mais medievalista e a sua parcela literária que fez uso da estética macabra. No entanto, o compromisso acadêmico talvez nos exija essa "declaração de princípios", no que entendemos ser o Romantismo. Para tanto, nos apropriaremos da voz de um eminente historiador, Eric Hobsbawm, que diz: "Como um estilo, uma escola, uma época artística, nada é mais difícil de definir ou mesmo de descrever em termos de análise formal. Os próprios românticos pouco nos ajudam, pois, embora suas próprias descrições sobre o que buscavam fossem firmes e decididas, também careciam frequentemente de conteúdo racional. Em um sentido estrito, o romantismo surgiu como uma tendência militante e consciente das artes, na Grã-Bretanha, França e Alemanha, por volta de 1800 (no final da década da Revolução Francesa), e em uma área bem mais ampla da Europa e da América do Norte depois da batalha de waterloo. Foi precedido antes da Revolução (principalmente na Alemanha e na França) pelo que tem sido chamado de "pré-romantismo"de Jean Jacques Rousseau, e a "tempestade e ímpeto"dos jovens poetas alemães. provavelmente, a era revolucionária de 1830-1848 assistiu a maior voga européia do romantismo." (Hobsbawm, 2006, p. 357-8). Recorreremos ao mesmo autor ainda outras vezes nesse capítulo.

13 No Brasil, o Medievalismo seria substituído em grande parte pelo Indianismo, não apenas na valorização do "homem em relação direta com a natureza", e ainda não corrompido pela sociedade, mas porque representava o período anterior à colonização. Também facilitava a transposição dos temas do romantismo europeus para a realidade local, como a natureza exótica e sublime. Dessa vertente, destacam-se os Primeiros Cantos (1846) e Os timbiras (1857), de Gonçalves Dias, A confederação dos Tamoios (1857), de Gonçalves de Magalhães, O guarani(1857) e Iracema (1865), de José de Alencar.

Antiguidade, modelo para o Neoclassicismo. A pastoral medievalista via nos tempos de outrora a cura para uma certa melancolia que invadia as mentalidades coletivas no limiar do século XVIII. *"Le romantisme"*, lembra Edgar Morin, *"est tout d'abord crise d'inadaptation à l'embourgeoisement."*[14] Idealizado, o período anterior ao surgimento da sociedade industrial e do capitalismo, era valorizado como o da vida em comunidade, de povos primitivos que se relacionavam harmônica e intimamente com a natureza e com a religião.[15]Construção utópica, que não passava despercebida nem aos críticos da época, que, de acordo com Théophile Gautier, exclamavam: *"- Encore du moyen âge, toujours du moyen âge! Qui me délivrera du moyen âge, de ce moyen âge qui n'est pas le moyen âge? Moyen âge de carton et de terre cuite qui n'a du moye âge que le nom."*[16]

"Cette création d'un monde arbitraire, où le moi, heurté par la dure realité, puisse s'épanouir, c'est le mouvement premier de l'âme romantique", confirma Albert Béguin.[17] E a dura realidade da qual buscavam escapar os românticos era a desse tempo regido pela máquina, revelando o temor da mecanização do próprio homem, do qual a história da *Olympia* de Hoffmann é representativa, e o *Frankenstein* de Shelley, um sintoma. *"A Idade Média é glorificada; épocas pós-medievais são escolhidas só para descrever, com nostalgia, a derrota e o desparecimento de tradições veneráveis."*[18] Portanto, a retomada da cultura medieval explicaria, em parte, o reaparecimento do macabro, embora não tenha sido a única responsável.

---

14 "O romantismo", lembra Edgard Morin, "é antes de tudo uma crise de inadaptação ao aburguesamento". (Morin, 1970, p. 300). Ainda citando Edgar Morin: le romantisme est une réaction anthropologique à la civilisation bourgeoise, capitaliste, urbaine, puis machiniste et industrielle. ("o romantismo é uma reação antropológica à civilização burguesa, capitalista, urbana, depois maquinista e industrial " [*ibidem*, p. 186])

15 "A ansiedade que se convertia em obsessão nos românticos era a recuperação da unidade perdida entre o homem e a natureza. O mundo burguês era profunda e deliberadamente anti-social (...) Três fontes abrandaram a sede da perdida harmonia entre o homem e o mundo: a Idade Média, o homem primitivo [ou, o que dá no mesmo, o exotismo e o "povo" (folk)], e a Revolução Francesa." (Hobsbawm, p. 365).

16 "- Novamente a Idade Média, sempre a Idade Média! Quem me libertará da Idade Média, essa Idade Média que não é Idade Média? Idade Média de papel e argila que de Idade Média só tem o nome. "(Gautier, Introdução à Mademoiselle de Maupin, 1835.)

17 "Essa criação de um mundo arbitrário, no qual o eu, confrontado à dura realidade, pode se realizar, é esse, o movimento primeiro da alma romântica" (Béguin, 1986, p. 50.)

18 Carpeaux, In: Guinsburg, p. 163.

A triunfante moral burguesa pós-revolucionária refletia esse estado de inércia amorfa, mais preocupada com o consumo e com sua imagem social do que com os rumos da civilização. O período da consolidação de seu estilo de vida, contemporâneo ao desenvolvimento do Romantismo, na passagem do século XVIII para o XIX, não por acaso recebeu o epíteto de "a gélida era da burguesia" por Eric Hobsbawm:

> Um protestantismo beato, rígido, farisaico, sem intelectualismo, obcecado com a moralidade puritana a ponto de tornar a hipocrisia sua companheira automática, dominou essa desolada época.(...) Seus homens personificavam o dinheiro, que provava seu direito de dominar o mundo; suas mulheres, que o dinheiro dos maridos privava até da satisfação de realmente executar o trabalho doméstico, personificavam a virtude da classe: ignorantes, sem instrução, pouco práticas, teoricamente assexuadas, sem patrimônio e protegidas.[19]

A despeito desse *"protestantismo beato"*, os tempos eram nitidamente anticlericais, em que cada vez mais se afrouxavam os laços ideológicos que ligavam o homem à religião, em especial nas cidades: *"Embora em termos puramente quantitativos e religião continuasse muito forte, ela não era mais dominante mas recessiva.(...) A tendência geral do período desde 1789 até 1848 foi, portanto, de uma enfática secularização."*[20] O discurso racionalista impregnava as discussões filosóficas, influenciando também uma minoria de livres-pensadores que buscava se desvencilhar da Igreja. *"A crítica da religião empreendida pela filosofia do século XVIII enfraqueceu o cristianismo como fundamento da sociedade"*, relembra ainda Octavio Paz.[21]

Ainda que a grande maioria da população, em especial as massas camponesas e proletárias, continuasse crente, essa mudança de fundo ocorria de forma tão sutil e gradual que só era possível observá-la nas nuances do comportamento humano e em algumas de suas manifestações visíveis – como na laicização dos testamentos, documentos até então impregnados de discurso piedoso e que se

---

19 Hobsbawm, 2006, p.263-4.
20 Hobsbawm, p. 306-9.
21 Paz, 1984, p. 75.

tornaram meros registros de transferência de patrimônio.²² Diante desse dado, seria possível afirmar que, ao mesmo tempo que as religiões continuavam a existir, intimamente os homens pareciam duvidar cada vez mais de seus pressupostos, sendo um deles, a convicção da imortalidade da alma, um dos bastiões da fé cristã. Era *"o fim de um monopólio ideológico"*, diria Vovelle.²³ O óbito passava a ser considerado uma ruptura brusca, o desfecho da única realidade da qual se tinha certeza. A *Encyclopèdie*, de Diderot e D'Alembert, obra emblemática do pensamento racionalista, já considerava que:

> la mort uniquement considerée sous le point de vue qui nous concerne, ne doit être regardée que comme une cessation entière des functions vitales (...) La séparation de l'âme d'avec le corps, mystere peut-être plus incompréhensible que son union est un dogme théologique certifié par la Religion mais nullement conforme aux lumières de la raison, ni appuyé sur aucune observation de Médicine (...) ²⁴

Aos olhos da razão e da ciência, a morte era meramente *cessation entière des functions vitales*. Mesmo que permanecesse corrente o discurso religioso, às vezes em suas formas mais histéricas, vide a emergência e o fotalecimento das correntes evangélicas em meados do século XIX, era inegável o processo de materialização do óbito. Dessacralizada, tornada um fim absoluto, etapa incontornável da natureza, a morte se secularizava. Assim concebida, a vida se revelava uma existência vazia, que terminava nela mesma. Sem mistérios, sem segredos. A confiança de que, após a morte, se seguiria um renascimento, em outro plano, sob outra forma, espiritual ou seja qual fosse, fora abalada. Condenado a ser um corpo que apodrece, o homem amendrontava-se.

---

22 É Michel Vovelle quem nos fornece o dado. O historiador fez um longo e aprofundado estudo sobre as transformações dos testamentos, que aparece em *Piété baroque et déchristianisation en Provence au XVIIIe siècle. Les attitudes devant la mort d'après les clauses des testaments*. Paris: Plon, 1973.

23 Vovelle, 1983, p. 532.

24 "A morte considerada exclusivamente sob o ponto de vista que nos concerne, não deve ser encarada senão como uma cessação completa das funções vitais (...) A separação da alma com o corpo, talvez um mistério ainda mais incompreensível que sua união, é um dogma teológico certificado pela Religião, mas que, de modo algum, está em conformidade com as luzes da razão, tampouco apoia-se sobre qualquer observação da Medicina.(...)" (*Encyclopèdie*, p. 718.)

O resultado imediato dessa nova percepção foi, segundo Philippe Ariès, a origem do medo da morte que *"manifestou-se pela repugnância, primeiro em representar e, depois, em imaginar o morto e seu cadáver."*[25] A assepsia burguesa não aceitava o contato com a decomposição humana e passava a escondê-la, evitá-la. A morte, como um todo, vai, aos poucos, sendo tratada como um assunto tabu, que não podia ser mencionada e muito menos vista, e os mortos, considerados objeto de horror.

Nada mais provável, portanto, que a imaginação romântica, em sua vertente crítica da pudicícia burguesa,[26] tomasse para si os temas que agrediam a sensibilidade da época e desafiavam a lógica racionalista. O redespertar do macabro foi um deles.

Théophile Gautier comentava, em seu prefácio à *Mademoiselle de Maupin*, a "recente" (o texto é de 1835) epidemia medieval que atacara Paris e os arredores, aparentemente sem grande importância – *"certainement plus innocent que les jeux innocents, et qui ne faisait mal à personne."*[27] Mas o público *"se prit d'un belle passion pour ce pauvre moyen âge"*[28] que invadia tudo: *"drames, mélodrames, romances, nouvelles, poésies, vaudevilles."*[29] E revela um dos gostos mais emblemáticos à cultura do macabro da época:

> A côté du roman moyen âge verdissait le roman-charogne, genre de roman très agreable (...) Les feuilletonistes sont bien vite arrivés à l'odeur comme des corbeaux à la curée, et ils ont dépecé du bec de leurs plumes et méchamment mis à mort ce pauvre genre de roman qui ne deman-

---

25 Ariès, 2003, p. 158.
26 Hobsbawm chama a atenção para a vertente do Romantismo que, ao contrário, glorificava a classe burguesa em seu elemento histórico revolucionário: "O romantismo não é, portanto, simplesmente classificável como um movimento antiburguês. De fato, no pré-romantismo das décadas anteriores à Revolução Francesa, muitos de seus slogans característicos tinham sido usados para a glorificação da classe média (...) (2006, p. 359) No entanto, após o momento revolucionário, ficaria mais claro contra quem e o que se manifestar: Entretanto, já que a sociedade burguesa triunfara de fato nas Revoluções Francesa e industrial, o romantismo inquestionavelmente se transformou em seu inimigo instintivo, e pode muito justamente ser considerado como tal." (*Idem*, p. 360)
27 "certamente mais inocente que as brincadeiras inocentes, e que não fazia mal a ninguém."
28 "tomou-se de paixão por essa pobre Idade Média"
29 "dramas, melodramas, romances, novelas, poesias, vaudevilles."(GAUTIER, 1876, p. 13.)

dait qu'à prospérer et a se putréfier paisiblement sur les rayons graisseux des cabinets de lecture. Littérature de morgue ou de bagne, cauchemar de bourreau, hallucination de boucher ivre et d'argousin qui a la fièvre chaude! Ils donnaient bénignement à entendre que les auteurs étaient des assassins et des vampires, qu'ils avaient contracté la vicieuse habitude de tuer leur père et leur mère, qu'ils buvaient du sang dans des crânes, qu'ils se servaient de tibias pour fourchette et coupaient leur pain avec une guillotine. Et pourtant ils savaient mieux que personne que les auteurs des ces charmantes tueries étaient de barve fils de famille, très debonnaires et de bonne société (...) Mais, quoi qu'ils dissent ou qu'ils fissent, le siècle était à la charogne, et le charnier lui plaisait mieux que le boudoir (...)[30]

O "romance-carniça", de que fala Gautier, conhecido ainda como "romance gótico" ou "negro", tinha como principais características a ambientação em construções medievais e uma narrativa que incluia elementos fantasiosos e mistério, componentes que confrontavam a lógica racionalista. Cabe lembrar que o Romantismo ressignificou o estilo gótico e, assim, remeter-se a um passado remoto não gerava apenas o cenário desejado. Catedrais, com seus vitrais de reflexos oníricos e altíssimas torres tornavam-se enigmáticas; o castelo-fortaleza protegia e escondia segredos de outras gerações; o monastério, verdadeiro labirinto de quartos e capelas que ocultavam confissões e assassinatos: o terror e o crime encontravam aí seus locais ideais.

Precursores, autores ingleses como Horace Walpole (*The castle of Otranto*, de 1765), Ann Radcliffe (*The misteries of Udolpho*, em 1794 e *The Italian*, de 1797), Mathew Gregory Lewis (*The monk*, de 1795), Mary Shelley (*Frankestein*,

---

30 "Ao lado do romance da Idade Média florescia o romance-carniça, gênero de romance muito agradável (...). Os novelistas, atraídos pelo odor, chegaram rapidamente como corvos à carniça e, despedaçaram com o bico suas penas e, maldosamente lançaram à morte esse pobre gênero de romance com tudo para prosperar, para que fosse apodrecer nas prateleiras engorduradas das salas de leitura. Literatura de morgue ou de prisão de força máxima, pesadelo de carrasco, alucinação de açougueiro embriagado e de tira comprometido! Disseminavam de bom grado a ideia que seus autores eram assassinos e vampiros, que tinham contraído o hábito vicioso de matar pai e mãe, que bebiam sangue em crânios, que usavam tíbias como garfos e cortavam pão à guilhotina. No entanto, melhor do que ninguém, eles sabiam que os autores dessas adoráveis matanças eram bons filhos de família, bonachões, gente de bem. (...). Mas, o que quer que dissessem, o que quer que fizessem, de pouco adiantava: estávamos no século da carniça, e o ossário era mais bem quisto que o toucador (...)" (Gautier, 1876, p. 13-15. Grifo meu.)

1817) e Charles Maturin (*Melmoth*, 1820) inauguraram o gênero que desafiava os valores burgueses, e que reverberaria durante todo o século XIX. Mesmo configurando-se como uma tendência prioritariamente inglesa quando do seu surgimento, a crueldade presente nos textos definitivamente aproximava-os da obra de um grande autor francês, o Marquês de Sade, morto em 1814. Este por sua vez, teria aderido à estética *noir* em alguns de seus livros – apesar das críticas do autor das *120 journées de Sodome* aos romances góticos.[31]

As histórias de Sade apresentavam *"uma abundância de peripécias delirantes e incompatíveis com o real; o macabro e o terror tornam-se os fins reais da criação romanesca, sem preocupação com a verossimilhança."*[32] Era o crepúsculo das Luzes. Fantasmas, visões do além, superstições e feitiçarias, criaturas quiméricas e sanguinárias: abandonava-se a razão em prol dos monstros que a imaginação engendra, como sugeria a gravura de Goya.

"*É a febre gótica*", comenta Eliane Robert Moraes:

> A popularidade do gênero pode ser confirmada não só pelo grande número de publicações originais ou traduções colocados à disposição do leitor, mas também aferido pelas inúmeras reedições dessas obras. "O Castelo de Otranto", do medievalista Horace Walpole, que dá ao *roman noir* sua certidão de nascimento é um exemplo disso: de sua publicação original em 1765 até o final do século ele terá sucessivas edições.[33]

O macabro romântico

Foi, portanto, nas ruínas artificiais de um passado medieval inventado[34] que esse romantismo de evasão buscou falar de sua própria época: ficcionalizando as cenas brutais do Terror revolucionário e suas espetaculares execuções públicas,

---

31 Quem afirma é Eliane Robert Moraes: "Sade, gótico? certamente, se tomarmos por exemplo La Marquise de Ganges, uma adesão total à estética do roman noir, sim, se nos remetermos a inúmeras passagens de Aline et Valcour, uma obra destinada ao grande público; ou ainda se nos referirmos às novelas de *Les crimes de l'amour* cujos títulos e subtítulos indicam a filiação ao gênero (...)" (Moraes, 1994, p. 78). Quanto às críticas de Sade aos romances ingleses da época, a autora cita seu texto de abertura a *Les crimes de l'amour* em que ele diz que os autores do gênero pecam pelo "excesso de fantasia" (ver o capítulo O castelo em Moraes, 1994).
32 Camarani, 2003, p. 39.
33 Moraes, 1994, p. 74.
34 Moraes, 1994, p. 74..

confrontando o leitor com seus medos mais íntimos. A inadequação da sensibilidade romântica ao mundo capitalista, que exaltava a moral, a contenção e a parcimônia,[35] encontrou abrigo dentro dos prédios-fortaleza, de muralhas altas, cujas paredes grossas escondiam centenários corredores tortuosos e quartos ainda mais isolados. Os castelos que atraíam a imaginação romântica eram também circundados pela natureza mais selvagem que se poderia conceber. As sombras e a penumbra dessas paisagens forneciam a atmosfera de mistério[36] ideal às narrativas - e isso a despeito dos propósitos originais da arquitetura gótica, que, contrapondo-se ao estilo românico, seu predecessor, oferecia uma maior iluminação interna e espaços abertos, amplos e arejados.[37]

---

35 Sobre a "moderação burguesa": O puritanismo, a religiosidade católica ou evangélica encorajavam a moderação, a poupança, uma sobriedade espartana e um orgulho moral sem precedentes na Grã-Bretanha, nos Estados Unidos, na Alemanha e na França; a tradição moral do Iluminismo do século XVIII e da maçonaria fazia o mesmo no setor ais emancipado e anti-religioso. Exceto na busca do lucro e na lógica, a vida da classe média era uma vida de emoção controlada e de perpectivas limitadas deliberadamente. (Hobsbawm, 2006, p. 375)

36 O "sentimento de mistério" era fundamental para a imaginação romântica segundo Antonio Candido: Enquanto a natureza refinada do Neoclassicismon espelha na sua clara ordenação a própria verdade, acolhendo e abrigando o espírito, para o romântico ela é sobretudo uma fonte de mistério, uma realidade inacessível, contra a qual vem bater inutilmente a limitação do homem. Ele a procura, então, nos aspectos mais desordenados, que, negando a ordem aparente, permitem uma visão profunda. Procura mostrá-la como algo convulso, quer no mundo físico, quer no psíquico: tempestade, furacão, raio, treva, crime, desnaturalidade, desarmonia, contraste. (Candido, 2009, p. 349)

37 A arquitetura gótica, que surge entre os século XII e XIII, ao contrário da românica dos séculos X a XII, buscava a verticalidade (simbolizando a ascensão aos céus; o prédio se torna uma ponte que leva os homens à Deus) e as paredes vazadas (preenchidas por vitrais coloridos, explorando ao máximo a entrada de luz solar, que representava a luz divina) através do uso de colunas terminadas em arcos ogivais e arcobotantes externos. A revolução do estilo gótico era justamente a criação do edifício religioso amplo, aberto à comunidade, com abundante iluminação. (Ver mais em Duby, Georges. O tempo das catedrais. A arte e a sociedade. 980-1420. Lisboa: Estampa, 1993.) No Romantismo, a construção gótica sofre uma ressignificação, sendo obscurecida e tornando-se sombria e aterrorizante (cenário ideal para as ficções sobrenaturais), o que condizia com a Idade Média misteriosa e idealizada que os românticos inventaram.

"A emergência do romance gótico está associada a um sentimento que se apodera da Europa na época: o 'mal de vivre'";[38] (in)disposição do espírito que parece ter acometido toda uma geração na passagem do século XVIII para o XIX e que se expressava no "efeito Werther". Depois da história de amor frustrado do jovem personagem de Goethe, cuja angústia é tão grande que não cabe na vida, o auto-aniquilamento parecia ser o desdobramento natural de uma crise existencial. Sabe-se da suposta onda de suicídios que teria acompanhado o lançamento deste romance seminal em 1774 - um cronista da época, citado por Michel Vovelle, indica o registro de 239 casos só em Berlim, entre 1781 e 1786 (que, como o historiador francês conclui, *"c'est beaucoup!"*).[39] Entre 1776 e 1850, o livro teve pelo menos dez versões para a língua francesa, e pelo menos 42 edições, provando ter sido, na França, um verdadeiro sucesso comercial.[40] No mesmo período, o número de suicídios cresceu notadamente, e

> parecem ter subido entre o ano VI e o ano IX e, sob o Império, bateram todos os recordes em 1812. Sob Napoleão, ocorriam quase 150 suicídios por ano em Paris. (...) Não eram vagabundos ou homens sem eira nem beira que decidiam terminar com uma vida infeliz laçando-se ao Sena: eram homens e mulheres abatidos, cuja existência já penosa se tornava a cada dia mais difícil, sem esperanças de melhora.[41]

Nas estatísticas publicadas no *Le Constitutionnel*, jornal lido pela burguesia parisiense, era possível acompanhar o fluxo anual crescente de suicídios na França: mil quinhentos e oitenta em 1827, dois mil e oitenta e quatro em 1831, dois mil quinhentos e oitenta e três em 1835, dois mil setecentos e quarenta e dois em 1839.[42] Uma verdadeira epidemia que, juntamente ao óbito por tuberculose (o tipo de morte por doença mais próxima ao suicídio, de acordo com as sensibilidades oitocentistas – daí seu nome em francês, *"consomption"*), substituía as verdadeiras hecatombes demográficas. Dado importante: enquanto o macabro medieval teria sido forjado na ressaca da Peste Negra que assolou a Europa, expondo as entranhas dos cadáveres obscenamente e a qualquer instante, a estética

---

38 Moraes, 1989, p. 76.
39 Vovelle, 1983, p. 476.
40 Helmreich, 1999, p. 179.
41 Hunt, Lynn In: Ariès e DUBY, 2006, p. 44.
42 Vovelle, 1983, p. 583-4.

macabra era agora retomada como consequência (e, no limite, como antídoto) do estado generalizado de neurastenia. E isso em uma época em que a ciência aprendia a lutar de maneira mais eficaz contra as enfermidades, através da medicina ou dos avanços na cultura do cuidado de si (que poderíamos chamar anacronicamente de "higiene"), em que não apenas se morria menos por moléstias tratáveis, como também se vivia mais (a esperança de vida teria aumentando em dez anos durante o século[43]). Em suma, o "mal" realmente preocupante era aquele que acometia a alma.

Além do Werther, o público francês descobria naqueles anos a literatura gótica inglesa e rapidamente familiariza-se com os nomes de Horace Walpole, Ann Radcliffe, Matthew Gregory Lewis e Robert Maturin. Traduzidos e avidamente lidos, sem demora influenciaram uma produção francesa cujo auge foram obras como *L'âne mort ou la femme guillotinée* (1829), de Jules Janin, e *Champavert* (de 1833) e *Madame Putiphar* (de 1839) de Pétrus Borel. Além do *"roman-charogne"*, o Romantismo francês gerou também a chamada *"poèsie des cimetières"*,[44] da qual poderia se citar, no mínimo, a *Comédie de la mort*, de Gautier, de 1838, e a *Epopée du ver*, de Victor Hugo, publicado em 1877, na *Légende des siècles*.

Esses textos ofereciam ao leitor vitoriano um verdadeiro catálogo macabro. Emblemáticas da vertente "frenética" do romantismo, segundo denominação de

---

43 Au début du siècle, en France, l'espérance de vie à la naissance était un peu inférieure à trente-sept ans – autour de trente-cinq pour les hommes, et de trente-huit pour les femmes; elles est en 1900 de quarante-sept ans (respectivement quarante-cinq et quarante-huit), elle sera de cinquante en 1914. Les Français ont gagné diz ans d'espérance de vie en un siècle, à un rythme, notons-le, inégal.("No início do século, na França, a expectativa de vida ao nascimento era um pouco inferior a trinta e sete anos – em torno de trinta e cinco para os homens e trinta e oito para as mulheres; em 1900 era de quarenta e sete (quarenta e cinco e quarenta e oito, respectivamente) e ela será de cinquenta anos, em 1914. Os Franceses ganharam 10 anos de expectativa de vida em um século, e note-se, a um ritmo desigual." Vovelle, 1983, p. 510)

44 Larmand, 1910, p. VIII. A *poésie des cimetières*, por sua vez, além da influência gótica, teria parentesco com os *Graveyard Poets* ingleses, cujos principais representantes seriam Edward Young (*The Complaint, or Night Thoughts on Life, Death and Immortality*, de 1742) e Thomas Gray com sua *Elegy written in a country churchyard*, de 1751. Entre 1761 e 1830, o poema de Gray teve nada menos que 90 traduções para o francês. Na Alemanha, eles inspirariam o surgimento dos "poetas da noite", os *Nachtgedankenmächer*. (Vovelle, 1983, p. 472 e 477). Todos produziam, em geral, reflexões sobre a morte. Nos interessa, contudo, enfatizar, nesse estudos, as produções posteriores a eles, que fizeram uso do elemento macabro mais explicitamente.

Charles Nodier, as narrativas eram recheadas de situações tétricas. Nodier usa o termo em diversas ocasiões para caracterizar essas obras que, filiadas à tradição gótica, exacerbavam na violência e no horror. Na "Advertência" à sua tradução francesa da peça *Bertram, or the Castle of St. Aldobrand*, de Maturin, em 1821, por exemplo, ele assume que tal literatura se configurava como o passatempo desejado por um povo acostumado aos terrores e à resignação da vida real:

> A une époque où nous avons été tourmentés par le spetacle de tant de douleurs, et frappés de la gloire de tant de dévouements, il est d'ailleurs très-comun d'attacher plus de prix à l'éclat d'une entreprise énergique et d'une mort vigoureuse, qu'aux simples et touchantes résignations de la vertu. (...) l'état de notre societé fait très-bien comprendre l'accueil que'elle accorde aux folies sentimentales et aux exagérations passionnées. Les peuples vieillis ont besoin d'être stimulés par des nouveautés violentes. Il faut des commotions électriques à la paralysie, des horreurs poétiques à la sensibilité, et des exécutions à la populace.[45]

O "frenético" encontrou no próprio Nodier seu propagador, seja em *Smarra ou les démons de la nuit*, de 1821, ou na coletânea de contos *Infernalia*, de 1822. O cadáver – ou, ainda, os cadáveres: na economia do *roman charogne*, quanto mais, melhor – se tornava elemento essencial para acentuar o caráter aterrorizante de um acontecimento, e o romantismo frenético não via limites para a exposição dos corpos decompostos. Sem receio da repetição de certos temas, essa literatura recompensava um público ávido em sentir as delícias da violência e da morte fictícia.

Prazeres que se encontravam em *The monk*, cujo enredo vale a pena resumir. Estupro, incesto, assassinato, bruxaria e tortura: são esses alguns dos ingredientes da trama de 1796. Nenhum personagem foi salvo dos infortúnios criados pelo autor Charles Lewis, especialmente a pobre Agnes. Prometida à reclusão

---

45 "Em uma época atormentada pelo espetáculo de tanto sofrimento, e marcada pela glória de tantas paixões, é muito comum valorizar mais o brilho de uma ação enérgica e de uma morte vigorosa que as simples e tocantes resignações da virtude (...) o estado atual de nossa sociedade dá muito boas mostras de receptividade às loucuras sentimentais e excessos apaixonados. Os povos envelhecidos precisam ser estimulados por novidades violentas. São necessárias comoções elétricas para a paralisia, horrores poéticos para a sensibilidade, execuções para a gentalha." (Nodier in Maturin, 1821, p. vij [Avertissement]).

desde seu nascimento (sua mãe, doente durante a gravidez, jura fazer da filha freira, caso tivesse um parto bem sucedido), ela entra para o convento de Santa Clara, conhecido por sua rigidez e pela severa Abadesa que o dirige. No entanto, Agnes se apaixona por Raymond, com quem pretende fugir. Um mal entendido separa o casal mas, a essa altura, a jovem já esperava um bebê. Ela confessa seu pecado ao celebrado e temido monge Ambrosio, que a entrega à Abadesa.

Temendo pela vida de Agnes, seu irmão Lorenzo se une a Raymond e solicitam ao papa a bula que a libertaria de seus votos. Tendo conseguido o documento, recebem a notícia de que Agnes adoeceu e morreu em seguida. Após um funeral de mentira, Agnes, viva, foi encerrada em um minúsculo calabouço úmido e escuro, escondido sob uma estátua de Santa Clara, nas catacumbas do claustro: "*In this dreadful abode she was to lead a perpeteual solitude, deprived of all society, and believed to be dead (...) Thus was she to languish out the remainder of her days, with no other food than bread and water, and no other confort than the free indulgence of her tears.*" [46] Encontrada ali pelo próprio irmão cerca de um ano depois, irreconhecível pela magreza e pela extenuação, presa por uma corrente de ferro instalada na parede de sua funesta cela, Agnes relata os horrores que viveu.

Primeiro, se viu rodeada de freiras mortas, que jaziam ao seu redor nas catacumbas, ("*[...] surrounded by the loathsome and mouldering bodies of my companions*"[47]) e exalavam odores fétidos ("*I was opprest by a noisome suffocating smell [...]*"[48]), algumas recém-deixadas nas tumbas ("*What was my disgust, my consternation! In spite of its putridity, and the worms wich preyed upon it, I perceived a corrupted human head, and recognised the features of a Nun who died some months before!*"[49]), além de "*skulls, shoulder-blades, thigh-bones and other leavings of mortality were scattered upon the dewy ground.*"[50] De noite, deitada em

---

46 "Nessa terrível moradia ela levaria uma vida de perpétua solidão, privada de toda a sociedade, e seria tida como morta (...) Assim ela deveria definhar pelo resto de seus dias, sem nenhum outro alimento a não ser pão e água, e nenhum outro conforto que a livre indulgência de suas lágrimas."
47 "[...] cercada pelos repugnantes e putrefatos corpos de minhas companheiras"
48 "Eu era oprimida por um fétido e sufocante odor [...]"
49 "Qual foi o meu desgosto, minha consternação! A despeito de toda podridão, e dos vermes que a atacavam, percebi uma cabeça humana deteriorada, e reconheci os traços de uma freira que havia morrido há alguns meses!"
50 "crânios, omoplatas, fêmures e outros restos de mortalidade estavam espalhados sobre o chão úmido."

seu mísero leito de palha, sentia toda sorte de sevandijas caminharem sobre seu corpo – como que adiantando as sensações de seu cadáver sendo devorado, o que a apavorava ainda mais.

Os dias passavam e, com o sofrimento e a fome aguda que sentia, seu corpo adiantou o trabalho de parto, que ela teve que realizar sozinha. Sem condições de alimentar ou limpar seu bebê e com o ar gelado e infecto de sua masmorra, o pequeno morre em seus braços, apenas algumas horas depois de ter vindo ao mundo.

> I rent my winding-sheet, and wrapped in it my lovely child. I placed it on my bosom, its soft arm folded round my neck, and its pale cold cheek resting upon mine. Thus did its lifeless limbs repose, while I covered it with kisses, talked to it, wept, and moaned over it without remission, day or night. (...) in truth I was not always in my proper senses.[51]

A freira que lhe trazia comida se compadece da situação e se oferece para levar o pequeno cadáver para fora e enterrá-lo. Mas Agnes não concebe se separar do corpo, sua única companhia e conforto. Em pouco tempo, ele começa a apodrecer: "*It soon became a mass of putridity, and to every eye was a loathsome and disgusting object.*"[52] Seus olhos de mãe não permitiam vê-lo com aversão: "*In vain did human feelings bid me recoil from this emblem of mortality with repugnance: I withstood, and vanquished that repugnance.*"[53] Agnes seguia amando e acarinhando o diminuto e asqueroso despojo, procurando ignorar sua aparência e tentando imaginar sua graciosa fisionomia de bebê saudável - sua única ocupação durante o tempo em que ficou encarcerada:

> I persisted in holding my infant to my bosom, in lamenting it, loving it, adoring it! Hour after hour have I passed upon my sorry couch, contem-

---

51 "Eu rasguei minha mortalha, e nela enrolei minha criança adorável. Coloquei-a sobre meu peito, seu braço macio dobrado em torno de meu pescoço, e sua pálida bochecha fria repousando sobre a minha. Assim, seus membros sem vida repousavam, enquanto eu a cobria de beijos, falava com ela, chorava, e gemia sobre ela ininterruptamente, noite e dia. (...) na verdade, eu não estava sempre em plena posse de minhas faculdades."
52 "Logo se tornou uma massa de podridão, e era para todos um objeto repugnante e nojento."
53 "Em vão sentimentos humanos tentaram me fazer recuar desse emblema da mortalidade com repugnância: Resisti, e venci minha ojeriza."

plating what had once been my child: I endeavoured to retrace its features through the livid corruption, with which they were overspread. During my confinement this sad occupation was my only delight.[54]

No momento de seu resgate, Agnes foi encontrada assim, conversando com o mortinho, embalando-o em seu colo e beijando o pacotinho frio de seu corpo.

O encadeamento de horrores se repete em outra obra emblemática do frenético, *L'âne mort* [55] (1829), que também merece menção. Jules Janin, no prefácio, a chama de seu "castelo gótico"[56], prenunciando a letra *noir* da narrativa. Apesar do começo idílico, assim que o narrador chega em Paris, a história descamba para uma mordaz crítica social, em uma série de acontecimentos que denunciam o paradoxo moral que permeia todo ato de sociabilidade urbana, que incentiva e ao mesmo tempo pune os vícios – como no caso da prostituta Henriette, que é condenada à morte na guilhotina por assassinar o homem que a corrompeu pela primeira vez. O tom macabro se dá nos encontros do narrador com outros condenados (que já estavam mortos...) e que relatam suas execuções em detalhes – delitos cometidos, circunstâncias e sensações na hora fatal (o testemunho do enforcado é particularmente angustiante).

Convencido de que as motivações do crime de Henriette a livrariam do inferno, o narrador paga ao carrasco para que lhe conceda o corpo após o suplício, decidido a dar-lhe uma sepultura decente. Às pressas, arranja um precioso lençol para usar de mortalha, e uma fronha com a qual embrulharia a cabeça. Consegue uma cova em um cemitério de segunda categoria, que aceitava enterrar uma criminosa.

A cena merece atenção. Após orientar o coveiro (um tipo um tanto inescrupuloso) a aprofundar a fossa (que desconfiou que estivesse muito rasa), o narrador vê chegarem os guardas que conduziam uma pesada charrete. Estes entregam-lhe a conta da execução e um cesto com o cadáver. Um dos guardas abre o embrulho; dele rola uma cabeça coberta de sangue: os belos cabelos de

---

54 "Eu persisti a segurar meu infante contra o peito, a lamentá-lo, amá-lo, adorá-lo! Hora após hora passei na minha triste manifestação, contemplando o que outrora havia sido minha criança: Me empenhei para retraçar suas feições, através da deterioração lívida pela qual estavam cobertas. Durante o confinamento, essa triste ocupação foi meu único deleite."
55 O asno morto
56 Janin, 1861, p. 11.

Henriette arrancados pelo fio da lâmina da guilhotina, seus olhos apagados ainda abertos, a boca horrivelmente contraída, fechada de um lado e totalmente aberta do outro. Seu maxilar endurecido, crispado, impressiona o narrador, que exclama: "*Malheureuse! Elle a dû bien souffrir!*"[57] Ainda mais abalado ele fica ao ver que o corpo dentro do cesto ensanguentado estava inteiramente nu.

O coveiro pede licença para beber com os guardas no casebre que lhe serve de escritório enquanto o narrador se recompõe e se despede da pobre decapitada. Com a ajuda de seu amigo Sylvio, arrumam-na no caixão delicadamente, cobrindo-a com o fino sudário arranjado. Nesse processo, são observados por mulheres do povo, que riem e invejam o tecido nobre que cobre a defunta, enquanto elas mesmas se vestem de trapos. O narrador está inconsolável pelo fim dramático da história de sua amada, "*cette histoire moitié vice et moitié vertu*"[58], e se derrama em lamentos.

Cai a noite e o funcionário finalmente ressurge, embriagado e entoando "*une chanson bachique*".[59] Ele se mostra surpreso de ainda encontrar os dois ali, velando a morta. Não podendo adiar mais sua obrigação, ele deposita o ataúde no fundo da fossa, desajeitadamente. "*Courage!*" – lhe diz o narrador – "*il nous faut dans ce trou beaucoup de terre.*"[60] O coveiro, então, para dar continuidade aos trabalhos com mais ânimo, se põe a *dançar sobre a fossa, cantarolando "J'aime mieux boire! J'aime mieux boire!*"[61] O narrador se prostra de joelho e começa a rezar, e o coveiro continua saltitando alegremente: "*J'aime mieux boire!*"

A escatológica sequência não seria a derradeira. Na manhã seguinte, o narrador volta ao cemitério levando flores, a mente "*pleine de prières*", o coração "*plein de pitié*" e o olhos "*pleins de larmes*"[62] para homenagear Henriette. No local, porém, nada encontra além de um buraco vazio no chão. Estudantes de medicina roubaram o cadáver, o coveiro vendeu o caixão à família de outro condenado, as mulheres que no dia anterior assistiam ao fúnebre espetáculo, levaram o lençol e a fronha: "*Rien n'était plus.*"

A escabrosa história de injustiças de Jules Janin obteve grande sucesso, sendo reeditada 17 vezes no decorrer do século. Seguiu seu exemplo a coletâ-

---

57 "Pobrezinha! Como deve ter sofrido! "
58 "essa história, entre vício e virtude"
59 "uma canção báquica"
60 "Coragem! - precisamos de muita terra para essa cova. "
61 "Prefiro beber! Prefiro beber! "
62 "cheia de orações", "cheio de comiseração", "cheios de lágrimas"

nea *Champavert, contes imoreaux*,⁶³ de Petrus Borel, de 1833, um desses livros que reverberaram na sensibilidade romântica com suas incontáveis atrocidades. É chamado de "barracão de horrores" e "museu de horror" pelo crítico italiano Mario Praz.⁶⁴ As atrocidades macabras se repetem por todas as novelas compiladas, chegando a excessos refinados, como no último conto, em que o autor elabora a morte de seu pseudônimo. Personagem atormentado pelo passado e por dúvidas existenciais, Champavert fez um pacto com sua amada, no qual, quando um dos dois decidisse tirar a própria vida, o outro faria o mesmo e eles morreriam juntos. Finalmente, ele procura por sua Flava pois é chegada a hora. Mas Champavert, antes do ato fatal, tem um último pedido a fazer: ver o cadáver de seu bebê, que a jovem abortou tempos antes e que ambos enterraram em um jardim.

No meio da noite, debaixo de uma tempestade, os dois chegam ao local. Já bastante transtornado, o poeta cava com as mãos o local da sepultura, e encontra o esqueletozinho ainda coberto de carnes: "- *Flava! Flava! Criait-il, tiens, tiens, regarde donc ton fils; tiens, voilà ce qu'est l'éternité!... Regarde!*"⁶⁵ Ele joga o pequeno corpo na estrada e, atendendo aos pedidos de uma desesperada Flava, enfia um punhal em seu peito, e depois se mata. O poeta não acredita em Deus ou no Além, acredita no *Nada*, na vida que termina na morte – e o cadáver decomposto de seu filho é, para ele, a prova derradeira de suas convicções.

Em outro conto, Borel ficionaliza a história do respeitado anatomista do século XVI, Andreas Vesalius, descrito como um sujeito muito magro, alto e calvo, sempre trajando gibão com culotes, o traje todo em preto. Era uma figura digna de reparo. Os convidados à festa de seu casamento, ao verem-no dançando com a rechonchuda Amalia, "*rondelette, fraîche et rose*,"⁶⁶ fazem troça: é a imagem da "*mort qui fait danser la vie.*"⁶⁷ Ou mais especificamente, parecem uma cena tirada da dança macabra de Hans Holbein ("*La danse d'Holbein*")!⁶⁸

A historieta sugeria que, para além de suas polêmicas atividades oficiais, o médico praticasse seu *métier* de maneira escusa. Os boatos sobre ele espalhavam-

---

63 Champavert, contos imorais
64 Praz, `996, p. 131-133.
65 "— Flava! Flava! Ele gritava, aqui, aqui, olhe seu filho; veja, eis o que é a eternidade!... Olhe!"
66 "gorducha, cheia de frescor e rosa"
67 "morte que faz dançar, a vida."
68 Ver capítulo 3.

-se pelo povo, que o considerava um *"hérétique"*, um *"nécroman"*, *"sorcier"*.⁶⁹ Ainda no início da narrativa, duas senhoras de ares alcoviteiros comentam, ao passar diante de sua residência na capital espanhola que *"si tous ses cliens défunts s'y rendaient, la ronde ferrait le tour de Madrid"*⁷⁰ – e a tópica das danças dos mortos se faz presente. Um homem que ouve a conversa lhes responde, com graciosa ironia macabra: " – *On m'a assuré qu'il déjeûne souvent avec des côtelettes de chair qui ne vient pas de la boucherie."*⁷¹ A opinião pública o acusava do desaparecimento de algumas pessoas e exigia punição.

E Vesalius era, no conto, um criminoso que não deixava rastros. No leito de morte, a esposa Maria confessa tê-lo traído três vezes, com três homens diferentes, os quais, após passarem a noite juntos, nunca mais viu – ela sempre acordava sozinha e não tinha mais notícias deles. Apesar de ela mal se manter de pé, o anatomista a conduz, então, ao seu laboratório, pequena sala com paredes de pedra e colunas em ogivas góticas, com mesas ao centro, estantes e armários. *"Les établis étaient chargés de cadavres entamés, on foulait aux pieds des lambeaux de chairs, des membres amputés et sous les sandales du professeur se broyaient des muscles et des cartilages."*⁷² Um esqueleto convenientemente preso atrás da porta chacoalha quando essa se fecha, fazendo Maria estremecer. *"La voûte et les parois étaient couvertes d'ossements, de râbles, de squelettes, de carcasses, quelqu'uns humain, mais le plus grand nombre de singes et de porcs"*,⁷³ animais usados nos estudos de Vesalius. O ambiente de pesquisa, supostamente racional e científico, aqui é sanguinário e repulsivo, causando sentimento oposto. A jovem esposa, assustada e enojada, pede para voltar ao leito (*"l'odeur putride de ces corps me suffoque, ouvrez que je sorte, je souffre horriblement!"*⁷⁴).

É no meio das vísceras e das carcaças que o médico conta a ela o que fez de seus amantes: envenenanava o vinho que Maria bebia com eles, sedando-os.

---

69 "herético", "necromante", "bruxo".
70 "se todos esses clientes defuntos comparecessem, a ciranda daria a volta em Madri"
71 " – Garantiram-me que ele costuma almoçar costeletas de carne que não vêm exatamente do açougue."
72 "As bancas estavam carregadas de cadáveres amontoados, os pés pisavam sobre pedaços de carne rasgada, membros amputados e as sandálias do professor moíam músculos e cartilagens."
73 "A abóbada e as paredes estavam cobertas de ossadas, lombos, esqueletos, carcaças, alguns humanos, mas na maior parte, macacos e porcos"
74 "o odor pútrido destes corpos me sufoca, abram para que eu saia, estou sofrendo terrivelmente!"

Desmaiados, eram levados ao laboratório. Ainda vivos, mas sem poderem reagir, eram abertos para autópsia. Unindo seus dois interesses, a vingança e os estudos, o anatomista empreendia assim, uma análise cada vez mais minuciosa do corpo humano. Mostrando os cadáveres ocos à esposa, diz: *"– Jusqu´ici, n´ayant point encore disséqué de corps vivans, on n´avait eu que de vagues et imparfaites notions sur la circulations du sang, sur la locomotion; mais grâce à vous, señora! Vésalius a levé bien des voiles, et s´est acquis une gloire éternelle."*[75] Com o choque da revelação, Maria cai morta – tornando-se, ela também, outra cobaia.

No romance *Madame Putiphar*, de 1839, a crítica social iniciada por Jules Janin perdura, porém em tom mais sóbrio e trágico (apesar do fabuloso humor negro na carta-resposta de Mme ao pedido de clemência de Fitz-Harris). A história, que se passa entre as décadas de 1760 e 1780, não poupa nenhuma instituição, já que os alvos, aqui, são tanto o Antigo Regime, nas figuras de Luís XV e Mme de Pompadour, quanto o Iluminismo, denunciado pelas inúmeras humilhações, torturas e privações pelas quais passa o inocente Patrick nas prisões laicas para onde é mandado. Sua noiva, Déborah, acaba vítima da depravação da corte, escolhida para ser mais uma das jovens do harém real e iniciada na prostituição pela sáfica Madame du Hausset.

Dez anos preso: é nessa situação que encontramos Patrick em 1773. O companheiro de cela era o seu amigo Fitz-Harris, dado a rompantes de revolta diante do novo diretor do presídio, um sujeito sem ética nem paciência. Os dois sofrem constantes represálias, obrigados a passar fome e frio em uma cela escura, sem direito a banhos de sol ou passeios. Um dia, Fitz-Harris, no limite com essa situação, perde o controle, revolta-se e luta com os guardas. No calor da situação, tanto Patrick quanto o amigo saem bastante machucados. Ambos são encerrados feridos, como castigo, em uma minúscula masmorra, um poço úmido, sem aberturas e repleta de ratos. Condenados a um regime impiedoso de longos jejuns forçados (interrompidos por porções escassas de pão mofado), trancafiados sem saberem quantos dias se passavam, com seus ferimentos abertos e infeccionados, aos poucos os dois jovens começam a clamar pela morte. A privação extrema desencadeia a insanidade e logo, são acometidos de visões causadas pela penúria. Os corpos fracos, macilentos, trajando apenas farrapos eram alvos constantes das

---

75 "- Até esse momento, não tendo ainda dissecado corpos vivos, as noções sobre a circulação do sangue, sobre a locomoção eram apenas vagas e imperfeitas; mas graças à senhora! Vésalius pode tirar muitos véus e obter glória eterna. "

mordidas dos roedores. Sem poderem se mexer, perdem gradativamente os movimentos dos membros e Fitz-Harris passa a não sentir mais as pernas.

Um dia, após dois anos nessa situação, o amigo de Patrick sofre sérias crises alucinatórias. Em um último esforço de vida (algo que Charles Maturin chamaria de*"that ominous energy that annouces its effort to be the last – that bright flash of parting life that precedes its total extinction"*[76]), levanta-se, apesar das chagas espalhadas por toda a pele, e discursa longamente, como num transe. E cai, morto. Patrick se vê só e encerrado com o cadáver do amigo, dentro do poço, por uma semana.

> La nature a des lois de destruction et de décomposition inexorables pour le plus bel être comme pour l´objet le plus aimé; et Fitz-Harris étoit mort dans un si mauvais état, et ce puits étoit si malsain, que Patrick n´osoit plus, disons plus juste, ne pouvoit déjà plus l´embrasser, ne pouvoit déjà plus poser ses lèvres sur son front.[77]

Extenuado, desesperado, o pobre homem já não sabe mais o que fazer: a morte não lhe chega por mais que implorasse e o cadáver de seu companheiro se desmanchava ao seu lado. Finalmente, um dos guardas ouve seus gritos e, apesar de concordar com a retirada do morto, exige que o próprio Patrick o remova. Com o pouco de energia que lhe restava, coloca o resto hediondo e imundo do amigo nas costas e, a custo, sobe com ele os degraus da escada. Chegando à superfície, encontra os guardas e o diretor, que imediatamente se afastam por causa do fedor que exalavam. Patrick atravessa o prédio com a massa podre nas costas, levando-o até o jardim, para ser enterrado. Sua aparência, quase tão obscena quanto a do morto, faz a cena ficar ainda mais tétrica: "*Un cadavre immobile porté par um*

---

76 "*Aquela energia ameaçadora que anuncia seu esforço para ser a última - aquele lampejo brilhante de vida a despedir-se que precede sua extinção total*". O trecho citado está em *Melmoth* e refere-se a uma personagem que passa pelo mesmo lampejo repentino de ação de Fritz-Harris. (Maturin, 2012.)

77 "A natureza tem leis de destruição e de decomposição inexoráveis para o ser mais belo ou para o objeto mais amado; e Fitz-Harris havia morrido em um tão mau estado e esse poço era tão insalubre, que Patrick não ousava mais, ou melhor, já não podia mais beijá-lo, já não podia mais colocar os lábios sobre a sua testa." (Borel, 1878, p. 190.)

cadavre mobile couvert de cheveux et de haillons.(...) L´imagination pourroit-elle concevoir um spetacle plus lugubre, une scène plus propre à glacer d´effroi?"[78]

No caso da "poèsie des cimetières" de Théophile Gautier, é possível identificar a premissa do macabro medieval, de revelar o que acontece por baixo da terra, desde *La comedie de la Mort*, de 1838. No poema *La mort*, recupera-se o tema do "Debate entre a alma e o corpo", mas, assim como no antigo poema inglês *Disputation Between the Body and Worms*, o diálogo se dá entre a jovem recém-enterrada e o verme que a viola. O narrador ouve a conversa ao se aproximar de um túmulo e, num susto que lhe faz ceder os joelhos, entende que o verme *"consommait son hymen"*[79]. A defunta desvirginada reage imediatamente (*"La nuit du mariage elle est donc arrivée?"*[80]), ao que o verme indecoroso responde:

> Cette nuit sera longue, ô blanche trépassée,
> Avec moi, pour toujours, la mort t'a finacée;
> Ton lit c'est le tombeau.[81]

Na *Epopée du ver*,[82] de Victor Hugo, o verme *é* a morte – não mais entidade abstrata (ou personalização dela), mas a morte no que ela tem de mais material: a destruição do corpo. O parasita que come e aniquila a matéria representa esse óbito dessacralizado, no qual o fim último é o do despojo e não o da alma (*"Fétide, abject, je rends les majestés pensives. / Je mords la bouche, et quand j´ai rongé les gencives, / Je dévore les dents"*[83]). Tanto que "o poeta e o profeta", quando estão tristes e "pensando na vida feita de desaparecimento", é com ele, o verme, que sonham: *"Sage ici-bas celui qui pense à moi sans cesse!"*[84]

E ele segue, rastejando imperceptível entre os homens, nos momentos em que eles se divertem, desprevenidos (*"Lorsqu'entendant chanter les hommes, je*

---

78 "Um cadáver imóvel sendo conduzido por um cadáver que se move, coberto de cabelos e farrapos. (...) Será que a imaginação poderia conceber um espetáculo mais lúgubre, uma cena mais apavorante? " (Borel, 1878, p. 192.)
79 "consumia seu hímen"
80 "A noite do casamento chegou enfim?"
81 "Essa noite será longa, oh pálida finada,/Comigo, para sempre, à morte desposada;/ Teu leito é o caixão."
82 Epopéia do verme
83 "Fétido, abjeto, entrego as majestades absortas. / Mordo a boca, e após devorar as gengivas, / Devoro os dentes"
84 "Sábio é, nesta terra, aquele que em mim pensa sem cessar! "

me glisse, / Invisible, caché, muet, dans leur délice, / Leur triomphe et leur bruit"[85]). Quando se dão conta, *"Le ver de terre est là!"*[86]

Este verme, que é "a" morte, já está dentro de cada um: *"Je suis dans l'enfant mort, dans l'amante quittée"*, *"Dans l'athée"*[87] Sua ameaça é intrínseca à existência: *"J'habite le décombre"*[88], é inevitável, (*"On m'extermine en vain, je renais sous ma voûte; / Le pied qui m'écrasa peut poursuivre sa route, / Je le dévorerai"*[89]), frequentemente renovada (*"Je regarde le fils naître, et j'attends le père / En dévorant l'aïeul."*[90]). A humanidade lhe é servida como um banquete: *"Le monde est un festin. Je mange les convives."*[91]

> Je prends l'homme, ébauche humble et tremblante qui pleure,
> Le nerf qui souffre, l'œil qu'en vain le jour effleure,
> Le crâne où dort l'esprit,
> Le cœur d'où sort le sang ainsi qu'une couleuvre,
> La chair, l'amour, la vie, et j'en fais un chef-d'œuvre,
> Le squelette qui rit.[92]

Ao lado dessas imagens do macabro asqueroso, a sensibilidade romântica forjou o que parece ser seu extremo oposto. Do *Melmoth, the wanderer* (1820), de Charles Maturin, por exemplo, provém a idéia de uma "beleza cadavérica", essencial para uma certa fruição do cadáver, aquela que, mais do que explorar seu aspecto terrorífico, celebra sua dimensão sublime.

O livro todo é um compêndio de improbidades difíceis de contabilizar. Melmoth aparece nos momentos de extrema dificuldade nas vidas de uma série

---

85 "Quando, ouvindo cantar os homens, eu penetro, / Invisível, escondido, mudo, em suas delícias, / Em seu triunfo e barulho"
86 "O verme está aí!"
87 "Estou na criança morta, na amante abandonada", "No ateu"
88 "Habito os escombros"
89 "Exterminam-me em vão, renasço sob minha abóbada; / O pé que me esmagou pode bem seguir seu caminho, / Eu o devorarei"
90 "Vejo o filho nascer, e espero o pai/ Devorando o avô."
91 "O mundo é um banquete. Eu como os convivas."
92 "Eu capturo o homem, esboço submisso e trêmulo que lamenta, /O nervo que sofre, o olho que em vão resvala a luz, /O crânio onde dorme o espírito, /O coração de onde sai o sangue e também uma serpente, /Da carne, do amor, da vida faço uma obra-prima, /O esqueleto que ri."

de personagens, na tentativa de partilhar com eles o pacto que fez com Satanás, de viver mais 150 anos em troca de sua alma. Interessa aqui, particularmente, um trecho no capítulo 28, no qual a família de Guzman, após sua morte, padece da mais terrível penúria. Desesperados pela fome, cada um tenta, à sua maneira, ajudar: os mais velhos, junto do caçula Maurice, recorrem à mendicância, a bela Julia se prostitui, o varão Everhard vende seu próprio sangue.

Uma noite, Ines, a mãe, ouve gemidos que vêm do quarto dos filhos. Já não se assusta mais, acostumou-se, pesarosa, com os lamentos surdos dos jovens que dormem famintos. Ao seu lado, o marido Walberg dormia pesado, *"sunk into that profound sleep which is often the refuge of intolerable misery."*[93] As lamúrias cessam mas, em seguida, Maurice aparece ofegante diante de sua cama, completamente lavado em sangue, chorando: *"- It's Everhard's blood – he is bleeding to death, - I am covered with his blood! – Mother – mother – rise and save Everhard's life!"*[94]

Absorta por alguns instantes pela visão do caçula ensanguentado, Ines parece entrar em uma espécie de pesadelo, a ponto de sequer ouvir os gritos do filho, sensação intensificada pela fraqueza da desnutrição. A voz de Maurice a traz de volta à realidade e eles correm em direção ao quarto. Ao entrar, a mãe se depara com o mais velho estendido na cama encharcada pelo líquido vermelho, que lhe escorria por todo o corpo, pois os braços, de cujas veias jorrava o fluido, estavam jogados sobre a cabeça: *"His arms were tossed above his head, and the blood was trickling fast from the opened veins of both, - his bright and curled hair was clotted with the red stream that flowed from his arms, - his lips were blue, and a faint and fainter moan issued from them as his mother hung over him."*[95] A luz da lua, que entrava abundante pelas janelas abertas do quarto quase sem mobília, refletida no corpo pálido e agonizante, compunha uma imagem *"worthy the pencil of a Murillo, a Rosa, or any of those painters, who, inspired by the genius of suffering, delight in representing the most exquisite of humens forms in*

---

93 *"mergulhado naquele sono profundo que é com frequência o refúgio de uma miséria intolerável."*

94 *"- É o sangue de Everhard – ele está se esvaindo, - Estou coberto em seu sangue! – Mãe – mãe – levante e salve a vida de Everhard!"*

95 *"Seus braços estavam jogados acima da cabeça, e o sangue escorria rapidamente das veias abertas em ambos, - seu brilhante e encaracolado cabelo estava coagulado pelo fluxo rubro que corria de seus braços, - seus lábios estavam azuis, e emitiam um gemido cada vez mais fraco enquanto sua mãe se curvava sobre ele."*

the extremity of human agony."[96] O jovem era, nesse momento, a representação de *"a kind of corpse-like beauty"*, um tipo de "beleza cadavérica", que os mortos, imóveis e lívidos, possuem, comparável à das estátuas de mármore: *"The snow-white limbs of Everhard were extended as if for the inspection of a sculptor, and moveless, as if they were indeed what they resembled, in hue and simmetry, those of a marble statue."*[97]

É essa noção que apareceria, décadas depois, em Une charogne,[98] de Baudelaire, poema de nota acentuadamente macabra, no qual o objeto admirado é um horrível despojo putrefato, uma "carniça infame": *"Rappelez-vous l'objet que nous vîmes, mon âme, / Ce beau matin d'été si doux: / Au détour d'un sentier une charogne infâme (...)".*[99] De pernas abertas ao ar, como *"une femme lubrique"*[100], a carniça exala miasmas de seu ventre pleno de gases (*"Son ventre plein d'exhalaisons"*[101]). O sol cozinha suas carnes, brilha sobre sua podredume, atiçando seus líquidos infames e mau cheiro: *"La puanteur était si forte que sur l'herbe / Vous crûtes vous évanouir".*[102] Essa carcassa *"superbe"* é comparada a uma flor que se abre, servindo de morada e alimento às moscas, larvas e vermes que nela se multiplicam:

> Les mouches bourdonnaient sur ce ventre putride,
> D'où sortaient de noirs bataillons
> De larves qui coulaient comme un épais liquide
> Le long de ces vivants haillons.[103]

---

96 "digna do lápis de um Murillo, um Rosa, ou qualquer desses pintores que inspirados pelo gênio do sofrimento, deleitavam-se em representar as mais requintadas formas humanas na extremidade da agonia humana."

97 "Os membros de Everhard, brancos como a neve, estendiam-se como se para a inspeção de um escultor, e, imóveis, como se fossem de fato o que pareciam, em cor e simetria, aqueles de um estátua de mármore."

98 Uma carniça

99 "Lembras-te do que vimos, minha alma, / Àquela bela manhã de verão, tão suave: / Na curva de um caminho uma carniça infame (...)".

100 "uma mulher lasciva"

101 "Seu ventre cheio de exalações"

102 "O fedor era tão forte que sobre a relva / Pensastes perder os sentidos"

103 "As moscas pululavam naquele ventre pútrido, /De onde saiam negros batalhões/De larvas que escorriam como um espesso líquido/Ao longo daqueles farrapos viventes." (Baudelaire, 1857, p. 67.)

O espetáculo abjeto, envolvente como *"une étrange musique"*[104], é observado pelo narrador e sua companheira – e por um cão que, ao longe, aguarda o momento de roubar um pedaço do morto. À amada, o narrador declara: seu destino é o mesmo da vil carniça – *"vous serez semblable à cette ordure / A cette horrible infection"*.[105]

Publicado na primeira edição de *Fleurs du mal*, *Une charogne* provavelmente representa o "clarão macabro" da arte de Baudelaire, aquele *nouveau frisson* que o poeta teria atribuído à literatura de seu tempo.[106] O tratamento dado ao corpo em decomposição choca na medida em que o exalta, o promove a objeto de fruição – mas não era uma total novidade.

O sublime e o cadáver

Na *Poética*, Aristóteles discorre sobre o prazer que o ser humano sente pela imitação de objetos reais (na arte em geral, mas para o filósofo, principalmente nas obras que evocam o olhar, como a pintura ou a escultura) – quanto melhor realizada, maior o gozo. *"A prova é-nos visivelmente fornecida pelos fatos: objetos reais que não conseguimos olhar sem custo, contemplamo-los com satisfação em suas representações mais exatas. Tal é, por exemplo, o caso dos mais repugnantes animais e dos cadáveres."*[107] Sete séculos mais tarde, Santo Agostinho, nas *Confissões*, condena a prática, declarando que tais imagens serviriam apenas para satisfazer uma curiosidade perversa, negativa, que o autor chama de mera *"concupiscência dos olhos"*, dando o tom tabuístico das representações do cadáver na Alta Idade Média. *"Que prazer pode ter na visão de um cadáver dilacerado que causa horror?"* – ele pergunta – *"E, todavia, onde há um cadáver, para lá corre toda a gente para se entristecer e empalidecer. É esse quê de mórbido de curiosidade que faz com que se exibam monstruosidades nos espetáculos."*[108] Nos últimos

---

104 "uma estranha música"
105 "vós sereis como essa imundície / Como essa horrenda infecção"(Baudelaire, 1857, p. 68.)
106 Ambas expressões em destaque são de Victor-Hugo, em carta que este enviou a Baudelaire em 6 de outubro de 1859, após a leitura de *Fleurs du mal*: "Você dotou o céu da arte de um certo clarão macabro. Você criou um novo frisson."(Citado em PRAZ, 1999, p. 140).
107 Aristóteles, Capítulo IV, item 3. Disponível em http://www.dominiopublico.gov.br
108 Santo Agostinho, Capítulo XXXV. Dispnível em http://www.dominiopublico.gov.br

séculos medievais, como já visto, as imagens dos mortos em decomposição foram abundantes, e foi essa produção que gerou o conceito de *macabro*.

E se o macabro romântico foi devedor, em certo sentido, do macabro medieval, é certo que ele desenvolveu-se também a partir de princípios próprios. Mais do que enfatizar a passagem do tempo e a vanidade do mundo material, ele propunha o louvor de coisas desprezíveis e repugnantes como a putrescência. Tal premissa estética, a sensibilidade romântica herdara de um paradigma que desde o século anterior invadia os debates sobre a filosofia da arte e as teorias de recepção: o conceito de sublime.

Na tradição filosófica, um dos primeiros tratados a definirem e analisarem o sublime foi o manuscrito *Peri Hypsous*, do século I, de autoria atribuída ao retórico romano Cássio Longino, um texto aparentemente ignorado ou raramente lido[109] até sua tradução para o francês, por Nicolas Boileau, em 1674. Essa versão, batizada *Tratado do sublime ou do maravilhoso no discurso*, ou apenas *Do sublime*, teria iniciado o debate moderno sobre o termo, e repercutido especialmente durante o século XVIII. Se em Longino, o sublime limita-se a caracterizar certas passagens poéticas a partir de seu estilo e conteúdo, assim como o efeito que elas causam no leitor (relacionando-se, portanto, apenas a obras artísticas, seja em sua produção como em sua recepção), os teóricos dos oitocentos transferem a categoria do sublime para a Natureza.[110]

Os primeiros representantes da linhagem teriam sido os ingleses John Dennis, em 1701, Joseph Addison, em 1712 e, especialmente, Edmund Burke, em 1757. Em *Uma investigação filosófica sobre a origem de nossas idéias do sublime e do belo*, Burke busca caracterizar os tipos de objetos sublimes e investigar as relações entre eles e o gosto, e suas diferenças com a experiência do belo. O texto repercute amplamente e atinge pensadores do quilate de Immanuel Kant. O filósofo alemão dilapida o conceito na *Crítica da Faculdade de Juízo*, de 1790; nele, a sublimidade se torna subjetiva, resultante de um juízo esté-

---

109 De acordo com Weiskel, 1994, p. 29.

110 De acordo com Longino, o sublime seria "o ponto mais alto e a excelência do discurso", produzido pelo próprio homem e tendo por objetivo elevar a natureza humana (Longino, p. 71). Sendo assim, a passagem do sublime retórico para o sublime natural do século XVIII não seria, em absoluto, forçada, uma vez que em Longino, o sublime também teria a natureza como ponto de partida e de chegada. Segundo Weiskel, a voga do sublime nos oitocentos, baseada na leitura do texto romano, veio de encontro com o desejo da época de elevar a Natureza acima de qualquer teologia, promovendo uma transcendência humana sem o suporte da religião (Weiskel, 1994, p. 29).

tico, e não mais objetiva, como em seus predecessores. Mas é com Friedrich Schiller, em dois ensaios publicados entre 1793 e 1795 (*Do sublime* e *Sobre o sublime*, respectivamente), que a noção retorna à arte, e recebe a forma pela qual seria adotado no Romantismo.

Assim, a experiência do sublime, tal como já aparecia em Burke, proviria do contato com um objeto sublime - *"tudo que seja de algum modo capaz de incitar idéias de dor e de perigo, isto é, tudo o que seja de alguma maneira terrível ou relacionado ao terror"*.[111] Para Kant, esse objeto seria necessariamente um elemento ou fenômeno da natureza grandioso e atemorizante (o oceano, o céu, uma cadeia de montanhas, um abismo, uma tempestade, etc[112]), diante do qual o homem, em sua sensibilidade física, se sente inferior, mas, ao mesmo tempo, se esforça em superá-lo por meio de suas idéias, transcendendo sua condição humana.[113]Essa não é tarefa fácil, mas o desafio e o risco é o que atrai: *"Em lugar de senti-la* [a Natureza] *como problema resolvido, à maneira do neoclássico, o romântico adora-a e renega-a sucessivamente, sem desprender-se do seu fascínio nem pacificar-se ao seu contato."*[114] Mesmo ameaçando sua existência material, o homem, por um exercício do espírito, se revela maior, elevando-se em sua liberdade moral.

Frente ao objeto sublime, de acordo com a perspectiva kantiana, podem se manifestar dois impulsos: o de conhecimento (quando há uma inadequação entre o objeto e a capacidade humana de percebê-lo através dos sentidos, busca-se compreendê-lo através de um esforço máximo da imaginação), e o de autoconservação (pois o homem, ao confirmar a invencibilidade física do objeto, busca uma resistência mental, ideal, contra ele, subestimando sua força e afirmando sua superioridade em um plano abstrato). No segundo caso, o sujeito deixaria de

---

111 Burke, 1993, p. 48.
112 Ou, nas palavras do próprio Kant: *Rochedos audazes sobressaindo-se ameaçadores, nuvens carregadas acumulando-se no céu, avançando com relâmpagos e estampidos, vulcões em sua inteira força destruidora, furacões com a devastação deixada para trás, o ilimitado oceano revolto, uma alta queda d'água de um rio poderoso, etc (...) de bom grado denominamos esses objetos sublimes porque eles elevam a fortaleza da alma acima de seu nível médio e permitem descobrir em nós uma faculdade de resistência de espécie totalmente diversa, a qual nos encoraja a medir-nos com a aparente onipotência da natureza.* (Kant, 2012, p. 109)
113 *"Não pode haver momento sublime sem o implícito e dialético endosso das limitações humanas."*(Weiskel, 1994, p. 73)
114 Candido, 2009, p 349.

temer pela própria vida, já que apenas o corpo sucumbe, e não o pensamento. Dentro da educação estética do indivíduo romântico,[115] alcançar a experiência do sublime seria altamente desejável pois, colocando em conflito a sensibilidade e a razão, ele exercitaria sua humanidade.

Ou seja, muito além do simples desejo de *épater le bourgeois*, o Romantismo buscou a experiência do sublime para seu próprio aprimoramento filosófico. O contato com os dois tipos de objetos, "belos" e "sublimes", passava a ser considerado indispensável, pois exercitavam as duas naturezas humanas, a sensível e a racional (os primeiros, harmonizando-as; os segundos, as colocando em conflito), possibilitando ao homem descobrir seu poder, sua plenitude.

A novidade inserida por Schiller no debate moderno (retomando, de certa maneira, Longino e Burke) é o entendimento de que o objeto sublime não precisa ser necessariamente um elemento ou fenômeno real da natureza – tal como alegava a crítica kantiana[116]-, podendo ser também, sua representação.[117] Sem precisar subjugar o corpo e sofrer violência, ainda seria possível vivenciar o objeto por meio da arte. Porque imita a aparência, mas não a realidade, essa imagem coloca o homem frente ao sublime, mesmo que de segunda mão, fornecendo igualmente uma experiência legítima.

Quando o cadáver decomposto aparece na literatura, ele representa a morte em toda sua platitude, isto é, como total dissolução do corpo, como um fim, e não como esperança de salvação. Essa morte absoluta, intangível, é grandiosa por sua inexplicabilidade. A vida que acaba, misteriosamente, tal como inicia, é um evento sublime, temível. O último suspiro talvez seja o ato humano mais assombroso de todos. E, contudo, nada é mais fascinante do que o segredo da existência. Nada há que seja tão repulsivo e tão atraente ao mesmo tempo. Essa mistura de sentimentos é própria da experiência sublime e provoca *deleite*, ou, um *horror deleitoso*, segundo Burke. Ainda de acordo com o autor inglês, nesse sentido, a morte, ou a idéia da morte, é a maior fonte desse sentimento, uma vez

---

115 O projeto de uma educação estética do homem através das experiências do belo e do sublime é proposta de Schiller.

116 *"não se tem de apresentar o sublime em produtos de arte (...) mas na natureza bruta, simplesmente enquanto ela contém grandeza."* (Kant, 2012, p. 99)

117 Daí o interesse notável dos artistas do início do século XIX pela pintura de paisagem, em detrimento de outros temas. Como caminho para o sublime, essas obras visavam os mesmos efeitos grandiosos e simbólicos da natureza, expressando sentimentos e estimulando idéias. Não por acaso, o termo *romântico* era aplicado à essa pintura paisagística.

que é causa da paixão mais profunda e intensa, aquela ligada à autopreservação. E ela não seria despertada apenas pela imagem do morto, mas por tudo que potencialmente possa gerar o *medo da morte*, presente nas figuras da falta absoluta (o vazio, a escuridão, o silêncio, a solidão) ou da vastidão inatingível (o oceano, o céu, um abismo, a natureza exuberante e ameaçadora).

Schiller não negligenciou a importância da morte propriamente dita como objeto sublime. No entanto, afirma que a religião se configura como a instância de segurança contra ela e a fé na imortalidade faz com que os homens não se sintam mais ameaçados (sendo que a ameaça é condição necessária para ocorrer o sublime). Como já foi comentado, porém, uma das transformações mais emblemáticas das mentalidades no período em que o autor alemão escreve foi, justamente, a da profunda secularização da sociedade – e, nesse sentido, não é por acaso que a Natureza, em sua acepção pelo sublime, seja caracterizada com os predicados antes atribuídos à divindade, substituindo-a (atemorizante, grandiosa, infinita, etc).

Se a religião não oferece mais consolo contra a morte, esta pode ser considerada o objeto sublime por excelência: diante dela, não há saída. O homem sem fé sabe de sua fragilidade, sabe que não há escapatória e só resta ser subjugado fisicamente.

Schiller, no artigo *Sobre o sublime*, declara: "*O homem é o ser que quer*". A vontade é o que caracterizaria o ser humano; não agir de acordo com ela é uma violência. Segundo o autor, quando o homem é obrigado a algo que não quer, sua condição humana é anulada.

O indivíduo moderno, longe da fé e da religião, é aquele que *não quer morrer*. A morte é, assim, uma violência a qual está obrigado, sendo o grande obstáculo da afirmação de sua vontade e de sua humanidade. Nada o afasta dela, nem mesmo a religião, pois para esse sujeito racional, não existe vida *post-mortem*. Haveria meio de vencer esse medo de morrer, ainda que conceitualmente? Os teóricos do sublime tendem a apontar a arte como um potente antídoto contra esse medo. A arte que expõe o cadáver, uma imagem que remete diretamente à ameaça, à dor e à consciência do desaparecimento, de certa forma também faz dele um objeto de fruição, alçando-o ao patamar do sublime. Dessa forma, o observador pode superar o que o apavora, enfrentando sua representação.[118] *"Entre as coisas que o sublime nos capacita a desprezar está a própria vida,"*[119] pois nos libera da condição trágica da existência.

"Na história da consciência literária, o sublime ressurge à medida que Deus exime-se de uma participação imediata na experiência dos homens."[120] O sublime romântico aparece justamente quando o poder de Deus em dar sentido à vida se ausenta. E, como se sabe, a relação dos poetas românticos com a religião é complexa, para não dizer confusa. Talvez em nenhum outro aspecto, a máxima "existem tantos romantismos quanto românticos" se expresse tão plenamente. Uma parte, provavelmente a maior, considerava-se religiosa, indo de encontro à tendência atéia de sua época. Muitos não eram contra a religião *per se*, em particular o cristianismo, mas contra a Igreja, a fé instrumentalizada, preferindo praticar um misticismo sem filiação ou cujas raízes estariam nas crenças primitivas. Outros tantos, ainda que se considerassem ateus, escreviam livremente sobre Deus. Segundo Octávio Paz:

> Cada poeta inventa sua própria mitologia e cada uma dessas mitologias é uma mescla de crenças díspares, mitos desenterrados e obsessões pessoais. Quase todos os grandes românticos foram espíritos religiosos, porém qual foi realmente a religião de Hölderlin, Blake, Coleridge, Hugo, Nerval? A mesma pergunta poderia ser feita aos que se declararam francamente irreligiosos. O ateísmo de Shelley é uma paixão religiosa. Negação da religião: paixão pela religião. [121]

Apesar da ambígua relação com a religião, o vocabulário teológico transbordava para as obras, independente de seu credo e, por vezes, esvaziadas de seu conteúdo religioso. Sobre isso, comenta Charles Rosen:

---

118 Daí também que, de um ponto de vista psicanalítico, essas imagens podem ser interpretadas como roteiros que têm a função de estruturar a ansiedade, revelando o esforço humano de organizar o horror através de uma forma legível. Nesse sentido, frente à ameaça de dissolução absoluta do ser, as fantasmagorias do macabro, por mais sinistras que sejam, teriam uma função consoladora: afinal, as figurações dos corpos mortos estão sempre aquém do *"pavor do informe, daquilo que abole todas as categorias, isto é, da homogeneidade absoluta da morte."*(Mezan In: NOVAES, 1988, p. 466.)
119 Weiskel, 1994, p. 145.
120 Weiskel, 1994, p. 17.
121 Paz, 1984, p. 67.

O que os românticos descobriram foi a possibilidade de privar as formas de sua significação original e de lhes conferir um novo sentido quase diametralmente oposto. O que eles buscavam era a tensão entre o novo sentido e o inveitável resíduo do velho. (...) A batalha dos primeiros românticos contra o ateísmo era essencialmente contra a nova tirania autoritária, religiosa, do pensamento mecanicista.[122]

O que, por vezes, era denominado Deus, Paraíso, Infinito, ou qualquer outro conceito de transcendência, referia-se a essa zona de resistência, um refúgio, ainda que temporário. Esse esvaziamento da linguagem religiosa[123] (poderíamos dizer: essa *ironia*), é reveladora da angústia romântica.[124] O gosto pelo macabro, a tensão em direção à morte física, resulta no que Béguin chama de um *ardente desejo de dissolução*, que vê na aniquilação do corpo um retorno à Natureza. Ao contemplar o grande ciclo da vida e a morte que tudo comporta e organiza, o poeta reconhece uma união física com o mundo, na qual matéria reencontra matéria.

Na solidão de um mundo racional que atomiza o sujeito, diante de todas as coisas e dos outros, essa é a resposta ao desejo de reintegração ao conjunto, ao universal. A experiência sublime do macabro contorna o caráter trágico da existência, fazendo da morte fonte de prazer e admiração, proporcionando a elevação espiritual diante da imagem da dissolvição orgânica. Daí a retomada do imaginário macabro ir além da mera voga medievalista, adequando-se aos princípios ideológicos do Romantismo.

---

122 Rosen, 2004, p. 55-63.
123 Prática que poderia ser observada até no Romantismo brasileiro. Segundo Antonio Candido: A *religião foi desde logo reputada elemento indispensável à reforma literára* [introduzida pelo Romantismo] *não apenas por imitação dos modelos franceses, mas porque, opondo-se ao temário pagão dos neoclássicos, representava algo oposto ao passado colonial*. (2009, p. 334).
124 Não se trata aqui, logicamente, de defender a idéia de que todos os românticos eram ateus ou, ainda, que sua devoção religiosa fosse um engodo. Trata-se de mostrar que a perda da fé foi um movimento generalizado na época, tendo como reação, até mesmo, a atitude contrária: um fervor extremista e obsessivo – ou mesmo a descrença absoluta. A ênfase no macabro, ou seja, no dejeto corpóreo, é sintomático das duas possibilidades.

O abjeto

Enquanto a moral burguesa, em seu empenho de circunscrever o privado, elevava o pudor à escala máxima dos valores de convívio social, fazendo com que as práticas naturais do corpo, realizadas durante séculos em público, fossem cada vez mais escondidas, o Romantismo escancarava sua verve provocadora, expondo novamente o cadáver a uma sociedade que faz de tudo para tabuizar o fim da vida.

Absorto em meditações, inflado de uma solidão infinita, o homem romântico contempla a tragédia da vida que é a morte, sublime, imensa, o Nada absoluto porque é fim, o Todo absoluto porque é conjunção com a Natureza.[125] A menção à dissolução do corpo expressa ambas concepções, daí o desconforto causado pelo gosto pelo macabro, em obras como os estudos anatômicos de Gericault ou a descrição dos elementos do apodrecimento do corpo na prosa e na poesia. Pois tanto quanto do sublime, o cadáver é também da ordem do abjeto. Mas, diferentemente da elevação espiritual do sublime, que nos transcende ao mesmo tempo que nos escapa, o abjeto é o irredutível, um resíduo inevitável que coloca em xeque o "eu", convulsionando a própria existência. Seligmann-Silva destaca que:

> ambos conceitos, sublime e abjeto, lidam com o inominável e sem-limites, mas falando esquematicamente, o sublime remete ao sublime espiritual – e o abjeto ao nosso corpo. Ambos são conceitos de fronteira marcados pela ambiguidade e que nos abalam: o abjeto nos remete para baixo – cadáver vem do latim cadere, cair: um corpo que cai.[126]

Julia Kristeva considera ainda que *l'abject est bordé de sublime. Ce n'est pas le même moment du parcours, mais c'est le même sujet et le même discours qui les font exister. Car le sublime, lui non plus, n'a pas d'objet (...) le sublime est un en plus qui nous enfle, qui nous excède et nous fait être à la fois* ici, *jetés,*

---

[125] *O sujeito romântico parece só ter condições de subsistir quando se passa em alguma dimensão temporal: no passado da poesia nostálgica, no futuro da poesia utópica. Mas fechado na sua imanência, e na medida em que a Natureza deixou de ser a sua grande testemunha, ele cai na angústia da finitude, e as suas figuras descolam do mito da queda.* (Bosi, In: Guinsburg, p. 248).

[126] Seligmann-Silva, 2005, p. 40.

et là, autres et éclatants.[127] Assim também opera o abjeto, segundo a autora, pois como o sublime, ele é uma qualidade do objeto: *celle de s'opposer à "je"*.[128] E porque coloca em conflito essa relação do "eu" consigo mesmo, ele age como um *boomerang indomptable, un pôle d'appel et de répulsion (...) Sursaut fasciné qui m'y conduit et m'en sépare.*[129]

O cadáver, *cet autre que je suis et que je n'attendrai jamais*,[130] seria, portanto, o "cúmulo do abjeto",[131] segundo Kristeva, isto é, sua manifestação mais privilegiada e evidente, pois ele *bouleverse plus violemment encore l'identité de celui qui s'y confronte comme un hasard fragile et fallacieux*. Esse corpo sem alma, que apodrece e expõe sua infame materialidade é *lieu privilegié du mélange, de la contamination de la vie par la mort, de l'engendrement et de la fin*[132], relembrando todo o tempo o incômodo do resíduo. A correspondência entre o abjeto (o asqueroso) e o morto é tão grande que os termos se confundem: no Brasil, pelo menos desde o século XIX (e até hoje), verifica-se o emprego da palavra "nojo" com o sentido de "luto".

Mas a destruição da carne é também um princípio de elevação da alma, vide o martírio de santos e flagelantes, que impõem ao corpo castigos severos em nome da transcendência. *Aniquilar o corpo físico ou expor-se aos suplícios da carne: eis a regra dessa estranha vontade de metamorfose, única capaz, diziam,*

---

127 "o abjeto beira o sublime. Não é o mesmo momento do percurso, mas é o mesmo tema e o mesmo discurso que os fazem existir. Pois o sublime também não tem objeto (...) o sublime é um extra que nos engrandece, que nos excede e nos faz ao mesmo tempo ser, por um lado, dispensados, e por outro, diferentes e gloriosos." (Kristeva, 1983, p. 19.)

128 *"a de se opor a "eu"*. Ainda com Kristeva: Ce n'est donc pas l'absence de propreté ou de santé qui rend abject, mais ce qui perturbe une identité, un système, un ordre. L'entre-deux, l'ambigu, le mixte. ("Portanto, não é a falta de limpeza ou de saúde que torna algo abjeto, e sim o que perturba uma identidade, um sistema, uma ordem. O que fica no meio do caminho, o ambíguo, o misto." [Kristeva, 1983, p. 11-2])

129 "age como um bumerangue indomável, um polo de atração e de repulsão (...) Sobressalto fascinado que me conduz e me separa." (Kristeva, 1983, p. 9-10.)

130 "O cadáver, esse outro que sou eu e que jamais esperarei" (Kristeva, 1983, p. 175.)

131 Le cadavre – vu sans Dieu et hors de la science – est le comble de l'abjection. ("O cadáver – visto sem Deus e fora da ciência – é o cúmulo da abjeção." [Kristeva, 1983, p. 175])

132 "confunde mais violentamente ainda a identidade daquele que com ele se confronta como se fosse um acaso frágil e fraudulento." (...) "lugar privilegiado da mistura, da contaminação da vida pela morte, do engendramento e do fim" (Kristeva, 1983, p. 174.)

de efetuar a passagem do abjeto ao sublime.[133] "Aniquilar" de fato ou na arte: falar da decomposição do corpo, que desencadeia o sentimento do abjeto, leva também à sua elevação, como objeto sublime. Quando se apropria das imagens do abjeto, a arte, segundo Kristeva, os purifica, já que controla sua força através da experiência catártica pela representação.[134] As representações que engendram o asco podem ser dissolvidas em sentimentos agradáveis por meio da recordação de que se trata de um engano artístico. Ainda com Kristeva: *Les amateurs de cadavres, adorateurs inconscients d'un corps sans âme, seront alors les représentants par excellence des religions ennemies, désignées par leurs cultes meurtriers*[135] – os românticos de certa maneira recuperam essa noção, esse culto pagão aos mortos.

Vida e arte

O gosto pelo macabro se manifestava na vida e na arte, e as fronteiras entre uma e outra são tênues entre os românticos. No prefácio de *L'âne mort*, onde faz a sua crítica à crítica literária de então (a mesma da qual falava Gautier), Jules Janin sugere que todo autor fale de coisas que conhece empriricamente (*"avant de parler d'une chose, il faut la voir de ses yeux, la toucher de ses mains."* [136]) – o que não deixa de ser uma grande ironia em uma novela de horror, um típico "romance-carniça". Assim, se *vous parlez d'un mort*, recomenda Janin, *allez à l'amphithéâtre; d'un cadavre, déterrez le cadavre; des vers que le rongent, ouvrez le cadavre*[137]. Apesar de bem-humorado, esse seria o tipo de conselho levado a cabo por uma porção de românticos – essa *gente que tomava certas fantasias mórbidas tão a sério que queria traduzi-las em vida vivida*, lembra Mario Praz.[138] A vantagem seria, ao menos, de fazê-los se acostumar com a idéia da própria

---

133 Roudinesco, 2008, p. 20.
134 Kristeva, 1983, p. 24.
135 "Os amantes de cadáveres, adoradores inconscientes de um corpo sem alma, serão então os representantes por excelência das religiões inimigas, conhecidas por cultos assassinos" (Kristeva, 1983, p. 128.)
136 "antes de falar sobre uma certa coisa, é necessário vê-la com os próprios olhos, tocá-la com as próprias mãos. " (Janin, 1861, p. 10.)
137 "se você falar de um morto" (...) "vá ao anfiteatro; de um cadáver, desenterre o cadáver; de vermes que o devoram, abra o cadáver." (*Idem, ibidem*.)
138 Praz, 1996, p. 127.

morte: *Cette triste poétique de tombeaux et de cadavres a cela d'affreux, qu'elle vous habitue bien vite même à votre propre cadavre.*[139]

Não é à toa que histórias relacionadas à invasão de cemitérios e à profanação de sepulturas, com o ordinário propósito de farrear entre os mortos, façam parte da biografia de alguns poetas do período, alguns dos mais ilustres, e sejam dadas como verdadeiras até hoje. No Brasil, talvez a mais exemplar seja a lenda da "Coroação da Rainha dos Mortos".

No fatídico evento, conta-se que o grupo que se auto-intitulava "Sociedade Epicuréia", formado por poetas como Álvares de Azevedo, Bernardo Guimarães, Aureliano Lessa, entre outros[140], todos admiradores de Byron e ainda estudantes da escola de Direito, resolve, numa noite de bebedeira[141](evento que parecia ser bastante usual no cotidiano dos jovens acadêmicos[142]), invadir um dos cemitérios públicos do centro da cidade de São Paulo. No meio da algazarra e da excitação por estarem entre os sepulcros, eles decidem realizar uma cerimônia para coroar uma "Rainha dos Mortos". Escolhem uma sepultura recém coberta, retiram a terra, abrem o caixão, esvaziam-no do defunto que o ocupava e seguem em direção à casa da prostituta Eufrásia, de quem eram clientes. Aproveitando a sonolência de sua vítima, agarram-na e colocam-na à força dentro do esquife. Seguem, novamente, em direção ao cemitério.

Lá, enquanto buscavam o melhor lugar para a cerimônia, um dos jovens encontra o túmulo de uma mocinha a quem teria dedicado grande estima, e que havia falecido há pouco. Entorpecido de saudade, paixão, álcool e sabe-se lá mais o quê, o poeta cavou com as mãos até encontrar o caixão que, ao ser aberto,

---

139 "Essa triste poética de túmulos e cadáveres tem isso de medonho, ela nos habitua rapidamente ao nosso próprio cadáver." (Janin, 1861, p. 54.)

140 Ubiratan Machado também inclui Fagundes Varela no bando. (2010, p. 226)

141 Se a história da "Coroação..." não passa de lenda, sabe-se ao certo que eram comuns as reuniões entre os estudantes em suas repúblicas, encontros sempre regados a álcool e enfumaçados pelos cigarros e charutos. Conversava-se sobre tudo, recitava-se poesias, discutia-se política, cantava-se, ceiava-se e *"os mais ousados introduziam prostitutas"*. Quem conta em detalhes é Ubiratan Machado (2010, p. 201).

142 Seguimos com Ubiratan Machado, que comenta a respeito da Sociedade Epicuréia: *Para suas farras, os estudantes reuniam-se na Chácara dos Ingleses ou em outro arrabalde afastado, dominados pela mais avassaladora morbidez, a fim de corresponder ao comportamento satânico dos eprsonagens de Byron. cobriam as paredes de tapetes negros, decotados com emblemas fúnebres em branco: esqueletos, coxas, tíbias. Os candelabros eram velados por quebra-luzes funéreos. Nos quartos, as cams eram colocadas sobre catafalcos, entre círios.* (2010, p. 223)

revelou o corpo nu da amada. Sem atinar, abraça-o e beija a boca carcomida. Ao sentir o odor de podredume, acorda do transe e se desespera com a visão da carne roxa e gélida, corroída pelos vermes que ali se refestelavam.

Longe de aterrorizar, o incidente teria excitado ainda mais o grupo, que se preparava para o festim da Rainha. Um deles foi designado seu noivo e a "desposaria" na frente dos outros. O caixão com Eufrásia dentro foi, então, depositado dentro de uma cova. Ao abrirem-no, estava a prostituta pálida e com os olhos esbugalhados. O "noivo" avança sobre ela. A partir daí, nas palavras de Pires de Almeida, um dos autores responsáveis por espalhar a lenda, *"o banquete de bodas começou escandaloso de danças macabras e de recitações características dessa escola poética e literária"*. De súbito, gritos de horror do noivo apavorado irrompem de dentro da cova: "- Eufrásia está morta! Está morta!" Os jovens se olharam assustados por um instante e, em seguida, estourando em gargalhadas, repetiram "- Está morta! Está morta!", e continuaram a festa.[143]

Para além do anedótico, esse episódio é significativo, não importa se real ou ficcional. Vale lembrar que, aparentemente, todo o imaginário macabro, o medieval e o romântico, parece ter tido seus ecos em terras tropicais, não apenas nas peripécias de nossos jovens poetas, mas também em sua obra literária. Afinal, os nossos autores liam o Romantismo europeu, em especial o francês, mas também o português e o espanhol, e alguns ingleses, tanto nas (escassas) traduções como nos originais.[144]

Abundam exemplos dessa influência macabra em Álvares de Azevedo, por exemplo, nosso romântico maior. *Macário*, um de seus triunfos literários, é homônimo ao santo frequentemente mencionado pelos autores que pesquisaram a

---

[143] Pires de Almeida (cujo livro *A escola byroniana no Brasil* trata de um conjunto de artigos publicados entre 1903 e 1905) e Ubiratan Machado (em *A vida literária no Brasil durante o Romantismo*) são dos autores que relatam o episódio como verdadeiro. No entanto, a falta de registros oficiais (como um inquérito policial ou um processo-crime no Ministério Público, nem mesmo um documento que comprove o enterro da prostituta Eufrásia, como um livro de Registros) sobre o ocorrido levanta a suspeita de que não passe de ficção ou, ao menos, de uma versão exagerada de uma noitada mais animada do grupo. Sustenta essa tese, por exemplo, Vicente de Paulo Vicente de Azevedo em artigo publicado em 20 de março de 1965, pelo Estado de São Paulo (Suplemento Literário, p. 4).

[144] *Imitadores de Byron, Musset, Espronceda, João de Lemos, Soares Passos, Mendes Leal, participam por aí da corrente geral do Romantismo europeu, a que deram todavia matizes expressivos do nosso modo de ser.* (CANDIDO, 2009, p. 469)

origem do termo "macabro".[145] Sua *Noite na taverna* é claramente filiada à linhagem das novelas góticas (*"Estamos sem dúvida ante um produto do romance negro, mais particularmente da modalidade que os franceses chamam de 'frenético'"* - sentencia Antonio Candido[146]). Os relatos dos cinco ébrios em volta da mesa do bar confrontam o leitor com o incesto, a necrofilia, o fratricídio, o canibalismo, a traição e o assassinato: experiências-limite *"cuja função para os românticos era mostrar os abismos virtuais e as desarmonias da nossa natureza, assim como a fragilidade das convenções."*[147] E não são exclusividade de *Noite na taverna*, também representadas perfeitamente em *Um cadáver de poeta*, poema no qual o jovem defunto é abandonado por dias em uma estrada, sem que ninguém saiba seu nome ou sinta sua falta:

> Morreu um trovador! morreu de fome...
> Acharam-no deitado no caminho:
> Tão doce era o semblante! Sobre os lábios
> Flutuava-lhe um riso esperançoso;
> E o morto parecia adormecido.
>
> (...)
>
> Todos o viram e passaram todos...
> Contudo era bem morto desde a aurora.
> Ninguém lançou-lhe junto ao corpo imóvel
> Um ceitil para a cova!... nem sudário! [148]

Segundo Alfredo Bosi, fingindo ironicamente que partilha com o leitor o desprezo burguês pelo poeta e pela poesia, Álvares expõe a situação ambígua desse homem que vive de produzir palavras, sonhos, imagens, sentimentos.[149] Afinal, *"De que vale um poeta – um pobre louco / Que leva os dias a sonhar – insano / Amante de utopias e virtudes / E, num tempo sem Deus, ainda crente?"* O poeta, nessa sociedade utilitarista, é um anacrônico, não serve para nada quando

---

145 O que pode ser ou não uma coincidência. Não foi encontrado nenhum estudo que relacionasse o título da obra e seu personagem a São Macário. No entanto, a aproximação é evidente (ver capítulo 1 desta tese, página XX).
146 Em *A educação pela noite* (1989, p. 17).
147 Candido, 1989, p. 17.
148 Azevedo, 1996, p. 132.
149 Bosi in: Guinsburg, 1993, p. 249.

vivo, constrange quando morto: *"Por que há de o vivo que despreza rimas / Cansar os braços arrastando um morto"*. Seu trabalho não é reconhecido, ele leva uma *"vida impura"*, *"onde arquejou de fome... sem um leito!"*. Ninguém lamentou sua passagem (*"Ninguém chorou por ele"*):

> Ninguém ao peito recostou-lhe a fronte
> Nas horas de agonia! Nem um beijo
> Em boca de mulher! nem mão amiga
> Fechou ao trovador os tristes olhos! [150]

Viveu sem um leito e permanecia assim seu cadáver (*"nem um sudário"*, *"Nem túmulo nem cruz!"*, *"Pobretão! Não valia a sepultura!"*), largado no meio do caminho. Seu apodrecimento aborrece os que passam, incluindo figuras importantes como o rei e seu séquito (apesar de *"rei devoto"*, chega a perguntar ao seu capelão: *"E não enterram / Esse homem que apodrece, e no caminho / Assusta-me o corcel?"*). A carruagem do bispo solavanca ao atropelar a *"humana resistência"*. Seu cocheiro esclarece o incidente – e vê-se a diferença do tratamento dado ao magnânimo eclesiástico e ao infeliz trovador: *"Perdoe Vossa Excelência Eminentíssima,/ É um pobre diabo de poeta, / Um homem sem miolo e sem barriga / Que lembrou-se de vir morrer na estrada!"* Todos que cruzam com o poeta-cadáver incomodam-se com sua presença (só assim ela foi notada!), cheiro e aparência, mas nada fazem a não ser desviar ou empurrá-lo para fora do caminho. Por fim, uma figura misteriosa surge para honrar o vate e cavar-lhe uma fossa - uma mulher em trajes masculinos, que se mata em seguida, ingerindo veneno.

Seguindo a mesma sintonia *mal de vivre*, a cena do abandono do cadáver se repete no *Miserrimus*, de um inusualmente melancólico Gonçalves Dias,[151] no qual o protagonista perambula errático por um cemitério, à procura da lápide da mãe: *"Aqui – ali – além – eram sepulcros; / E o nome de sua mãe, sequer não pode / Dos nomes conhecer de tantos mortos."* O sujeito, no meio da busca, tomando pela tristeza, desfalece, vindo a morrer entre as sepulturas: *"E só no seu morrer, qual só na vida,/Na terra se estendeu; nem dor, nem pranto/Tinha no coração que era já morto!"* E, assim como o poeta de Álvares de Azevedo, seu cadáver perma-

---

150 Azevedo, 1996, p. 132.
151 Segundo Antonio Candido, Gonçalves Dias distinguiu-se da chamada segunda geração romântica *pela ausência de pessimismo e deliberada resistência à intemperança sentimental*. O "mal do século" apareceria ocasionalmente em sua obra. (2009, p. 401)

nece ali, em dissolvição pública, até que alguém mais enfastiado pela vista, "*com o pé*", o empurra para dentro de uma fossa:

> E alguém, que ali passou, vendo um cadáver
> De sânie e podridão comido e sujo,
> Co'o pé num fosso o revolveu; - e terra
> Caída acaso o sepultou p'ra sempre.[152]

O *Pesadelo* de Castro Alves, de 1863, expressa o lado macabro do poeta baiano, mais conhecido pela sua adesão à causa escravocrata. Como em uma novela gótica, inicia-se a narrativa em atmosfera tipicamente romântica, uma "*noite perfumada e lânguida*", a natureza participante da sucessão de fatos como um personagem (a brisa e a folhagem, o branco orvalho nos galhos, flores que supiravam, a sensual brisa do mar, as nuvens brancas como garças). Nessa paisagem, o casal apaixonado se encontra – ele, um "*trovador ardente*", "*bardo formoso*", Joseph, de tez pálida e cabelos pretos ("*Ele era belo*"); ela, Laura, a "*virgem fascinante e bela*", de cabelos desordenadamente trançados. Na segunda parte do poema, a natureza acompanha a mudança de tom; prenunciando a aparição do assassino (Jorge, "*o libertino*", de "*fronte macilenta*", usando capote e sombreiro, bebendo cognac e fumando), em uma cena noturna ("*noite tristonha e friorenta*"), sem estrelas e em que "*caía fria chuva*", só se ouviam as aves notívagas, "*regeladas*", berrarem na escuridão. O mar, agora, não era mais suave e indolente, mas "*sinistro e tétrico*", e rugia. Joseph, após os momentos passados com a amada, cruza o caminho de Jorge, caindo em sua emboscada. Seu "*grito agudo*" (e "*um grito somente*") foi ouvido por Laura, que o reconhece e, apavorada, tremendo de terror, sai em sua busca.

Próximo dali, Joseph jaz. É a quarta parte do poema e a natureza novamente emoldura a ação. Numa paisagem desoladora, "*entre ciprestes*" cemiteriais, o vento gélido balança as árvores. Ali, "*Num esquife entreaberto está deitado /Um cadáver de moço abandonado.*"

Veja-se como a morte, aqui, também simboliza a solidão infinita de um jovem poeta, e de sua própria condição social ("*entregue às intempéries*", "*sem amigos*"). "*Sonhador*", cantou "*os sentimentos puros do mundo,*" mas na hora derradeira, não tem quem chore por ele:

---

152 Dias, 1998, p. 578.

E entregue às intempéries... sem amigos
Sem ter quem vá ali chorar um pranto.
Tu, que cantaste os sentimentos puros,
Qu'encontraste no mundo um doce encanto,
Tu dormes, sonhador, já macilento,
Entregue aos vermes vis, posto ao relento.[153]

Finalmente, Laura encontra o noivo. A agonia a enlouqueceu; ela se aproxima do corpo *"rindo e soluçando"*, *"c'um rir entre medonho e entre formoso"*:

Junto ao verde cadáver ajoelhou
E com os lábios ardentes o beijou.

Deitada ao seu lado, brincando com os seus cabelos e entoando baixinho antigas canções, beijando-o amorosa e insistentemente, a jovem também morre.

Como em Castro Alves, a temática da escravidão e os motivos políticos eram uma constante na obra do baiano Lúcio de Mendonça, este, aliás, admirador daquele.[154] Em seu poema *A besta morta*, é um velho cativo negro que jaz abandonado na senzala. Novamente, a situação é agravada pela decomposição dos despojos. O corpo, deformado pelo labor forçado, enfim encontra a paz após o óbito:

Cruza no peito as mãos roidas do trabalho.
Sobram do cobertor os grossos pés informes.
— Dorme, descança, emfim, que do somno em que dormes
Já não póde accordar-te a sanha do vergalho!

Como unica oração que tua alma proteja,
Por sobre a podridão de tua bocca fria
Vibra no ar zumbindo a mosca de vareja...[155]

O angustiado baiano Junqueira Freire, cuja vocação para a vida no claustro era sempre posta em xeque em sua poesia, recorria frequentemente aos elemen-

---

153 Alves, 1997, p. 387.
154 Tendo escrito poemas em suas homenagem, quando de sua morte. (Candido, 2009, p. 602)
155 Mendonça, 1902, p. 157.

tos da dissolução do corpo próprio, emulando a locução latina do *cupio dissolvi* (quase uma obsessão depois, entre os simbolistas), como em "*Morte (Hora de delírio)*", publicado nas "*Contradições poéticas*". Apesar de apresentada como "*pensamento gentil de paz eterna*" nas três primeiras estrofes, evocada e chamada de "*amiga*", resta depois de sua chegada o tumulto da corrupção, o caos da matéria se desfazendo – em versos muito condizentes com seus pares românticos. O resto humano se incorpora à plantinha que "*talvez*" brote dessa organicidade poluente; nela, renasceriam partes do poeta, resíduos de "*alma, sentimento e corpo*". Renovam-se, assim, o ciclo da vida e da natureza.

> Miríades de vermes lá me esperam
> Para nascer de meu fermento ainda.
> Para nutrir-se de meu suco impuro,
> Talvez me espera uma plantinha linda.
>
> Vermes que sôbre podridões refervem,
> Plantinha que a raiz meus ossos ferra,
> Em vós minha alma e sentimento e corpo
> Irão em partes agregar-se à terra.
>
> E depois, nada mais. Já não há tempo,
> Nem vida, nem sentir, nem dor, nem gôsto.
> Agora o nada, – êsse real tão belo
> Só nas terrenas vísceras deposto.[156]

O tema se repete no poema *O arranco da morte* ("*Pesa-me a vida já*", "*Ah já não pode o espírito cansado / Sustentar a matéria*", "*Eu morro, eu morro*", "*Vai meu corpo dissolver-se em cinza*", "*o corpo que foi o meu! que lodo impuro / Caiu, uniu-se à terra*") ou ainda em *Aos túmulos* ("*Tua missão, minh'harpa, é grande, é grande: / Sagremo-nos à morte. / Aos túmulos, aos túmulos, minh'harpa*") Na ocasião do falecimento de um frei do monastério beneditino em que viveu e que viu agonizar, escreve desde o ponto de vista do cadáver no caixão ("*A morte no claustro*", de 1851, publicado nas "*Inspirações do claustro*"):

---

156 Freire, 1944, p. 72-3.

> Em solene calada distinguiras
> O pisar do pilão pesado e ouco
> Por estóicos coveiros manejado.
> Depois o baque da sonora lápida,
> Que fecha – esmaga o pútrido cadáver.
> Depois talvez uma oração ainda
> Dos lábios do cristão baixou sôbre ele.
> Depois nada mais ali – fora o silêncio.[157]

E depois de findos os serviços, Freire contempla a perspectiva da sua própria morte no monastério, no mesmo sepulcro do velho frei, com que dormirá pela eternidade:

> N'estes claustros, aqui, talves, - quem sabe?
> Talvez n'este sepulchro immundo mesmo,
> Após alguns minutos mais escassos
> D'esse meu vegetar insulso e morno,
> Me pilarão – triturarão meus ossos
> Deshumanos tumbeiros. – Eu comtigo,
> Podre cadaver, dormirei eterno,
> Feito meu corpo em terra e cinza e nada.[158]

Mesmo o autor de A *Confederação dos tamoios*, Gonçalves de Magalhães, se deixara inspirar pelos temas tumulares. Nos *Cânticos Fúnebres* (coletânea de poemas compostos entre 1834 e 1864), o poeta parece tentar replicar o estilo dos românticos mais "modernos",[159] como Álvares de Azevedo, daí a insistência no linguajar macabro, que não aparece no restante de sua obra. Conforme Antonio Candido, *Magalhães soube transmitir de modo convincente o macabro cinismo com que refere a sua impregnação de morte – transfundida na terra, no ar, no pão,*

---

157 Freire, 1944, p. 181.
158 Freire, 1944, p. 180.
159 ou da chamada "segunda geração", termo usado corriqueiramente, mas um tanto polêmico. Por isso, a divisão do romantismo brasileiro em três gerações não é utilizada nesse trabalho.

na carne; relegada a uma espécie de rotina trágica,[160] que se acentua na fala do coveiro, que diz, como num lamento: *"Vivo c'os mortos, / na cova os ponho, / Entre eles durmo,/ Com eles sonho"*, ou ainda: *"No pão que como,/ No ar que respiro,/ Na água que bebo,/ A morte aspiro"*, e assim por diante. O contato estreito e diário com a morte o leva a deduzir a trivialidade da vida: *"Ricos e pobres, / Todos virão, / Dormir no leito / Da podridão"*. Um *"podre cadáver / Que causa horror"* é o que resta de cada um, mesmo daqueles que mais se ama:

> Ternos amantes,
> Pais extremosos,
> Esposos caros,
> Filhos saudosas,
> Vêde o que resta
> Do vosso amor:
> Podre cadaver,
> Que causa horror![161]

No caso específico das Danças Macabras, o gênero que foi o maior propagador do macabro medieval, pode-se encontrá-las em, pelo menos, dois textos dos mais significativos: no poema narrativo *O Conde Lopo* (de 1848), de Álvares de Azevedo, e no conto *A dança dos ossos* (1871), de Bernardo Guimarães. Em um dos pesadelos do Conde, após errar a esmo por uma floresta, encontra uma igreja, cujos sinos dobram meia-noite. Ao entrar, se depara com um banquete, servido aos *"esqueletos de craneo embucados"*, *"cabelos roidos, ressecado"*, e *"tórax demudado/ pelo dente dos vermes"*. Um deles lhe serve a taça de vinho vermelho denso e sabor de sangue. Eis que, entre a *"ruidosa vozeria dos fantasmas"*, ouve-se o chamado ao baile:

---

160 Para Antonio Candido, além da influência da geração mais nova de românticos, Magalhães pode ter se inspirado em autores como o italiano, morador do Rio de Janeiro, Luís Vicente de Simioni que em 1842 publicara poemas tumulares; o português, também residente no Rio de Janeiro, Borges de Barros (*Os túmulos*) e o espanhol Cadafalso (cujas *Noites lúgubres* foram traduzidas e publicadas pela revista *Minerva Brasiliense*), textos que tinham os mesmos *"tons lutuosos"* dos *Cânticos Fúnebres* e eram contemporâneos a eles. (Candido, 2009, p. 385)

161 Magalhaens, 1864, p. 121.

"À dança! à dança!/À dança! à dança!"- todos/Em côro repetiram – longo círculo/Dadas as frias mãos formaram todos/Em torno ao Conde Lopo – com tal força/Ante ele a voltear – que só lhe ouvia/O confuso tropear rangendo a pedra/E o frio rir e o retinir dos ossos!"

Já no pequeno conto A *dança dos ossos*, de 1871, um caboclo conta ao narrador da vez em que, perdido no meio da mata, de madrugada, encontrou a tumba de um morador local que havia sido enterrado lá após uma morte bastante trágica. Fora, desta feita, testemunha do evento que todos na região temiam: viu acordar o esqueleto do defunto. Imitando o linguajar regional, o autor conta como, de dentro da terra, viu saltar os ossinhos brancos estalando uns nos outros, ritmadamente, desde os pequenos até os maiores, desenvolvendo uma animada coreografia. Por fim, vem a caveira, *"com olhos de fogo e dando pulos como um sapo"*. Os ossinhos mais miúdos, sempre em movimento, se aproximam e, aos poucos, formam os pés, que não páram de sapatear. Os da canela pulam sobre eles, e depois os das pernas, quadris, costelas, braços, todos os que estavam espalhados iam encontrando seu lugar. *"Pensei que nada mais teria que ver; mas ainda faltava o mais feio"*, diz o narrador a essa altura. *O esqueleto, quase inteiro, pega a caveira, faz com ela "mil artes e piruetas, joga peteca com ela e atira-a pelos ares"*. Finalmente coloca-a em seu lugar sobre as escápulas, fazendo um estrondoso e assustador ruído. Mas não acaba aí: *"O maldito esqueleto do inferno - Deus me perdoe! - não tendo mais nem um ossinho com quem dançar, assentou de divertir--se comigo"*. Assim como nas danças medievais, o caipira, assustado, admite que estava *"duro como uma estátua"*, com *"o coração que não batia"*, *"mais morto do que vivo, sem um pingo de sangue"* em contraposição ao esqueleto folgazão.

Na poesia, os defuntos que acordam e querem retornar à terra também aparecem. Em Junqueira Freire (*Mais um túmulo*), por exemplo, os monges esqueléticos, ainda sujos de carniça, tentam atravessar o sepulcro monástico, destruindo o campanário, após despertarem. Tudo, porém, não passa de uma miragem:

Quantas campas aquí quebram-se e correm!
Quantos crânios, - que horror! – de sânie sujos,
Surgem medonhos delas!
Eis! de um lado levantam-se, frangendo,
De negras togas adornados todos,
Altivos esqueletos!
Ah! estoutros, porém, forcejam, lutam.
Tremendos uivam, por querer debalde
Transpôr-se do sepulcro.[162]

No Simbolismo de forte tom romântico de Augusto dos Anjos, que abusa das imagens macabras, a dança dos esqueletos está presente em *As cismas do sujeito*:

Os esqueletos desarticulados,
Livres do acre fedor das carnes mortas,
Rodopiavam, com as brancas tíbias tortas,
Numa dança de números quebrados![163]

A mesma imagem encontra-se em Venceslau de Queirós, conhecido imitador de Baudelaire,[164] no poema *Nevrose*, publicado em 1890. Em uma *"noite de agro remorso"*, o narrador em agonia, com os sentidos corrompidos, ouve *"na treva gemidos"* e na sombra vê fantasmas. Tem visões de mortos em um cortejo. Nesse pesadelo em que *"Tomam corpo e forma hedionda"* os seus sonhos *"mais secretos"*, ele assiste a uma *"frenética ronda"*, constituída por *"uma porção de esqueletos"*.[165]

Pode-se concluir, portanto, que a dança macabra era tema conhecido entre os poetas brasileiros do século XIX, tamanha a quantidade de referências a elas. E não só em peças literárias. Lady Mary Graham, escritora inglesa que esteve no Brasil algumas vezes na década de 1820, conta em seu diário[166] que, em uma de suas visitas, em 1822, conhecera um certo conde Dirk von Hogendorp. Ex-general holandês que servira nas tropas napoleônicas, o conde emigrara para o

---

162 Freire, 1944, p. 221,
163 Anjos, 1996, 24.
164 Candido, 1989, p. 22.
165 In: Ramos, 1965, p. 58.
166 Publicado em Londres, em 1824, com o título de *Journal of a voyage to Brazil and residence there, during part of the years 1821, 1822, 1823.*

Brasil e vivia no Rio de Janeiro desde 1816. Convidada a visitar sua residência, uma pequena fazenda nos arredores do Corcovado, Miss Graham relata o que viu em seus aposentos pessoais: paredes pintadas de preto com desenhos de animados esqueletos, em uma composição que parecia ser... a dança macabra de Holbein!: *"his bedroom, the walls of wich, with a capricious taste, are painted in black, and on that sombre ground, skeletons of the natural size, in every attitude of glee, remind one of Holbein's Dance of Death."*[167]

Histórias como a do conde e a gravura do Cabrião[168] confirmam essas suspeitas. No entanto, apesar da referência direta às danças macabras, em todos os textos literários citados, é possível observar aspectos que escapam às obras originais da Idade Média. Em Bernardo Guimarães, o esqueleto ressurge à terra com o propósito de assustar os vivos com sua dança; em Álvares de Azevedo, os mortos realizam um verdadeiro festim, que acaba em bebedeira e orgia. Nenhuma das soluções é partícipe das premissas dos exemplares medievais. Claramente, algo mudou. Porque continuaram a ser produzidas no século XIX, as danças macabras revelam a continuidade daquele imaginário – mas suas modificações denotam também sua instrumentalização, obedecendo a demandas outras, próprias de outro tempo e de um outro olhar sobre a morte.

---

167 GRAHAM, 1824, p. 171-2.
168 Comentada na *Introdução* deste livro.

As danças macabras no século XIX

> *La danse macabre s'appelle*
> *Que chacun à danser apprend*
> *A l'homme et femme est naturelle:*
> *Mort n'épargne ni petit ne grand.*[1]
>
> La Danse Macabre de Guyot Marchand, 1485.

> *Todo en furiosa armonía,*
> *todo en frenético estruendo,*
> *todo en confuso trastorno,*
> *todo mezclado y diverso.*[2]
>
> Espronceda, El estudiante de Salamanca, 1840.

> *Les charmes de l' horreur n' enivrent que les forts!*[3]
>
> Baudelaire, Danse Macabre, 1861.

A Dança Macabra foi um motivo imagético e poético bastante popular a partir do século XV, sendo a principal responsável pela difusão dos temas macabros no período – isto é, das produções culturais que colocavam em evidência o corpo humano em putrefação *post mortem*. Não obstante seu grande sucesso até o século XVI, as Danças tiveram, paulatinamente, seus elementos ressignificados, o que acabou por esfacelar o cunho dramático e instrutivo, mas também satírico, das primeiras obras – a ponto de André Corvisier afirmar que "durante o Renascimento, as danças sofreram uma *"perda de alma"*.[4]

Diversos fatores caracterizam essa perda. Um deles, seguramente, é o abandono da imagem perturbadora do transi, substituído definitivamente pelo esqueleto.

---

1 "Dança macabra, ela se chama/Que cada um, a dançar, aprenda/Ao homem e à mulher é natural: /A Morte não poupa nem pequeno nem grande."
2 "Tudo em furiosa harmonia,/tudo em frenético estrondo,/tudo em confuso transtorno,/tudo misturado e diverso."
3 "Os encantos do horror fascinam apenas os fortes!"
4 Corvisier, 1998, p. 59.

A "dança de Holbein" e o esqueleto

É em forma esquelética que os mortos aparecem na obra *Simulachres & histoires facées de la Mort*,[5] de Hans Holbein, o jovem. Composta entre 1523 e 1526 e publicada pela primeira vez em Lyon, pelos editores Melchior e Gaspar Trechesel, em 1538,[6] a série de xilogravuras compõe uma dança macabra modernizada. Seu êxito comercial e alcance foram tão grandes que fizeram a fama do gênero muito mais do que os originais medievais: *"Cette édition, et les suivantes, ont conquis l'Europe. Une multitude de réalisations vont s'inspirer, jusqu'au le XXe siècle"*, comentam Hélène e Bertrand Utzinger.[7] Suas inegáveis qualidades estéticas são superiores às danças do século XV, sendo as imagens mais ricas em detalhes e em cenário,[8] mas a diferença primordial com sua ascendência é estrutural: Holbein nos introduz aos vivos no contexto em que vivem, não sendo chamados em fila, mas realizando suas atividades cotidianas. São cenas com os mesmos personagens das danças tradicionais, no entanto, não se trata mais de um tipo de alegoria que junta vivos e cadáveres dançarinos, em uma improvável ciranda. Trata-se de figurar a real imprevisibilidade da morte, já que os vivos são surpreendidos nos afazeres de sua rotina, por um morto disfarçado e misturado à cena (figuras 1, 2, 3 e 4):

> Le laboureur laboure, la hotte du marchand ambulant déborde de mercerie, les autres marchands sont entourés de ballots, l'enfant refuse de suivre un inconnu. (...) Avec Holbein la suite compassée de chaque vivant

---

5 "Simulacros & histórias de confronto com a Morte"
6 Seus versos são atribuídos a Gilles Corrozet e as gravuras em madeira feitas por Hans Lutzelburger, a partir dos originais de Holbein.
7 "Essa edição e as subsequentes conquistaram a Europa. Uma infinidade de produções vão se inspirar nessa obra, até o século XX" (Utzinger, 1996, p. 162.)
8 No entanto, em relação ao texto que acompanha as imagens, é curioso notar que não se tratam dos versos típicos das danças macabras. Cada gravura é acompanhada de uma frase edificante das Escrituras em latim (sobre a cena) e de 4 versos (abaixo), em francês – no original, ou nas diversas traduções que a obra de Holbein conheceu –, sobre a vítima mostrada.

s'anime en une scène plantée dans le décor qui leur est familier. Holbein a fait de la danse macabre un thème décoratif. ⁹

A afirmação acima, de André Corvisier, é ainda mais contundente se considerarmos o *Alphabet de la Mort*, também de Holbein, publicado pela primeira vez na Basiléia, em 1531, e com diversas reimpressões, inclusive em outros locais e línguas. Cada gravura contempla uma letra maiúscula do alfabeto e sua configuração é a mesma das danças macabras, mesmo sem receber esse nome. Em "A", vê-se dois cadáveres-músicos; de "B" a "Y", os personagens, do papa ao bebê, junto de seus mortos e, enfim, em "Z", o Julgamento Final. Ou seja, com mais força a partir de Holbein, o encontro entre vivos e mortos se desvincula da estrutura típica das danças – e também dos poemas assim denominados.

Figura 1: *A Morte e a Rainha*, na "dança macabra de Holbein", 1523-1526.

---

9 "O trabalhador da terra ara, o cesto do vendedor ambulante transborda de mercadoria, os outros vendedores estão rodeados por trouxas, a criança nega-se a seguir um desconhecido. (…) Com Holbein a sequência compassada de cada vivente se anima em uma cena construída sobre o cenário que lhes é familiar. Holbein fez da dança macabra um tema decorativo." (Corvisier, 1998, p. 64.)

Figura 2: A Morte e o cavaleiro.

Figura 3: Uma página inteira do *Simulachres*. A Morte e os recém-casados.

Figura 4: A Morte e a criança.

O que chama a atenção é que, em ambas as obras, os cadáveres de Holbein são esqueletos. Essa representação da ossada evidencia a tendência em substituir o transi, mesmo nesse que foi o gênero responsável por expô-lo com mais veêmencia. Assim, de maneira geral, as representações da *"morte úmida"*, da carniça (viscosa, com seus licores fétidos, miasmas e vermes vis, por isso, mais amedrontadora), dão lugar à *"morte seca"*, aos ossos. Mas o sinal da mudança em relação à morte na era moderna não foi exclusividade das produções iconográficas. De acordo com Michel Vovelle, uma reação à imagem da decomposição já se percebia, por exemplo, nos rituais de exéquias do período barroco, em especial na morte dos grandes da sociedade, nas quais o cadáver passava a ser escondido e sua presença simbolizada por efígies vestidas com os trajes usados em vida. A efíge no túmulo de Jeanne de Bourbon condessa do Auvergne, de 1523, era, então, uma admirável exceção e foi, provavelmente, um dos últimos exemplares da estatuária macabra medieval, Mesmo na poesia: à parte obras de poetas como Pierre de Ronsard (1524-1585) ou Joachim du Bellay (1525-1560), o macabro aos moldes medievais saía progressivamente de cena.

Philippe Ariès também associa esse desaparecimento generalizado da carniça na arte e na literatura ao seu sumiço gradual nos testamentos dos séculos modernos, sugerindo que o desinteresse era mais profundo, indicando um declínio pungente da preocupação com os próprios despojos mortais. *"Le goût macabre s'efface"*[10], decreta Michel Vovelle.[11] Mesmo as impressionantes catacumbas italianas (as dos capuchinos de Roma e de Palermo são as reminiscentes), ostensivamente decoradas com ossos e esqueletos completos, alguns vestidos com o hábito dos frades, apesar do choque que provavelmente geram até hoje, pertencem a esse momento no qual o repulsivo macabro medieval do apodrecimento deu lugar à um macabro ascetizado, controlado, limpo. A devoção às relíquias de santos, geralmente pedaços de ossos, dentes ou cabelos, obedeceriam a esse mesmo princípio[12]: *"Nous ne voyons plus de peintures réalistes et d'inspiration macabre; le theme de la mort s'est modifié."*[13]

Desinteresse da arte, interesse da ciência: ao mesmo tempo em que o esqueleto dominava a personificação da morte, o cadáver (agora limpo das sevandijas

---

10 "O gosto pelo macabro esvanece"
11 Vovelle, 1983, p. 222.
12 Vovelle, 1983, p. 245-6.
13 "Não vemos mais pinturas realistas inspiradas pelo macabro; o tema da morte modificou-se." (Larmand, 1910, p. VI.)

e dos fedores pestilentos) passava a ser objeto de estudo, da medicina, das dissecações até então proibidas pela Igreja, devassado por outros tipos de produção cultural. Desenhistas e gravuristas se associam aos anatomistas e o fascínio pela morte se cobre de um verniz científico. Tratados de medicina legal publicados no século XVII examinam o comportamento cadavérico em busca de soluções para questões criminais ou de saúde pública, com a crença de que o cadáver contém os segredos da vida e da morte. A capa do *De humani corporis fabrica*, de Andreas Vesalius, primeiro tratado de anatomia da era moderna, publicado em 1543, reproduz a cena de uma dissecação em um anfiteatro. Uma multidão se espreme para assistir o procedimento. Nas páginas seguintes, uma série de corpos – sem pele, sem músculos e, finalmente, esqueletos, sempre meditativos e serenos, nunca repulsivos - revelam os segredos da máquina humana. A *aula de anatomia do Dr Tulp*, de Rembrandt, de 1632, e as *ecorchés* de Honoré Fragonard, feitas e expostas na década de 1760, revelam a manutenção do tema da morte cientifizada e a atração que ela suscitava naqueles séculos.

Essa mudança do macabro, tanto de forma (o esqueleto – ou suas versões resumidas: o crânio e o crânio com as tíbias cruzadas) quanto de sentido (deslocado da ênfase da podridão como destino aterrorizante do corpo) inicia, de acordo com Ariès, a "segunda era do macabro": "*a finalidade do tema macabro já não é revelar a obra subterrânea da corrupção. O horrível trespassado, roído pelos vermes, dilacerado pelas cobras e os sapos, foi substituído pelo belo esqueleto limpo e luzente, a "morte seca" com que as crianças ainda brincam hoje na Itália, e no México em qualquer tempo. Não causa tanto medo, não é tão mal.*"[14] O esqueleto foi, na era moderna, o *memento mori* por excelência, onipresente nas reflexões sobre a vida, elemento fundamental na composição das Vaidades e das naturezas-mortas, sendo utilizado, muitas vezes, como imagem alegórica do Tempo. Sua presença, assim, se banaliza na iconografia ocidental. É ele, o esqueleto, segurando a foice e montado a cavalo, que identifica a Morte nas representações dos cavaleiros do Apocalipse, a partir de então. [15]

O século XVII e praticamente a totalidade do XVIII foram, portanto, quase indiferentes às Danças Macabras (assim como às outras manifestações medievais do macabro, como a Lenda dos três vivos e dos três mortos, os *Ars Moriendi* e os

---

14 Ariès, 1989.
15 Vovelle, 1983, p. 207.

Triunfos da Morte[16]), apesar delas nunca terem deixado de ser reimpressas, especialmente as versões de Marchand e de Holbein (essa última, cerca de oitenta e oito vezes, até o fim dos setecentos, em francês, latim, italiano, alemão, castelhano, inglês[17]). A representação dos diferentes estratos sociais da medievalidade vai perdendo importância, uma vez que as Danças evocavam uma sociedade que, aos poucos, deixa de ter similitudes com a era moderna. No caso da França, em particular, talvez onde o gênero mais repercutiu e foi reproduzido, é emblemático que não haja indícios de novas obras até o fim do século XVIII: *"le seul effort consiste à rajeunir l'ortographe. La qualité de ces publications baisse et leur prix également"*,[18] comenta Corvisier. Os editores se esforçavam no sentido de atualizarem os vocábulos e o vestuário dos personagens, no entanto, as Danças viram diminuir seu poder moralizante perante uma gente que já não se reconhecia mais nas figuras que elas evocavam.

Além do mais,

> cette dure leçon du rejet des biens terrestres s'estompe progressivement à partir du XVIIe siècle: non que les Danses macabres disparaissent à cette époque, mais celles qui sont crées vont perdre quelque peu ce caractère d'authenticité médiévale: le style va changer, la forme se modifier légèrement; la Danse macabre du siècle des Lumières ne sera qu'une copie dont l'impact sociologique se sera sensiblement attenué.[19]

Muitos dos afrescos foram danificados, denotando o descaso com essas obras consideradas, naqueles séculos, de pouco valor artístico – como foi o caso do afresco da abadia de La Chaise-Dieu, irremediavelmente estragado após a construção de uma escada sobre o segundo painel, na década de 1840. Alguns

---

16 Segundo Michel Vovelle, ambos já teriam entrado em declínio a partir de meados do século XV. (1983, p. 142)
17 Infantes, 1997, p. 178.
18 "o único esforço a fazer é o de atualizar a ortografia. A qualidade dessas publicações diminui e igualmente, os preços"
19 "essa difícil lição da rejeição dos bens materiais se dissipará progressivamente à partir do século XVII. Isso não quer dizer que as Danças macabras desaparecerão nessa época, contudo, as que serão criadas perderão um pouco desse caráter de autenticidade medieval: o estilo mudará, a forma se modificará levemente; a Dança macabra do século das Luzes será apenas uma cópia daquela e seu impacto sociológico será atenuado." (Utzinger, 1996, p. 14.)

foram destruídos por supostamente simbolizarem o pensamento rudimentar e a barbárie de tempos supersticiosos (a dança de Lydgate em Londres, por exemplo, em 1559, sob o reinado do monarca protestante Eduardo VI); outros tantos foram cobertos por massa e escondidos por gerações (como em Meslay-le-Grenet, descoberta acidentalmente apenas em 1864) - e até hoje causa espanto quando algum deles é revelado (*"Danses macabres de toute l' Europe, combien d'entre vous dorment encore sous le badigeon, attendant une deuxième naissance?"*[20] perguntavam Helène e Betrand Utzinger, em 1996.[21]).

Retomada e atualização do tema

É bastante provável que os poetas dos oitocentos tivessem contato com as gravuras de Guyot Marchand, Antoine Vérard e, principalmente, com as de Hans Holbein, em suas diversas versões e reimpressões, pois *"en effet c'est par la gravure que survivent le plus souvent les danses macabres."*[22] Sabe-se que entre 1747 e 1818, os *Simulachres* foram reeditados pelo menos uma dezena de vezes em Londres[23] e que serviram de modelo para novas obras no final do século XVIII, como a dança do gravurista suíço Johann Rudolf Schellenberg (1785) e a do alemão Daniel Nikolaus Chodowiecki (1791). Em ambas, as cenas de gênero, retiradas do cotidiano das vítimas de uma Morte em forma esquelética, disfarçada e misturada ao *entourage*, sofrem uma formidável revisão indumentária, mas mantêm o modelo holbeniano.

O mesmo ocorre em *The English Dance of Death*, do artista e caricaturista Thomas Rowlandson, de 1814, série de gravuras coloridas muito irônicas, até engraçadas em algumas cenas – como na que a Morte luta aos socos com um sujeito; leva embora um homem gordo num carrinho de mão; mostra ameaçadoramente uma ampulheta para foliões bêbados que pulam o Carnaval. Ou quando mistura sorrateiramente veneno nos barris de vinho servidos numa animada taberna. A mais curiosa é a do frontispício: a Morte, com todos seus intrumentos

---

20 "Danças macabras de toda Europa, quantas de vocês ainda dormitam na espreita de um novo nascimento? "
21 Utzinger, 1996, p. 13.
22 "de fato, é frequentemente nas gravuras que mais sobrevivem as danças macabras." (Corvisier, 1998 p. 96.)
23 *Idem, ibidem.*

e armas infalíveis, soberana de coroa de ouro, sentada em seu trono que é o próprio globo terrestre e... entediadíssima! (figura 5)

Figura 5: Frontispício em *The English Dance of Death*, de Thomas Rowlandson, 1814.

Embora o padrão holbeiniano seguisse inabalável, houve algumas notáveis exceções. *The Dance of Death Modernised*, de G. M. Woodward, é uma deliciosa sátira da sociedade inglesa, publicada em Londres, em 1808. O formato dos afrescos medievais é recuperado – duplas de personagens vivo-morto, os primeiros sendo puxados pelos segundos, que dançam alegremente (figura 6). O texto foi reduzido ao mínimo, limitando-se a frases emitidas pelos vivos, que complementam o humor da cena. O rei, por exemplo, primeiro personagem, é atraído pelo esqueleto à sua frente que o seduz segurando sua coroa, a quem diz: *"Return the Diadem and I'll follow you"*.[24] A mesma negociação parece querer um burguês, que, vendo seu saco de moedas entre as falanges do esqueleto que o conduz, lhe promete: *"Spare my money and I'll go contented"*.[25] Uma senhora do povo, aparentando certa idade (lhe faltam dentes na boca e usa óculos), implora para ficar um pouco mais: *"Let me stay till I am married and I'll ask no longer time"*[26], enquanto a jovem bem vestida carregando acessórios diversos reclama ao esqueleto que lhe puxa *"Don't be so boisterous you filthy wretch, I am a woman of fashion"*[27], e assim por diante.

Figura 6: *The Dance of Death Modernised*, de G.M. Woodward, 1808.

A *Todtentanz* do pintor prussiano Alfred Rethel, feita em meio aos levantes de 1848, supreende ao converter a mensagem cristã da preparação ao trespas-

---

24 "Devolva o diadema e o seguirei".
25 "Poupe meu dinheiro e irei vencido".
26 "Deixe-me ficar até que esteja casada e não pedirei mais tempo algum"
27 "Não seja tão barulhento, seu desgraçado imundo, eu sou uma dama da sociedade"

se em crítica política. Em sua dança, os mortos-esqueletos incitam o povo a insurgir-se – o tom é conservador, diga-se de passagem: Rethel é um contrarrevolucionário, a obra pretende instruir sobre o equívoco fatal de se tornar um rebelde, que seria o equivalente a seguir a morte (figura 7). *"The series was received immediately as a major political statement, and reproduced as illustrations for the conservative viewpoint everywhere in Germany and in France.(...) Rethel presents Death ironically as the consummate political seducer, in this case as the radical who exploits republican rhetoric to enlist the working classes on behalf of a hidden agenda"*.[28]

---

28 "A série foi imediatamente recebida como uma importante declaração política, e reproduzida como ilustrações para os conservadores em toda Alemanha e na França. (...) Rethel apresenta a morte ironicamente como o perfeito sedutor político, neste caso, como o radical que explora a retórica republicana para alistar as classes trabalhadoras em favor de uma agenda oculta." (Boime, 1991, p. 549-584.) O autor continua: By mid-June [um mês após o lançamento da primeira edição] a third edition appeared; within a year nearly fifteen thousand copies were sold; the Conservative Alliance of Saxony brought out a special printing, and there were numerous pirated editions. E mais à frente: The conservative french journal "L'Illustration" published the entire series on 28 july 1849 (...) The publishing house of Goupil presented the album the following year, cleverly inserting the term "Le Socialisme" in its title ("Le Socialisme. Nouvelle danse des morts") (...). (p. 583) ["Em meados de junho [um mês após o lançamento da primeira edição] surgiu uma terceira edição; dentro de um ano quase quinze mil cópias foram vendidas; a Aliança Conservadora da Saxônia trouxe uma edição especial, e houveram inúmeras edições piratas" (...) O jornal conservador Francês "L'Illustration" publicou a série completa em 28 de julho de 1849 (...). A casa editorial Goupil apresentou o álbum no ano seguinte, sagazmente introduzindo o termo "O Socialismo" em seu título ("Le Socialisme. Nouvelle danse des morts")].
Além das séries mencionadas, sabe-se também da existência da Die arbeit des Todes: ein Todtentanz, xilogravuras de 1866, de Ferdinand Barth, que "met en scène des morts accidentelles: chute, enlisement, guerre, tempête, suicide, exécution capitale", na qual "les morts sont particulièrement ironiques."("coloca mortes acidentais em cena: queda, soterramento, guerra, vendaval, suicídio, execução capital" (...) "os mortos são particularmente irônicos."[Corvisier, 1998, p. 98].). Como não foi possível obter maiores informações sobre essa obra, ela não foi incluída no texto.

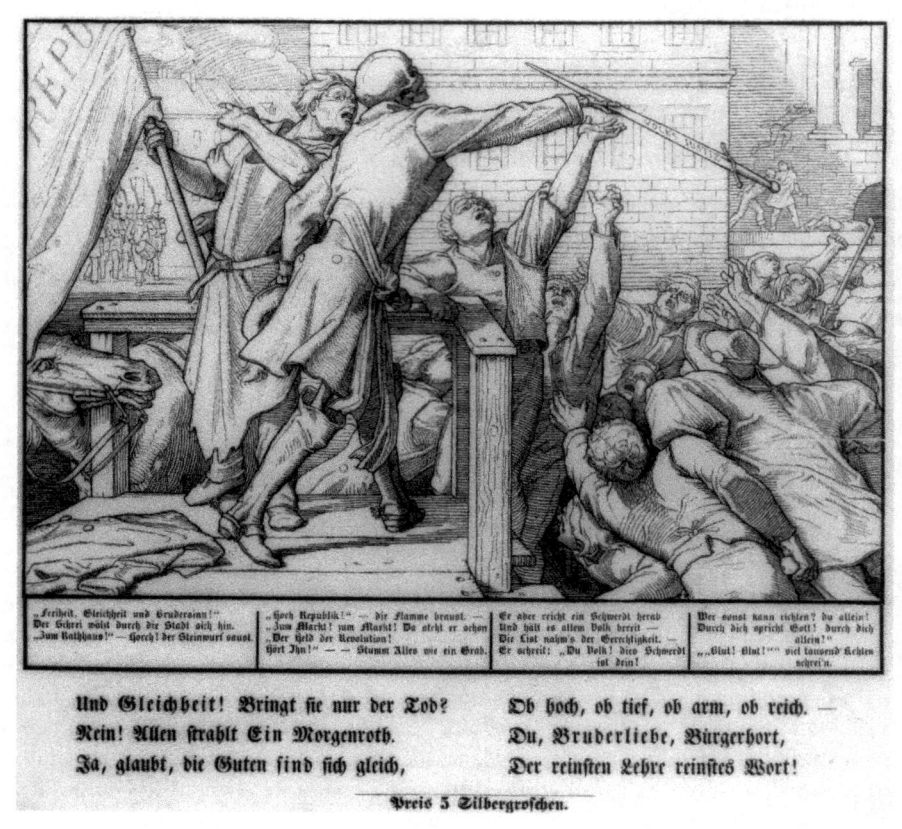

Figura 7: Quarta prancha da série de Alfred Rethel, 1848.

O interesse dos historiadores

Além das imagens impressas e das pinturas em tela para Igrejas (em quantidade pouco expressiva e que substituiam a produção de afrescos[29]), também contribuiu para o reflorescimento da temática das danças macabras o interesse da historiografia pelo gênero, decorrente da onda medievalista do início do século. Entre essas obras, a pioneira é de 1811, de Champollion-Figeac, *Notice d'une édition de la danse macabre, anterièure à celle de 1486, et inconnue aux Bibliographes.* (publicado em Paris, sobre a primeira edição da dança de Holbein, de 1485). Destacam-se na sequência a essa, *Recherches Historiques et Littéraires sur les Danses des Morts*, de Gabriel Peignot, publicado em Paris, em 1826; *La Danse Macabre, histoire fantastique du XVe siècle*, de Paul Lacroix (Paris,

---

29 Uma lista com essas obras aparece em Corvisier (1998, p. 97).

1832); *The Dance of Death*, de Francis Douce, publicado em Londres em 1833; *Literatur der Totentanze*, de H.F. Massmann (Leipzig, 1840), *Essai historique, philosophique et pittoresque sur les danses des morts*, de E. H. Langlois, publicado em Rouen, em 1851 (considerado referência fundamental para os estudos do tema ainda hoje, pelo levantamento bastante completo que o autor realizou das obras); *Les danses des morts, dissertations et recherches historiques, littéraires et musicales*, de Georges Kastner (Paris, 1852); além de títulos específicos como *La Danse des Morts de la Chaise-Dieu*, por Achille Jubinal (Paris, 1841); *La danse des morts dessinée par Hans Holbein. Essai sur les poèmes et sur les images de la danse des morts* de Hippolyte Fortoul (Paris, 1842) e *L'alphabet de la mort de Hans Holbein*, de 1866, uma análise feita por A. de Montaiglon.

De seus estudos históricos sobre as danças macabras, Paul Lacroix e Georges Kastner encontraram matéria para desenvolverem as suas próprias peças fictícias, cada qual com sua particularidade. O primeiro descreve uma fantasiosa ação teatral no antigo cemitério de Saints-Innocents, cujo desenrolar teria servido de fonte para o autor anônimo do afresco lá pintado. Já Kastner, interessado especialmente no elemento rítmico das danças, cria uma música nelas inspirado.

A despeito de ter escrito sobre a Idade Média e o Renascimento em uma obra monumental em 5 volumes (*Le Moyen âge et la Renaissance*, publicados entre 1847 e 1851), em tom acadêmico e erudito, em *La Danse Macabre, histoire fantastique de XVe siècle*, de 1832, Paul Lacroix permitiu-se vôos imaginativos longínquos (que, não obstante, marcaram profundamente a retomada do gênero – o livro teve 2 reedições no mesmo ano do lançamento, outra em 1838 e mais uma em 1851[30]). Entrelaçada à uma trama que misturava enredo de romance gótico (com direito ao casal apaixonado cujo amor é impossível, judeus ganaciosos e verdades do passado sendo reveladas) com informações históricas, o autor nos coloca diante dos acontecimentos que culminariam na confecção da dança macabra de Saints-Innocents.

Em sua narrativa, somos conduzidos à Paris no ano de 1424, quando chega à cidade uma figura misteriosa, "*Macabre*", que ocupa a torre de Notre Dame de Bois, pequena e antiga construção localizada dentro dos muros que cercam o cemitério dos Inocentes, cuja função nunca foi desvendada exatamente. Esse "*étrange locataire*",[31] teria chegado à cidade junto com a ocupação inglesa e logo

---

30 Infantes, 1998, p. 35 – nota 97.
31 "estranho locatário" (Lacroix, 1832, p. 23)

ganhou fama de recluso. Macabre era uma figura *sui generis*. Vestia-se sempre com uma túnica longa de lã negra feita de um traje mortuário roubado de um defunto (*"à le voir sans mouvement, on eût douté s'il était mort"*[32]). Sua magreza extrema permitia que se visse os ossos por baixo da pele – tão colada ao esqueleto que as veias, os nervos e os músculo não passavam de finas saliências; os lábios quase inexistentes deixavam os dentes descobertos; tinha os olhos fundos e a cabeça lisa, limpa de cabelos. Seus movimentos eram acompanhados do barulho dos estalos de sua carcaça, os membros se chocando a cada passo. A voz fleumática e *"l'odeur cadavérouse"* que exavala completavam sua figura melancólica e amedrontadora. Na cidade, acreditavam que ele tinha o poder de acordar os mortos com o som de sua rabeca (*"Aucuns disaient que le rebec de Macabre révaillait les morts au clair de lune"*[33]); os boatos a seu respeito eram tantos que o cemitério, graças a ele, passava por lugar maldito (*"on évitait de traverser le cimetière, même en plein jour, et personne n'osait s'aventurer dans les rues environnantes après le coucher du soleil"*).[34]

Duas únicas ocasiões levaram Macabre em meio ao povo parisiense:

> [ele] ne se montrait en public qu'à l'occasion d'un spetacle effrayant dont il était l'inventeur, et les Parisiens avaient vu jouer durant plusiers mois en 1424 et en 1429. Ce spetacle, que des auteurs du quinzième siècle ont cherché à reproduire en rimes sous le titre de "danse macabrée" ou "macabre", nom que l'inventeur avait pris; ce spetacle fantastique n'était qu'une interminable procession d'hommes et de femmes choisis dans tous les âges et tous les rangs, que la mort faisait entrer en danse, selon l'expression proverbiale, qui signifiait sortir de la vie.[35]

---

32 "ao vê-lo sem movimento, poderíamos nos perguntar se estaria morto"
33 "Diziam que a rabeca de Macabre acordava os mortos em noites de lua clara" (Lacroix, 1832, p. 26.)
34 "evitava-se atravessar o cemitério, mesmo durante o dia, e ninguém arriscava aventurar-se nas ruas vizinhas após o pôr do sol" (Lacroix, 1832, p. 26.)
35 "[ele] só aparecia em público por ocasião de um espetáculo assustador do qual era o inventor, e os Parisienses o tinham visto representar por vários meses em 1424 e em 1429. Esse espetáculo, que os autores do século XV procuraram reproduzir em rimas, sob o título de "danse macabrée" ou "macabre", nome que seu inventor havia adotado para si; esse espetáculo fantástico não passava de uma interminável procissão de homens e mulheres de todas as idades e estratos sociais que a morte fazia "entrar em dança", conforme o provérbio, que significava sair da vida."

Macabre teria sido, então, o criador de tal espetáculo teatral cujo texto ele teria trazido da região da Boêmia, de onde era oriundo. Após apresentá-lo por duas vezes, (das quais a primeira teria resultado no afresco pintado em uma das galerias), ele se prepara para nova exibição, em 1434, ano em que se passa o relato de Lacroix – ano de fome e de peste e Paris. O acontecimento mobiliza a cidade e desde cedo, os habitantes ocupam o cemitério: *"Dès le point du jour, qui se levait clair et resplendissant, la foule se pressait autour du cimetière des Saints-Innocents."*[36] Mais de cinquenta mil pessoas estavam lá e se espremiam em volta dos muros do quadrilátero, invadiam as torres, subiam nos monumentos. A dramatização começa com uma música "suave e terrível", que *"imitait les rires et les sanglots, les chant des anges et le cris des damnés."*[37] Um ator entra em cena, declamando a estrofe que abre a dança macabra de Guyot Marchand, de 1485 (mas que, na história, seria de autoria de Macabre):

> La danse macabre s'appelle
> Que chacun à danser apprend
> A l'homme et femme est naturelle:
> Mort n'épargne ni petit ne grand.

Uma voz "grave e formidável", em seguida, chama três vezes pelo Papa. Ao mesmo tempo, Macabre, com sua rabeca em mãos, surge diante do público. Sua presença fantasmagórica causa impacto na platéia: *"cette aparition fut suivie d'une rumeur de surprise et d'effroi"*:[38]

> Il était entièrement nu, sauf un linceul assujettti autour des reins par une décence inutile, et flottant sur ses épaules, un lambeau de cuir ensanglanté pendait pour imiter la place du ventre ouvert et les entrailles à jour, selon l'usage convenu de caractériser la Mort. Cette fantastique nudité

---

36 "Desde o raiar do dia, que nascia claro e resplandecente, a multidão se espremia em torno do cemitério dos Saints-Innocents." (*Idem, ibidem*, p. 166.)
37 "imitava os risos e soluços, os cantos dos anjos e os gritos dos danados."(*Idem, ibidem*, p. 181).
38 "essa aparição foi seguida de um rumor de surpresa e pavor"(*Idem, ibidem*, p. 182.)

mettait en relief les formes aiguës du squelette, le parchemin terreux qui l'enveloppait, et l'alliance bizarre de la mort avec la vie.[39]

Macabre era a própria personalização da Morte, que era seu papel na peça, e sua caracterização correspondia à imagem do transi – e tão verossímel que *"on le soupçonna d'avoir quitter sa bière pour jouer son rôle."*[40]

O espetáculo continua com um ator travestido de Papa, de tiara na cabeça e segurando as chaves de São Pedro, implorando para não ser levado, oferencendo jóias e ameaçando excomungar a figura esquelética que caçoa de seu poder. O povo ria e aplaudia vivazmente a pantomima. O mesmo se seguiu, com a entrada do Imperador e do Cardeal. Macabre tocava o instrumento com entusiasmo, seu corpo se contorcia no ritmo dos acordes entoados, o que excitava o público cada vez mais.

O que a multidão não percebera é que, enquanto a peça se passava, um eclipse solar acontecia e, à essa altura da ação, ele se tornara total. A massa se desespera com a noite precoce e, em um canto do cemitério, uma tragédia ocorre: as vigas e as tábuas colocadas sobre uma das fossas comunais para receber o público cedem. Um abismo se abre, engolindo e misturando vivos e mortos. A confusão é generalizada e um mar de gente corre desesperada para todas as direções. A encenação dá lugar à uma catástrofe: *"six cents personnes avaient été tuées ou blessées à cette fatale fête, et la danse des morts était devenue une effroyable réalité."*[41]

Não obstante seus elementos farsescos, a história contada por Lacroix é reveladora da crença na existência das danças macabras como práticas coreográficas ou teatrais.

O mal-entendido se deu devido à leitura de certos relatos da época, como o *Journal d'un Bourgeois de Paris, 1405-1449*, documento muito utilizado na reconstituição da vida medieval na capital francesa ocupada pelos ingleses. O ma-

---

39 "Ele estava completamente nu, exceto por uma mortalha atada em torno das ancas por uma decência inútil e, ondulando sobre os ombros, pendia um pedaço de couro ensanguentado imitando o lugar do ventre aberto com as vísceras expostas, conforme era usual caracterizar a Morte. Essa fantástica nudez punha em relevo as formas pontiagudas do esqueleto, o pergaminho terroso que o envolvia, e a bizarra aliança da morte com a vida." (*Idem, ibidem*, p. 183.)
40 "pensaram que tinha saído do caixão para fazer o papel."
41 "seiscentas pessoas tinham sido assassinadas ou feridas nessa festa fatal e a dança dos mortos havia se tornado uma terrível realidade." (*Idem, ibidem*, p. 210.)

nuscrito original acredita-se perdido, mas foi copiado algumas vezes – a versão mais antiga encontra-se na Biblioteca do Vaticano (vat. Reg. Lat. 1923). Outras poucas cópias, com maior ou menor semelhança ao original, estão espalhadas nas Bibliotecas de Arsenal, de Oxford, de Paris, e datam do decorrer dos séculos XVI e XVII. Um desses exemplares, da Bibliothèque Nationale de France serviu de base para edições impressas; a primeira, com o texto completo, é de 1729, publicada com o título *Mémoires pour servir à l'histoire de France et de Bourgogne*.[42] A partir daí, as diversas versões começaram a ser confrontadas e novas edições, mais completas, não pararam mais de ser publicadas.

Em sua crônica do cotidiano parisiense, em linguagem informal (quase o registro de um relato oral) e um tanto jornalística, por incluir notícias importantes e amenidades da cidade e do reino em geral, o autor anônimo, o *"Bourgeois de Paris"*, fala das instisfações da gente simples, das festividades, dos acontecimentos políticos. Não poderia faltar, portanto, um comentário sobre a grande obra que tomava lugar no cemitério principal da região: *"l'an mil CCCCXXIIII fut faicte la Danse Macabre aux Innocents, et fut commencée environ le moys d'aoust et achevée ou karesme ensuivant"*.[43]

Quando o tema das danças macabras volta à moda no século XIX, são muitos os curiosos e estudiosos que interpretam as palavras do *bourgeois* como o testemunho de uma dança *feita* no cemitério – como não há especificações de que tipo de obra se tratava, tomou-se o sentido literal da palavra "dança". Sob essa ótica, segundo o documento, havia acontecido uma "dança no cemitério", uma "dança macabra", cuja encenação teria durado meses (Lacroix usa os mesmos dados do *bourgeois* para descrever o espetáculo de sua ficção, que teria durado *"du mois d'août au carême suivant"*).[44]

Outros textos contribuem para a confusão. Thomas Warton, um dos Graveyard Poets, publica, entre 1778 e 1781, os três volumes de sua *History of English Poetry – From the eleventh to the seventeenth century*. Um dos poetas contemplados em sua antologia foi justamente John Lydgate, o monge beneditino responsável pela primeira tradução do poema da dança de Saints-Innocents para o inglês, em 1430. Sabe-se que Lydgate morou em Paris em 1426, quando

---

42 Journal d'un bourgeois de Paris...., Introdução à edição de 1881.
43 "no ano 1424 ocorreu a Dança Macabra no cemitério dos Innocents, e começou por volta de agosto e terminou na quaresma seguinte" (*Journal d'un bourgeois de Paris*, 1881, p. 203.)
44 Lacroix, p. 24.

a França estava sob domínio inglês, com a regência do Duque de Bedford. Sua visita era oficial, por ordem do Conde de Warwick, tutor do jovem Henry VI à época. Nessa ocasião, ele conheceu e reviu várias vezes o recém-terminado afresco no cemitério.[45] Em sua introdução à tradução da dança parisiense, o poeta declara tê-la visto *"on a walle"*, e que foi persuadido pelos clérigos locais a traduzir os versos da *"Macabrees daunce"* do francês, do *"frenshhe"*:

> Considereth this / ye folkes that ben wyse
> And hit emprenteth / in yowre memorialle
> Like the exawmple / whiche that at Parise
> I fownde depicte / ones on a walle
> Full notabely / as I reherce shal
> The of frensshe clerkes / takyng acqueyntaunce
> I toke on me / to translaten al
> Owte of the frensshe / Macabrees daunce[46]

Em seguida, o monge admite ter obedecido ao pedido dos colegas franceses (*"I obeyed / vnto the requeste // The of to mark / a pleyne translacioun // In Inglisshe tunge / of entencioun [...]*[47]), mas assume que não traduziu literalmente, *"not worde be worde / but folwyng the substaunce."*[48]

Warton, ao escrever sobre Lydgate, presume, sem citar fontes para essa informação, que os versos da dança francesa tenham saído de algum tipo de "baile de máscaras antigamente celebrado nas igrejas":

> These verses, founded on a sort of spiritual masquerade, anciently celebrated in churches, were originally written by one Macaber in German rhymes (....) a french translation was made and written about the walls

---

45 Oosterwijk, 2009.
46 "Considerem isto vocês que são sábios /E imprimam-no em sua memória/Como o exemplo - aquele que em Paris/Eu encontrei uma vez retratado em uma parede/ Notável, como o demonstrarei/Que, ao ficar conhecido de clérigos franceses/Eu me comprometi a traduzir todos/Do francês, a dança de Macabree"
47 "Eu atendi / a seu pedido // de fazer / uma plena tradução // para a língua Inglesa / com o propósito (...)"
48 "não palavra por palavra, mas seguindo o sentido." (Lydgate In: WARREN, 1931, p. 36-8.)

of Saints Innocents cloisters at Paris: from wich Lydgate formed his English version.[49]

Dois dados se misturam na teoria levantada pelo autor. O primeiro é o manuscrito de Wurzbourg, que teria iniciado a linhagem germânica das danças e que, apesar de datar da década de 1440, pode ser a transcrição ou a cópia de um texto mais antigo.[50] Talvez Warton pressupusesse que esse antigo manuscrito fosse o registro de versos cantados – mas nada se sabe sobre essa hipotética passagem da oralidade para o texto. O segundo dado refere-se ao hábito medieval das festas populares, como os Carnavais, nas quais havia apresentações diversas, de música, dança, mascaradas e teatro. Segundo Joseph Tunison,

> Processions of masquers were frequent, and among the traditional theatrical features of the season was a masque of death wich is supposed to have corresponded, on the one hand, to practices mentioned by the classic poets and, on the other, to the mediaeval pageant called "chorea Macchabaeroum" and later the danse macabre. Death was a favorite character in the mummery of the Middle Ages.[51]

As *chorea Macchabaeroum*, que contavam a história dos irmãos Macabeus,[52] assim como o uso das máscaras da morte ou de mortos poderiam, realmente, ter influenciado, de alguma maneira, a elaboração da imagética das danças, na qual

---

49 "Esses versos, encontrados em uma espécie de baile de máscaras espiritual, antigamente celebrado em igrejas, foram escritos por um Macaber em rimas germânicas (...) uma versão francesa foi feita e escrita pelos muros dos claustros de Saints Innocents em Paris: a partir dos quais Lydgate formou sua versão em Inglês." (Warton, section XXI.)

50 Conforme capítulo 1.

51 "As procissões de máscaras eram frequentes e, entre as características teatrais tradicionais da época, havia uma máscara de morte que se supunha corresponder, por um lado, às práticas mencionadas pelos poetas clássicos e, por outro, ao concurso medieval "Chorea Macchabaeroum" e mais tarde à Dança da Morte. A morte era um dos personagens favoritos nas mascaradas da Idade Média."Para Tunison, as chorea Macchabaeroum deram origem às danças macabras, o que ele afirma na sequência do texto, pelo menos no que diz respeito às suas encenações. (Tunison, 1907, p. 18)

52 Conforme capítulo 1.

os mortos pulam animadamente de mãos dadas com os vivos mas, de novo, ainda não foi possível elaborar sua ligação direta.[53]

Essas conjecturas, portanto, nunca foram confirmadas. Tudo o que se sabe de definitivo, pelo menos até agora, a respeito das danças macabras diz respeito às suas manifestações iconográficas (como afrescos, gravuras, etc) e textuais. *"Prácticamente podemos asegurar, desde una perspectiva general, que las Danzas no se pueden considerar dentro de la órbita del teatro medieval"* – quem afirma é Victor Infantes, um dos principais estudiosos das danças na contemporaneidade,[54] ou seja, mesmo no estado atual das pesquisas, nada se comprovou a esse respeito. Mas essas leituras - do *Journal d'un bourgeois de Paris* e de Warton sobre Lydgate, entre outros exemplos dispersos[55] - somadas à história criada por Lacroix ajudaram a reforçar essa hipótese de que as danças teriam existido como uma espécie de ação teatral, colocando-nos (e aos seus leitores do século XIX) como espectadores do drama supostamente apresentado naquela ocasião. Assim, o imaginário das danças, em especial esse construído no século XIX, ficou indelevelmente marcado pela teoria da existência de suas encenações.

De certa maneira, esses debates devem ter influenciado também a Georges Kastner. O teólogo e músico envolveu-se tão profundamente com o tema ao escrever o seu *Les danses des morts, dissertations et recherches historiques, littéraires et musicales*, publicado em 1852, que decidiu ele próprio compor uma música a partir de versos que encomendou ao amigo e poeta Édouard Thierry.

O fator musical das danças medievais foi central no trabalho de Kastner. Apesar de também nunca ter sido comprovada a existência de um tipo de música executada sobre o tema das danças macabras na Idade Média (pelo contrário,

---

53 Ver mais sobre o assunto no capítulo 4, O Carnaval e a Morte.
54 Infantes, 1998, p. 119.
55 Vez ou outra aparecem nos textos estudados menções a possíveis encenações das danças. Na *Histoire de René d'Anjou*, o autor, M. de Villeneuve, fala de uma que teria ocorrido em 1424 em Paris, nas celebrações do regente Duque de Bedford pela vitória em Verneuil, na qual uma procissão desfilava pelas ruas presidida por esqueleto (de verdade) (in: Clarck, 1950, p. 14) – essa mesma ocasião é mencioanda por Lacroix, porém como uma *masquerade* (Lacroix, 1832, p. 25). Emile Mâle fala de um abade Miette que encontrou um manuscrito (que encontra-se na Biblioteca de Rouen, MS 2215, Y39, fol. 69) que afirma que em 1393 foi apresentada, na Igreja de Caubedec, uma "dança macabra" (Male apud Utzinger, 1996, p. 81). Utzinger e Corvisier têm como certa a história da cena encomendada por Philippe le Bon no hôtel de Bruges, em 1449: um *Jeu de la Danse macabre*. (Utzinger, 1996, p. 81; Corvisier, 1998, p. 23).

não existe nenhuma evidência de peças musicais[56]), o autor dedica um capítulo inteiro de sua obra comentando os instrumentos que aparecem nos exemplares iconográficos – em especial, em uma dança alemã anônima da segunda metade do século XV, *Doden Dantz*. Trata-se de um conjunto de 41 xilogravuras que encontra-se na Biblioteca de Strasbourg. Seu esquema é parelho ao de G.Marchand, mas quase todas as cenas contêm a imagem de um instrumento diferente e *"les instruments y sont figurés d'une manière plus exacte que cela n'a lieu dans d'autres Danses des morts."*[57]Seu objetivo, assim, é *"tracer une esquisse de l'histoire des instruments de musique employés au moyen âge"*, [58]além de analisar e caracterizar as danças macabras daquele período.

A última parte do trabalho, a que nos interessa particularmente, é a composição que tem por título *La Danse Macabre*. Kastner explica no prefácio que não resistiu ao desejo de, ele mesmo, oferecer sua interpretação ao tema estudado:

> Je ne pouvais traiter pendant plusieurs années le sujet si poétique et si philosophique de la Danse des Morts sans m'en trouver pénétré au point de désirer l'interpréter musicalement. Je communiquai mon dessein à un poète dinstingué qui, à ma sollicitation, entreprit de paraphraser en charmants vers modernes les vieilles rimes gothiques de la Danse Macabre.[59]

---

56 Ou, nas palavras de Infantes: no se conserva ningún testimonio musical de ninguna Danza macabra, ni tenemos, tampoco, la más mínima certeza de que nuestro género tuviera en algún momento una constitución musical. (Infantes, 1998, p. 131)

57 "os instrumentos estão descritos aqui de modo mais exato do que ocorre em outras Danças dos mortos." O autor continua: J'ai classé tous ces instruments par genres et par familles, et je consacre un chapitre à l'explication de chaque type principal, donnant un aperçu de son origine, de son usage, de ses tranformations, de ses perfectionnements et des différents modèles quíl a produit tant à l'époque où parurent les Danses des morts qu'avant ou après l'apparition de ces danses. ("Classifiquei todos os instrumentos por gênero e família, e dedico um capítulo à explicação de cada tipo principal, dando uma visão geral sobre a origem, uso, transformações, aperfeiçoamentos e diferentes modelos que cada um originou, tanto na época em que surgiram as Danças dos mortos quanto antes ou depois de aparecerem." [Kastner, 1852, p. XII])

58 "traçar um esboço da história dos instrumentos de música empregados na Idade Média" (*Idem, ibidem*, p. XIII.)

59 "Durante anos, eu não podia tratar o tema tão poético e filosófico da Dança dos Mortos sem que eu estivesse imbuído dela a ponto de desejar interpretá-la musicalmente. Comuniquei meu desejo a um poeta de distinção que, por minha solicitação, parafraseou em encantadores versos modernos as velhas rimas góticas da Dança Macabra." (*Idem, ibidem*, p. XIV.)

Ao apresentar sua dança macabra, o autor assume a intenção de *"rester fidèle au cadre du poème"*,[60] repetindo o modelo original. Mesmo assim, seu elenco apresenta mudanças significativas: o primeiro personagem é o imperador e não o papa, como seria de praxe. Não há intercalação entre religiosos e laicos e estão presentes figuras pouco convencionais como a matriarca e a freira. É uma peça pequena em comparação com as obras do gênero: apenas 6 personagens. O esquema de estrofes também é modificado: as vítimas se manifestam em 8 versos; a Morte, em 4. É, a propósito, uma dança *da Morte*, e é ela quem abre a ciranda, chamando toda gente do mundo a juntar as mãos formando o círculo que é a coreografia de seu baile:

La Mort

Accourez, accourez des quatre points du monde!
Chaque heure dans sa tour rèpète le signal;
Mes fils, joignez vos mains; formez l'immense ronde,
C'est moi qui suis la Mort et qui donne le bal![61]

O imperador, primeiro a ser nomeado, responde ao chamado com empáfia (*"Qui que tu sois, vois ma couronne / Tout un peuple armé m'environne; / J'emplis le monde de terreur, / Après Dieu, je suis l'Empereur!"*[62]); a matriarca apela à compaixão (*"Je suis la pauvre aïeule / Triste des jours passés / Voici l'hiver; je pleure froide et seule"*[63]); o soldado mostra sua experiência em encontrar a morte a cada batalha (*"Je suis soldat, vive la danse! / Mon sabre marque la cadence"*[64]). O homem rico se vale do poder do seu dinheiro, sugerindo à morte que em seu lugar leve a seus empregados (*"plus fier qu'un roi / J'ai des gens qui marchent pour*

---

60 "manter-me fiel ao ambiente do poema"
61 "A Morte: Venham, venham, venham dos quatro cantos do mundo! /Cada hora, em sua torre, repete o sinal; /Meus filhos, deem-se as mãos; formem a imensa roda, /Sou eu a Morte e sou eu que dou o baile!"
62 "Quem quer que você seja, olhe minha coroa/ Todo um povo armado me cerca; / Eu encho o mundo de terror, / Depois de Deus, sou eu o Imperador! "
63 "Sou a pobre anciã / Triste por seus dias passados / Veja o inverno; eu choro fria e sozinha"
64 "Sou soldado, viva a dança! / Meu sabre marca a cadência"

*moi./ S'il te faut des danseurs d'élite, / Prends dans les hommes de ma suite"*⁶⁵). A criança, tão jovem ainda, que nem sabe andar, é a última da fila (*"Je fais à peine un pas; / Comment veux-tu que j'entre dans ta ronde, / Moi qui ne marche pas!"*⁶⁶). A cada estrofe em que responde as lamúrias de seus convocados, a Morte determina: *"Pas de réplique, il faut danser!"*⁶⁷ Na sequência dos versos encontram-se as partituras com o acompanhamento musical dos versos composto por Kastner.

Reinterpretações do modelo das danças na poesia

O impacto causado pelo encontro com uma dança macabra medieval não era exclusivo dos estudiosos que se dedicaram à ela. Muitos poetas e escritores se emocionavam profundamente com a descoberta e se inspiravam em contá-la, ainda que como ficção. Alcides Ducos Du Hauron, em *La Danse Macabre au XIXème siècle, poème cabalistique*, de 1864, descreve a experiência.

Na primeira parte do poema, denominado *Une fresque*, o narrador, vagando à luz do crepúsculo, encontra e adentra as ruínas de palácio medieval, o do fictício Bispo Marcoman. A imagem romântica das construções medievais aparece aqui em toda sua glória: são corredores labirínticos e escuros que dão em um claustro empoeirado e silencioso. Em uma de suas paredes, encimada por arcos góticos, ele reconhece formas desenhadas e se aproxima. Revela-se diante de seus olhos um afresco cuja aparência *"formidable autant que pittoresque, / glaça la moelle de mes os"*.⁶⁸ Ele sabe do que se trata pois conhece as gravuras de Holbein: *"C'était la Danse Macabrée"*.⁶⁹ É curioso como o autor adota uma das denominações antiquadas das danças, "macabrée", antes da prevalência do termo *macabre*, conforme aparece no poema de John Lydgate, por exemplo – talvez para assinalar o quanto é antiga a pintura que descreverá.

A Morte é retratada com características que mesclam elementos da estética macabra e dos Trinfos da Morte: ela é majestade (*"Sa majesté la Mort festoyait ses sujets"*⁷⁰) e é ainda carniça (*"Une pourpre en lambeaux drapait ses omoplates.*

---

65 "mais orgulhoso que um rei / Tenho pessoas que andam por mim. / Se precisar de dançarinos de elite, / Escolha entre os homens de minha comitiva"
66 "Dei apenas um passo; / Como quer que eu entre na sua roda, / Eu que não ando!"
67 "Nada de réplica, dancem!"
68 "tão formidável quanto pitoresca, / gelou a medula dos meus ossos"
69 "Era a Dança Macabrée"
70 "Sua majestade a Morte divertia seus sujeitos"

/ *Aux loques de sa chair, noires comme le jais,* / *Cet oripeau mêlait des loques écarlates.*"[71]). Os personagens do afresco são tais como nas obras tradicionais; as hierarquias se misturam, os mais pobres, *"rebut du genre humain"*[72], de mãos dadas com *"plus grands monarques du monde"*[73], e todos rodam e pulam ao integrar a dança – a Morte parece se comprazer dessa igualdade possível somente nessas circusntâncias.

> Ducs, barons, chambellans, sénéchaux et vidames
> Tourbillonnaient avec les derniers des manats.
> Les femmes de roture et les plus nobles dames
> S'esbaudissaient ensemble en des bond surprenants.
>
> Ceux qui furent en proie à la misère immonde,
> Les gueux, de leur vivant, rebut du genre humain,
> Pour danser côte à côte avaient pris par la main
> Les plus grands monarques du monde.[74]

O narrador parece sugerir que o autor desta obra que tanto admira talvez seja o próprio Holbein (*"Holbein, de son pinceau railleur,* / *Entremêlant les tous d'une double palette [...]"*[75]). Fala do pregador, que abre o desfile com seus versos (*"Spectatuer attentif du monstreux ballet,* / *Ce poète semblait, sur un ton sarcastique,* / *Célébrer en ses vers la danse frénétique"*[76]). Ao fim da segunda parte, acontece o que essa atmosfera lúgubre prenunciava: o pregador, figura pintada no afresco, começa a se movimentar, *"se détacher du mur et s'avancer vers moi!* / *Ce n'était pas un corps vaporeux et subtil,* / *Mais un être tangible et presque de*

---

71 "Uma estola rubra em farrapos ondulava sobre as omoplatas. / Nos trapos de sua carne, negros como o azeviche, / Esse ouropel misturava farrapos escarlates."
72 "refugo do gênero humano"
73 "os maiores monarcas do mundo"
74 "Duques, barões, camaristas, senescais e vidamas / Rodopiavam com o último dos camponeses. As plebeias e as damas mais nobres/ Esbaldavam-se juntas dando saltos formidáveis. /Os que outrora foram vítimas da miséria imunda,/Os indigentes, na vida, escória do gênero humano /Para dançar lado a lado haviam tomado pela mão/ Os maiores monarcas do mundo."
75 "Holbein, com seu pincel zombeteiro, / Misturando os tons com uma paleta dupla [...]"
76 "espectador atento do monstruoso balé, / Esse poeta parecia, em tom sarcástico, / Celebrar em seus versos a dança frenética"

ce monde."⁷⁷ A aparição, ganhando a confiança do narrador, o leva em um vôo místico ao redor do planeta, no qual se vê a humanidade inteira, os átomos e o cosmo. Na descida, o narrador é surpreendido ao se ver no meio de uma dança macabra alucinante e gigantesca, da qual participa uma multidão de personagens. Depois da experiência quase onírica, eles retornam ao claustro.

Para além das obras que emulam as danças macabras medievais em seus elementos plásticos (um conjunto de vivos representantes de estratos diversos da sociedade, sendo levados por cadáveres dançarinos ou a Morte personalizada) e simbólicos (a hierarquização social, a igualdade de todos diante da morte que é inevitável e repentina, a corrupção do corpo) mais característicos, o século XIX assistiu também a uma reinterpretação do tema que ora rememora as obras originais, ora trabalha com operadores distintos, redefinindo a idéia das danças.

Em *Bouchers et tombeaux*, de Théophile Gautier, publicado em 1852, no livro *Émaux et camées*, a alusão ao que se passa por baixo da terra após o enterro é significativa do interesse do autor pelo macabro, já demonstrado em obras anteriores, como em *La comèdie de la Mort*. De acordo com o poema, o esqueleto *"était invisible / Au temps heureux de l'Art païen"*⁷⁸ pois os homens de antanho, admiradores do belo, não o procuravam, não abriam as tumbas para observar a ação do tempo sobre os despojos humanos. Mas, na segunda estrofe, ou seja, na continuidade do percurso histórico, em épocas cristãs, a pedra tumular se rompe e revela o resto mortal, o esqueleto, que se desvencilha de suas carnes como de uma vestimenta – ainda que reste *"une pincée entre les doigts, / Résidu léger de la vie"*.⁷⁹ Ele, então, se levanta e se prepara para começar os trabalhos, conduzindo, como de praxe, primeiro o imperador, depois o papa e o rei:

> Il pousse à la danse macabre
> L'empereur, le pape et le roi
> Et de son cheval qui se cabre
> Jette bas le preux plein d'effroi⁸⁰

---

77 "se descolar da parede e andar em minha direção / Não era um corpo vaporoso e sutil, / Mas um ser tangível e quase deste mundo."
78 "era invisível / Nos felizes dias de Arte pagã"
79 "uma pitada entre os dedos, / Leve resíduo da vida".
80 "Ele empurra para a dança macabra /O imperador, o papa e o rei /E com seu cavalo que se empina/Lança ao solo o valente cheio de pavor"

Como em um itinerário initerrupto, este *"hôte inattendu"*, *"squelette gothique"*[81], carrega consigo ainda a cortesã (*"Il entre chez la courtisane"*[82]), o doente (*"Du malade il boit la tisane"*[83]), o avarento (*"De l'avare ouvre le tiroir"*[84]), o camponês (*"Du laboureur à la charrue / Termine en fosse le sillon"*[85]), a noiva (*"Vole à la pâle mariée / Sa jarratière de ruban"*[86]), aumentando seu séquito a cada passo:

> A chaque pas grossit la bande;
> Le jeune au vieux donne la main;
> L'irresistible sarabande
> Met en branle le genre humain.[87]

O esqueleto, emissário da morte, não poupa ninguém que atravessa seu caminho, fazendo os opostos darem as mãos: são todos iguais em sua dança. O autor evoca Hans Holbein, sugerindo que seu protagonista se parece tal como o desenharia o mestre alemão (*"Holbein l'esquisse d'un trait sec"*[88]).

O instrumento tocado pelo esqueleto é, de novo, a rabeca (*"Dansant et jouant du rebec"*[89]). Tipo de violino que se toca com arco, a rabeca frequentemente aparecia nas danças medievais, usado pelos cadáveres-músicos - sua presença no poema de Gautier sendo, portanto, uma clara alusão à elas. Segundo Kastner em seu estudo sobre os instrumentos musicais das danças macabras iconográficas, a rabeca era usada *pour faire danser*, isto é, era tocada para se dançar. Seu uso era comum nas festas burguesas e nas festas populares, urbanas ou campestres e, ainda com Kastner, era conhecida tanto no Oriente como na França, Grã-Bretanha, Alemanha, Rússia, Itália e Espanha: *"on l'employait dans les noces, les bals, les festins; dans les macarades, les cortéges, les sérénades,*

---

81 "hóspede inesperado", "esqueleto gótico"
82 "ele entra na casa da cortesã"
83 "Do doente ele bebe o chá"
84 "Do avarento ele abre a gaveta"
85 "Do trabalhador da terra / Termina em fossa o sulco do arado"
86 "Rouba da pálida noiva / Sua liga de fita"
87 "A cada passo o grupo engrossa; /O jovem ao velho dá a mão; /A irresistível sarabanda /Põe em movimento o gênero humano."
88 "Holbein o esboça com seu traço seco"
89 "Dançando e tocando a rabeca"

et en general dans tous les divertissements du peuple et de la bourgeoisie."[90] Ora, a rabeca é o mesmo instrumento tocado por Macabre, a figura infame criada por Lacroix, que teria inventado a dança macabra. Segundo o autor, a fama de Macabre era de que ele tinha o poder de acordar os mortos ao som de sua rabeca que, supostamente, era também ouvida por aqueles que estavam à beira da morte: *"Aucuns disaient que le rebec de Macabre réveillait les morts au clair de lune; aucuns racontaeint les prodiges opérés par cet instrument, qu'on n'entendait pas sans être menacé de mort prochaine."*[91]

Kastner comenta a expressão *"visage de rebec"*, recorrente na França da Idade Média Tardia, que faz alusão a um tipo de ornamento que decorava o braço da rabeca, geralmente uma cabeça esculpida diretamente na madeira – e que não necessariamente eram figuras grotescas ou ridículas, mas poderiam ser belos rostos de mulheres (no entanto, o autor deixa claro que a expressão era pejorativa, assim como a utilizou Rabelais, no epitáfio de Gargântua à sua mulher Babedec: *"Elle en mourut, la noble Babedec / Du mal d'enfant; que tant me semblait nice: / Car elle avait visage de rebec, / Corps d'Espagnole et ventre de Souice"*[92]). A rebeca de Macabre, de Lacroix, é *"bizarrement orné d'une tête de mort."*[93]

Em dado momento, Macabre toca no pequeno instrumento uma música melodiosa, com "as modulações dos soluços, dos choros e dos suspiros", que se propagava como "uma prece celeste". A melodia desencadeia sensações oníricas e fantásticas, fazendo Macabre entrar em uma espécie de transe. Ao fundo, ouvem-se as batidas dos sinos, que dão início a eventos admiráveis:

> Alors le rebec du ménétrier éclatait en sons plus âpres et plus mystérieux. Les charniers s'agitaient autour du cimetière, dont le terrain était soulevé par la puissance de l'instrument; et tandis que les obélisques, les croix et les monument cédaient au vertige général, une multitude croissante d'ombres

---

90 "era usada nos casamentos, nos bailes, nos banquetes; nas mascaradas, nos cortejos, nas serenatas, em geral em todos os divertimentos do povo e da burguesia." (Kastner, 1852, p. 250.)

91 "Alguns diziam que a rabeca de Macabre acordava os mortos nas noites enluaradas; alguns contavam os prodígios operados por esse instrumento, que não se ouvia sem ser ameaçado de morte próxima." (Lacroix, 1832, p. 26.)

92 "Ela morreu, a nobre Babedec / De dores do parto; ela que para mim era tão bonita: / Pois tinha o rosto de rabeca, Corpo de Espanhola et ventre de Suíça"RABELAIS, s/d, p. 147.

93 "estranhamente ornada com uma cabeça de morto."

et de spectres s'avivait, se mêlait, s'envolait avec la rapidité de l'éclair. La lune, emportée parmi les nuages, présidait à ces ébats muets, et Macabre se laissait entraîner en esprit à la fête qu'il donnait aux morts.[94]

A referência ao imaginário medieval também é clara no poema de Anatole France, *La Danse des Morts*, publicado em 1873. O autor foi um apaixonado pela cultura daquela época, tendo inclusive escrito sobre Rabelais. A primeira estrofe sinaliza a idealização do período que percorre todo o poema, chamado de *"siècles de foi"*:

> Dans les siècles de foi, surtout dans les derniers,
> La grand'danse macabre était fréquemment peinte
> Au vélin des missels comme aux murs des charniers.[95]

Para o autor, as danças eram imagens "edificantes e santas", que davam esperança diante da idéia da morte e, sendo assim, a gente as olhava sem medo.

> Je crois que cette image édifiente et sainte
> Mettait un peu d'espoir au fond du désespoir,
> Et que les pauvres gens la regardaient sans crainte.[96]

Percebe-se aqui, por parte do autor, uma concepção de morte que não é a medieval (passagem, caminho para a vida eterna). Na sequência, France fala da morte como a escuridão total (*"Pour eux, mourir, c'était passer du gris au noir"*[97]), um "nada" (a imagem de um morto e um vivo dançando pode ser apavorante, mas menos do que o nada: *"Le branle d'un squelette et d'un vif sur un gouffre;/*

---

94 Então, a rabeca do menestrel retumbava em sons mais ásperos e mais misteriosos. Os carneiros agitavam-se em torno do cemitério, cujo terreno era erguido pela potência do instrumento; e enquanto os obeliscos, as cruzes e os monumentos cediam à vertigem geral, uma multidão crescente de sombras e de espectros avivava-se, misturava-se, voava com a rapidez de um raio. A lua, sobressaindo-se entre as nuvens, presidia esses folguedos mudos, e Macabre deixava-se conduzir em espírito à festa que ele oferecia aos mortos. (Lacroix, 1832, p. 36.)
95 "Durante os séculos de fé, sobretudo os últimos, / A grande dança macabra era frequentemente pintada /No pergaminho dos missais e nas paredes dos carneiros."
96 "Acredito que essa imagem edificante e santa /Colocava um pouco de esperança naquele cenário de desespero, /E que aquelas pobres pessoas a olhavam sem medo."
97 "Para eles, morrer era passar do cinza ao negro"

C'est bien affreux, mais moins poutant que le néant"⁹⁸), revelando um entendimento de morte bastante característico de seu tempo, das sociedades urbanas e industriais do século XIX.

France constrói um contexto romantizado no qual as danças eram pintadas por monges *"à genoux et priant"*⁹⁹, que nelas sabiam projetar*"la paix du monastère"*.¹⁰⁰ Diante daquelas imagens, *"on sent communier en Dieu toute âme humaine, / On sent encore la foi, l'espérance et l'amour"*.¹⁰¹ E, retomando o modelo medieval, descreve essas obras nas quais as vítimas se resignam diante da Morte (*"les mourants sont pensifs, mais ne se plaignent pas"*; *"et tout le peuple suit dans une paix profonde"*¹⁰²). Os primeiros da fila, como sempre, são o Papa e o Imperador. O Barão e o Lavrador *"vont illuminés d'horreur."*¹⁰³ A jovem virgem se assusta quando, com um movimento ágil de braço, *"le squelette lui prend la taille en amoureux"*,¹⁰⁴ a quem ela se entrega, *"les cils clos, aux bras du danseur aux yeux creux."*¹⁰⁵ O cavaleiro errante é também acometido por um emissário da morte – no seu caso, emissária, uma *"étrange dame"*¹⁰⁶, de cujos ossos pende *"un reste noir de peau qui fut un sein de femme."*¹⁰⁷ O pajem entra na dança seguro que vai para o inferno *"car il sait clairement que sa dame est damnée."*¹⁰⁸ E o mendigo cego, que fecha o desfile, além de não conseguir seguir a dança apropriadamente, ainda é alvo de gracejo da Morte, que *"coupe tout doucement la corde de son chien."* ¹⁰⁹

A música também está presente na composição: um dos esqueletos, usando um chapéu que esconde sua fronte branca como mármore, toca o bandolim

---

98 "A movimentação de um esqueleto e de um vivo sobre um abismo;/ É bem medonha, mas é menos assustadora que o nada"
99 "ajoelhados e em oração"
100 "a paz do mosteiro"
101 "podemos sentir comungar em Deus cada alma humana, / Sentimos ainda a fé, a esperança e o amor"
102 "os moribundos estão pensativos, mas não se queixam"; "e todo o povo segue em profunda paz"
103 "vão iluminados de horror."
104 "o esqueleto a segura pelas ancas como que apaixonado"
105 "com os olhos fechados, aos braços do dançarino de olhos cavados."
106 "dama estranha"
107 "um resto de pele escura que fora um seio de mulher."
108 "pois sabe claramente que sua dama está condenada às penas do inferno."
109 "corta lentamente a corda de seu cão."

que dá ritmo à roda, tocando *"une musique un peu faible et presque câline"*[110] que *"Marque discrètement et dolemment le pas."*[111] Outro esqueleto, que ainda tem restos de pele entre os dedos, toca a flauta. E ainda outro, de mulher, um clavicórdio.

Todos aqueles que respondem ao chamado da Morte crêem que um dia acordarão, pelos sons e clarões do Julgamento, que *"agiteront leurs os d'un grand tressaillement."*[112] Os corpos ressuscitados de toda criatura surgirão sobre os túmulos; neste dia *"La Mort mourra (...) Lorsque l'Eternité prendre tout l'univers."*[113] Assim, alguns subirão ao céu e outros sofrerão no Inferno – mas de qualquer maneira, *"ils vivront encor!"* [114]

Novamente, France aponta para o paradoxo entre a sua época e as crenças medievais. Para os homens de antanho, a vida continua: gozando das delícias eternas ou sofrendo as penas eternas – a Eternidade é um pressuposto. Não é assim que pensa a contemporaneidade, e daí a ironia do autor no último verso do poema: *"Oh! bienheureux ceux-là qui croyaient à l'Enfer."*[115] Novamente, têm-se o contraponto do "nada", da morte racionalizada dos oitocentos.

Vê-se no poema de France uma atualização do sentido da morte. A instrumentalização do tema macabro para se falar do contexto específico do século XIX também ocorre no poema *Mors*, de Victor Hugo, escrito entre 1848 e 1852, publicado no segundo volume de *Les contemplations*. O poema, de uma única estrofe, faz referência aos conflitos da chamada Primavera dos Povos naqueles anos, que teriam transfomado a capital francesa em uma "Babilônia". O narrador fala da Morte que começava a atuar pelos campos avidamente, *"à grand pas"*, e vai se aproximando da cidade – onde os "poderosos", o "trono" e o "ouro" estavam. A devastação é completa; o povo, confuso e perdido na sombra, onde tudo é dor e luto (*"Les peuples éperdus semblaeint sous la faulx sombre / un troupeau frissonnant qui dans l'ombre s'enfuit; Tout étair sous ses pieds deuil, épouvante et nuit."*[116]). Mas a Revolução era uma causa justa e, apesar de toda destruição, sua luta não era vã – atrás da Morte, um anjo sorridente, banhado

---

110 "uma música um pouco débil e quase terna"
111 "Marca o passo discreta e aflitivamente."
112 "agitarão seus ossos com um grande tremor."
113 "A Morte morrerá (...) Quando a Eternidade tomará todo o Universo."
114 "eles ainda viverão! "
115 "Oh! Bem-aventurados os que acreditavam no Inferno. "
116 "Os povos desvairados pareciam sob a foice lúgubre / um rebanho trêmulo a esconder-se na sombra; Sob seus pés, tudo era luto, assombro e noite. "

de uma luz cálida, segura em suas mãos todas as almas (*"Derrière elle, le front baigné de douces flammes, / Un ange souriant portait la gerbe d'âmes"*[117]). O contraste do calor trazido pelo anjo é enfatizado pelo vento gélido que balança as mortalhas que cobrem os corpos.

O poeta faz um retrato impressionante da Morte como a grande ceifadora, que se relaciona diretamente com a imagem dos *Triunfos da Morte*, cujo precedente encontra-se na personalização da Morte nas danças macabras, como visto anteriormente. Logo no início ela é assim apresentada: passa abatendo a todos com golpes de foice, com eficácia e velocidade (*"Je vis cette faucheuse. Elle était dans son champ./ Elle allait à grand pas moissonnant et fauchant"*[118]). Impiedosa, diante dela, os poderosos caem; tudo em seu caminho ela transforma: a Babilônia (que é Paris) em deserto, o trono em cadafalso (a monarquia deposta), as rosas em estrume, as crianças em pássaros, o ouro em cinzas.

As mães, cujos olhos ela converte em cursos d'água (*"les yeaux des mères en ruisseaux"*[119]), gritam ao entregarem-na seus filhos, e perguntam o motivo de terem nascido se deviam morrer ainda tão jovens: *"Et les femmes criaient: - Rends-nous ce petit être. / Pour le faire mourir, pourquoi l'avoir fait naître?"*[120] A criança sempre foi personagem indispensável às danças macabras pois sua presença simboliza o aspecto universalizante da morte, que nem os pequenos seres poupa. Basta lembrar aqui, do exemplar de G. Marchand, no qual o bebê que sequer fala, apenas balbucia *"a. a. a. a"*, recebe a visita da *faucheuse*.

Uma curiosidade do poema de Hugo é a caracterização da morte como *"noir squelette"* que não é nada usual. Remete à sujeira dos ossos em contato direto com a terra, contrapondo a branca luz da lua ao negrume do mundo, à malignidade frequentemente associada à cor preta. Na *Doutrina das cores*, de 1810, Goethe defendia que a cor era mais do que um fenômeno físico provocado pela incidência da luz na superfície das coisas – teoria newtoniana, muito debatida pelo escritor alemão. Para além do dado empírico, era necessário, segundo ele, aliar esse conhecimento factual à construção de uma linguagem moral que se estabelecia no contato entre a cor e os olhos humanos – que não eram

---

117 "Atrás dela, com a fronte por doces chamas banhada, / Um anjo sorridente portava o feixe de almas"
118 "Eu vi essa importuna. Estava em seu campo./ Ia a passos largos colhendo e ceifando"
119 "os olhos das mães em regatos"
120 "E as mulheres gritavam: - Devolva-nos esse pequeno ser. / Para fazê-lo morrer, por que então tê-lo feito nascer? "

instrumentos passivos como as lentes usadas em laboratórios, mas partes ativas do organismo, que, mais do que receberem mecanicamente as cores, as interpretam. Assim, o "caráter" de uma cor se revelaria à alma humana, nenhuma delas sendo absolutamente neutra, mas despertando uma paixão e obtendo uma reação. Cores seriam conceitos: desta maneira, o preto, além de ser a falta de luz (fenômeno físico) era, principalmente, conceito, idéia de escuridão, de ausência. Daí o paradoxo de se ter um esqueleto negro; os ossos que deveriam ser brancos sob a luz, são, na verdade, escuros como a terra, a fossa, a noite e a morte.

Mas é no *Promontorium Somnii*, excerto do *William Shakespeare* (1864), que Victor Hugo, em suas divagações sobre a literatura, nos apresenta uma imagem lancinante de dança macabra, grotesca, que ele oferece como exemplo de um "quimerismo gótico".[121] A alegoria começa com a tarântula, que ataca e envenena os homens. Desesperados, aqueles picados por ela se põem a dançar ininterruptamente em ciranda, até gastarem os pés, em seguida as canelas, depois os joelhos e os ossos das coxas. Cotocos, dançam sobre seus troncos até que também eles gastem. Finalmente, os dançarinos não passam de cabeças saltitantes, com restos de costelas grudados ao redor do pescoço, como se fossem patas, parecendo, então, com... tarântulas. A aranha, assim, lhes fez aranhas. As *cabeças-tarântulas*, em roda, cavam a terra e desaparecem:

> Ceux qu'elle a iqués se cherchent, se trouvent, se prennet par la main et se mettent à danser la ronde qui ne s'arrête pas; les pieds s'y usent; les pieds usés, on danse sur les tibias; les tibias s'usent, on danse sur les genoux; les

---

121 Qu'on nous permette ce mot: "chimérisme". Il pourrait servir de nom commun à toutes les théogonies. Les diverses théogonies sont, sans exception, idolâtrie par un coin et philosophie par l´autre. Toute leur philosophie, qui contient leur verité, peut se résumer par le mot Religion; et toute leur idolâtrie, qui contient leur politique, peut se résumer par le mot Chimérisme. Cela dit, continuons. Dans le chimérisme gothique, l'homme se bestialise. La bête, don't il se rapproche, fait un pas de son côté; elle prend quelque chose d'humain qui inquiète. (Que seja permitido o uso da palavra: "quimerismo" (chimerisme). Poderia servir como substantivo comum para todas as teogonias. As diversas teogonias são, sem exceção, idolatria por um lado e filosofia por outo. Todas as suas filosofias, as quais contêm suas verdades, pode podem ser resumidas pela palavra Religião; e todas as suas idolatrias, as quais contêm suas políticas, podem ser resumidas pela palavra Quimerismo. Dito isso, continuemos. No quimerismo gótico, o homem se animaliza. O animal de quem ele se aproxima, por sua vez, avança um passo; assume um quê de humano que perturba. [Hugo, 1864, p. 317]).

genoux s'usent, on danse sur les fémurs; les fémurs s'usent, on danse sur le torse devenu moignon; le torse s'use, et les danseurs finissent par n'être plus que des têtessautelant et se tenant par les mains, avec des tronçons de côtes autour du cou imitant des pattes, et l'on dirait d'énormes tarantules; de sorte que l'araignée les a faits araignées. Cette ronde de têtes use la terre, y creuse um cercle horrible et disparaît.[122]

O *mal*, relacionado ao baile dos mortos, aparece também no poema em prosa *La Danse des Morts*, de Gustave Flaubert, de 1838. O texto, escrito quando o autor tinha apenas 17 anos, tem por fio condutor um diálogo entre Satã e Jesus Cristo. As duas poderosas entidades conversam em tom amigável e irônico sobre suas respectivas influências na humanidade. Cristo crê que sua história e seu exemplo são ainda fortes para o homem, mas Satã quer convêncê-lo do aumento de seu império em um mundo cada vez mais dedicado à luxúria e à destruição.

A "dança dos mortos" do título se justifica em dois momentos da narrativa: quando o príncipe do Inferno, para demonstrar suas habilidades, conta ao filho de Deus que tem por hábito fazer dançar seus discípulos depois de mortos. Por quê? – pergunta o Cristo – *"tu persécutes encore les cadavres?"*[123] Para sua diversão, responde Satã: *"Cela m'amuse."*[124]

O texto inicia em uma dessas cenas. Algo desperta os defuntos, um chamamento, que funciona como um estopim, um ponto de ruptura: "À *la danse, les morts!"*, é a primeira sentença. A natureza reage e eventos fantásticos se revelam: *"le ciel se couvre de nuages noirs, les hiboux volent sur les ruines et l'immensité se*

---

122 "Aqueles que ela picou, encontram-se, dão-se as mãos e começam a dançar a ciranda que não para; os pés se desgastam; com os pés totalmente desgastados, dançam sobre as tíbias, as tíbias se consomem, dançam então sobre os joelhos; os joelhos se consomem, dançam sobre os fêmures; os fêmures se consomem, dançam sobre o torso agora toco; o torso se consome, e os dançarinos terminam por não ser mais do que cabeças saltitantes e segurando-se as mãos, com as costelas remanescentes em torno do pescoço, a giza de patas, tal tarântulas enormes; assim, a aranha os tornou aranhas. Esta ciranda de cabeças consome a terra, cava nela um círculo horrível e desaparece." (Hugo, 1864, p. 317-8.)
123 "você continua perseguindo os cadáveres?"
124 "Isso me diverte. " (Flaubert, 2001, p. 11.)

peuple de fantômes et de démons".[125] As tumbas se abrem e os esqueletos se arrumam, *"[ils] défont leurs linceuls que la terre a collés sur les os."* [126]

Automaticamente, *"ils se lèvent, ils marchent, ils dansent"*[127] (o mesmo acontece na dança de Ducos du Hauron, em que o narrador compara os personagens a autômatos – *"horribles automates"*). Parecem nem ser mais humanos; não mais vivem, sua existência é o Nada infinito :

> Dansez maintenant que vous êtes morts, maintenant que la vie et le malheur sont partis avec vos chairs. Allez! vos fêtes n'auront plus de lendemain, elles seront éternelles comme la mort; dansez! réjouissez-vous de votre néant! Pour vous plus de soucis ni de fatigues, vous n'êtes plus; pour vous plus de malheurs, vous êtes morts. Oh! les morts, dansez![128]

Mais à frente, uma segunda dança tem início. Nela, a Morte, cúmplice compulsória de Satã, toca a rabeca para que os mortos acordem e se movimentem: "*Satan m'ordenne et un pouvoir dont je ne connais que la force m'enchaîne à sa volonté; les morts vont se réveiller.*"[129] Seus mestres acompanham sua performance e observam com tristeza o início dos eventos (*"Satan était immobile comme la statue du désespoir, regardant la plaine (...) Le fils de Dieu aussi avait la tête penchée sur sa robe (...) ses yeux étaient remplis de larmes d'argent (...) Rempli d'une melancolie sublime, pleine de mélodie et de chants de l'âme, il se taisait"*[130]).

---

125 "o céu cobre-se de nuvens escuras, corujas sobrevoam as ruinas e a imensidade se povoa de fantasmas e demônios"
126 "[eles] desfazem as mortalhas que a terra lhes colou sobre os ossos. "
127 "erguem-se, andam, dançam"
128 Dancem agora que estão mortos, agora que a vida e o sofrimento se foram com suas carnes. Vamos! Suas festas não terão mais o dia seguinte, elas serão eternas como a morte; dancem! Gozem do nada! Para vocês não haverá mais inquietações, nem fadigas, vocês não são mais; para vocês não há mais sofrimento, vocês estão mortos. Oh! Mortos, dancem! (*Idem, ibidem*, p. 2.)
129 "Satã me ordena e um poder do qual conheço apenas a força me agrilhoa à sua vontade; os mortos vão acordar. (*Idem, ibidem*, p. 47.)
130 "Satã estava imóvel como a estátua do desespero, olhando o prado (...) O filho de Deus, tinha a cabeça pendendo sobre sua veste (...), seus olhos estavam cheios de lágrimas de prata (...) Repleto de uma melancolia sublime, repleto de melodia e de cantos da alma, ele se calava" (*Idem, ibidem*, p. 54.)

No texto, a Morte, apesar de soberana sobre a vida (*"j'ai tout fauché, abattu, brisé, trônes, peuples, empereurs, pyramides, monarchies"*[131]) é mostrada como uma figura abatida, fatigada (*"Quand donc, oh Dieu, dormirai-je à mon tour? quand pourrai-je, comme un fossoyeur, m'endormir sur mes tombes?"*[132]). Ela não é o esqueleto, tampouco uma entidade abstrata, mas sua caracterização não é exata; ela parece um tipo de transi, um corpo sem carne, de pele lívida e de cor terrosa, cabeça quase limpa, não fossem algumas mechas resistentes de cabelo ruivo, de olhos firmes e devoradores – mas de voz doce e cansada.[133]

Nessa segunda dança, retoma-se a referência padrão do tema com uma diferença importante: os personagens já estão mortos e são acordados, passando a agir exatamente como estavam no momento em que morreram. Saídos da terra, confusos, encontram a Morte, que lhes chama por sua antiga posição social. Em um cenário que lembra uma espécie de Inferno, um "deserto vermelho sem limites"[134], sob a vigilância oculta de Cristo e de Satã, misturam-se na cena diversas concepções antigas da morte além das danças macabras, como os *Ars Moriendi* (no pobre que é tentado e se volta ao diabo), os *revenants* e o Juízo Final. Aterrorizados e desejosos de voltar à vida, são todos conduzidos à ciranda, que todos iguala e todos carrega:

> Les morts dansaient et la longue file de squelettes tournait et tourbillonnait en un immense spirale qui montait jusqu'aux hauteurs les plus hautes et descendait jusqu'aux abîmes les plus profonds. Là, le roi donnait la main au mendiant, le prêtre au bourreau, la prêtresse à la courtisane, car tout se confondait dans cette égalité souveraine du néant. Les squelettes se ressemblaient tous; mendiants, souverains, jeunes et vieux, beauté et laideur, tout se confondait là; la danse était longue et la foule joyeuse.[135]

---

131 "Eu que tudo roubei, abati, quebrei, tronos, povos, imperadores, pirâmides, monarquias" (*Idem, ibidem*, p. 39.)
132 "Quando será minha vez de dormir, oh Deus? Quando poderei, como um coveiro, dormir sobre meus túmulos?"(*Idem, ibidem*, p. 45.)
133 *Idem, ibidem*, p. 53.
134 *Idem, ibidem*, p. 54.
135 Os mortos dançavam e a longa fila de esqueletos girava e rodopiava em uma imensa espiral que subia até as mais elevadas alturas e desciam aos abismos mais profundos. Ali, o rei dava a mão ao mendigo, o padre ao carrasco, a sacerdotisa à cortesã, pois tudo se confundia na igualdade soberana do nada. Os esqueletos pareciam-se; mendigos, soberanos, jovens e velhos, beleza e fealdade, tudo se confundia ali; a dança era longa e a multidão alegre. (*Idem, ibidem*, p. 77.)

Para que não se credite esse retorno das danças macabras no século XIX apenas aos poetas franceses, até mesmo *Sir* Walter Scott escreveu a sua. O escritor romântico britânico mais conhecido no continente europeu à sua época, foi um profundo estudioso da história da Escócia, colecionando exemplares de baladas populares que publicou com o título de *Minstrelsy of the Scottish Border*,[136] em 1803. Foi muito influenciado pela vertente medievalista da literatura romântica do fim do século XVIII, em especial pelos romances góticos, com os quais aprendeu a misturar informações históricas verídicas com ficção, em uma linguagem agradável ao leitor.[137] De sua curiosidade pela Idade Média, é possível que tenha tido contato com a arte macabra, a ponto de intitular um poema seu de 1815 como *The dance of death*. Formalmente, o texto em nada lembra os poemas medievais, tendo já a estrutura das danças românticas. O pano de fundo é político; o poeta canta o campo de batalha, aludindo a uma série de batalhas, como as de Quatre-Bras e Waterloo, ambas em junho daquele ano, mas também à batalha de Flodden, em 1513.

O ambiente bélico, o ataque inimigo inesperado, as frias noites passadas nos fronts, parecem ser propícias para o aparecimento de entidades fantasmagóricas que anunciam a morte. É quando sons quase indistintos se propagam na escuridão - o barulho do casco de um corcel que se aproxima, *"the frequente clang of courser's hoof"*[138] (quem o cavalga? Provavelmente a Morte, cavaleira e indomada, como nos Triunfos), ainda inaudível ao sentinela, que tampouco percebe a chegada de invisíveis vultos. De súbito, como meteoros, os fantasmas se revelam em uma ciranda ruidosa, condenando todos que estão a sua volta:

> Wild as marsh-born meteors glance,
> Strange phantoms wheeled a revel dance,
> And doomed the future slain.[139]

A visita se repete nos acampamentos, prenunciando a tragédia do confronto final: um bando de espectros que, de mãos dadas, dançam em círculo, em turbulenta folia:

---

136 "Cancioneiro dos Menestréis da Fronteira Escocesa"
137 Vaillant, Dictionnaire du Romantisme, 2012, p. 684, verbete " Walter Scott".
138 "o bater frequente do casco do corcel"
139 "Ferozes como o brilho dos meteoros nascidos do pântano,/Estranhos fantasmas cirandaram em uma dança ruidosa,/E condenaram o futuro morto." (Scott, 1869, p. 482.)

An indistinct and phantom band,
They wheeled their ring-dance hand in hand,
With gesture wild and dread.

(...)

And still their ghastly roundelay
Was of the coming battle-fray
And of the destined dead.[140]

Criações oitocentistas

Apesar dos casos em que o modelo medieval das danças macabras é citado, o século XIX também produziu obras que ressignificaram o tema. Esses exemplares, mesmo fazendo referência à tópica original (e, nesse sentido, cabe mencionar que muitos são intitulados "Dança macabra" ou "Dança dos mortos"), modificaram completamente seu conteúdo. A narrativa, via de regra, se passa, agora, em um cemitério. Ao som das badaladas da meia-noite, os cadáveres saem de suas sepulturas para confraternizar – e não mais como agentes da morte, para encaminhar os vivos a óbito. Já quase não há, aliás, vivos – estes, quando presentes, assumem o papel de espectadores, espécies de testemunhas de eventos tétricos, registrados pelo relato que se lê. Essas danças perdem o caráter didático, pedra de toque das danças de antanho. Seu objetivo não é mais mostrar os representantes da sociedade, nem mesmo atentar sobre a universalidade e a inesperabilidade do fim -, seu enfoque é o encontro dos mortos e seus caracteres fantasiosos e terroríficos (brumas, defuntos que voltam à vida no meio da escuridão da madrugada, etc).

Emblemática dessa nova configuração é *Der Totentanz*, de Goethe (citada, aqui, em sua tradução para o inglês, *The dance of death*). Escrita em 1813, provavelmente inspirou muitos outros autores a recorrerem ao imaginário das danças. Na balada goethiana, ao repicar dos sinos à meia-noite, em um cemitério conjugado a uma igreja, sob a intensa luz prateada da lua, os cadáveres de homens e mulheres acordam e se levantam, abrindo suas sepulturas. Suas mortalhas bran-

---

140 "Um indistinto e fantasmagórico bando,/Eles giravam sua ciranda de mãos dadas,/ Com selvagens e pavorosos gestos. (...)E, ainda, sua pavorosa cantiga/Tratava da batalha vindoura/e dos destinados a morrerem." (Scott, 1869, p. 483.)

cas como a neve se arrastam no chão. Um guarda a tudo assiste, do alto de uma torre "de ornamentos góticos":

> The warder looks down at the mid hour of night,
> On the tombs that lie scattered below:
> The moon fills the place with her silvery light,
> And the churchyard like day seems to glow.
> When see! first one grave, then another opens wide,
> And women and men stepping forth are descried,
> In cerements snow-white and trailing.[141]

Jovens e velhos, pobres e ricos: estão todos ansiosos para o começo da festa. Eles esticam os tornozelos e rodopiam alegremente (*"In haste for the sport soon their ankles they twitch,/ And whirl round in dances so gay;/ The young and the old, and the poor, and the rich"*[142]). As mortalhas atrapalham seus movimentos e como já não se sentem constrangidos por seus corpos, eles se balançam e os panos caem sobre os túmulos (*"But the cerements stand in their way;/ And as modesty cannot avail them aught here,/ They shake themselves all, and the shrouds soon appear / Scattered over the tombs in confusion."*[143]).

Livres de seus trajes mortuários, podem agitar as pernas e as coxas. Um marca o ritmo com batucadas; outros, tocam chocalho. É essa imagem do *rendez--vous* macabro, sem intenção segunda além do divertimento dos mortos, a novidade que encerra o poema. Não há lição a ser aprendida ou moral a ser ensinada. A algazarra se torna cenário para o conflito que se dá entre o guarda e um dos defuntos, que tem seu sudário roubado por aquele. Aqui, vê-se que a intromissão do único vivo presente à cena é fatal. Diferente das danças medievais que impres-

---

141 "O vigia olha para baixo à meia-noite,/Para as tumbas que ali jazem espalhadas: /A lua preenche o lugar com sua luz prateada,/E o cemitério parece brilhar como o dia./Quando vê! primeiro um túmulo, então outro se abre/E mulheres e homens os deixando são avistados, /Em mortalhas brancas como a neve que são arrastadas." (Goethe, 1874.)
142 "Na ânsia pelo esporte, logo seus tornozelos se movem, / E rodopiam em tão alegres danças; / Os jovens e os velhos, e os pobres e os ricos"
143 "Mas as mortalhas ficam no caminho;/ E como a modéstia não lhes pode conferir vantagem alguma aqui,/ Agitam-se todos, e os sudários logo aparecem / Espalhados tumultuosamente sobre os túmulos"

cindem da participação dos vivos, Goethe mostra que no novo festim dos mortos não há espaço para eles.

É de se supor que o poeta alemão conhecia as danças macabras medievais e teria até mesmo tido contato com elas. Segundo Henri Stegemeier, em carta escrita em Berna para Johann Heinrich Merck, de 17 de outubro de 1779, Goethe conta que viu as gravuras de Hans Holbein na Basiléia – apesar de não articular mais nada a respeito, nem mesmo mencionar a famosa dança pintada naquela cidade.[144] É interessante que, apesar disso, seu poema não lembre em nada a estrutura da dança de Holbein, sequer de outras obras do gênero:

> If we need attempt some explanation for this, it is as simple perhaps as to say that Goethe was merely following the tastes and trends of the age itself, in wich the influence of the Totentanze has died out (...) there seems to have been little or nothing in the powerful presentation of the theme in art or literature wich appealed to Goethe.[145]

Em outra carta, desta vez a Christiane Vulpius, sua esposa, enviada de Dresden em 21 de abril de 1813, Goethe conta que teria feito versos inspirado por uma *"Todtentanzlegende"* que seu cocheiro havia lhe contado alguns dias antes, e enviava o poema a seu filho August, apenas 5 dias depois. Uma cópia fora mandada também ao Príncipe Bernhard de Weimar, a quem ele dedicava a balada. De acordo com Stegemeier, a tal história contada pelo empregado provavelmente misturava elementos do folclore alemão (lendas da Boêmia e da

---

144 Na verdade, a dança do convento dominicano da Basiléia foi totalmente destruída em 1805; no entanto, era uma obra bastante conhecida do gênero e atração turística da região, a ponto de ter diversas réplicas em exposição. Ficava em um muro interno do cemitério e, apesar de derrubada, sobraram muitas reproduções e descrições, em manuscritos e impressos. Diz-se que Hans Holbein teria se impressionado tanto com seu tema e sua monumentalidade que se inspirou para fazer tanto seu Alfabeto da morte quanto os Simulacros. Ver a seguir, no capítulo 4.
145 "Se precisarmos tentar alguma explicação para isso, é talvez simples como dizer que Goethe seguia meramente os gostos e as tendências da própria era, em que a influência do Totentanze desapareceu (...) parece ter havido pouco ou nada na poderosa apresentação do tema, na arte ou na literatura, que tenha sido atrativo para Goethe." (Stegemeier, 1949, p. 582 e 587). O autor atenta para o fato de que, apesar de frequentemente comentar seu trabalho em cartas, diários e outros documentos pessoais, a Totentanz de Goethe foi mencionada pelo autor apenas nas cartas citadas. Assim, são elas as únicas fontes de informações sobre sua produção.

Turíngia, eventualmente) com contos da tradição oral sobre fantasmas, mortalhas roubadas e mortos que dançam.[146]

"*The antologies do not often include Goethe's* Totentanz; *yet it is certainly one of his finest ballads with its many effective contrats (lights and darks, humor and tragedy, reality and supersitition and imagination, horror and drollery)*",[147] comenta ainda Stegemeier.[148] O valor do poema, apesar de não figurar nas antologias, parece ter sido reconhecido, ao servir de inspiração assumida para vários compositores,[149] entre eles, Franz Liszt, cuja *Totentanz* é, seguramente, uma de suas composições mais conhecidas. Curiosamente, a peça de 1838, tem como base a melodia do hino gregoriano de *Dies Irae*, sobre o Julgamento Final, ou seja, se nem a balada goethiana se referia às danças macabras propriamente ditas, o mesmo ocorria com o trabalho de Liszt.

Assim como no modelo inaugurado por Goethe, outras obras aparecem sob o título ou a premissa dessa nova "dança macabra". Uma delas se tornou muito conhecida por ter gerado, também por sua vez, um poema sinfônico composto por Camille Saint-Saëns. Trata-se da *Danse Macabre*, do simbolista Henri Cazalis. O texto, de 1874, é de extraordinária musicalidade, tanto no ritmo dos versos quanto nas onomatopéias. Neste caso, temos a presença da morte e de seus companheiros esqueletos. Em uma madrugada de inverno, à meia-noite, ela surge, tocando seu violino, com um *air de danse*, acordando os mortos:

> *Zig et zig et zig, la mort en cadence*
> *Frappant une tombe avec son talon,*
> *La Mort à minuit joue un air de danse,*
> *Zig et Zig et Zag, sur son violon.*[150]

---

146 Stegemeier, 1949, p. 582.
147 "As antologias não costumam incluir o Totentanz de Goethe; Contudo, é certamente uma de suas melhores baladas, com seus muitos e eficazes contrastes, (luzes e sombras, humor e tragédia, realidade e superstição e imaginação, horror e brincadeira)"
148 Stegemeier, 1949, p. 584.
149 Stegemeier ainda cita K.F. Zelter, C. Löwe, B. Klein, O. Ludwig, W.H. Veit, L. Berger, V. A. Loser. (1949, p. 584.)
150 Zig e zig e zig, a morte em cadência / Batendo em uma tumba com seu calcanhar, /A Morte, à meia-noite toca uma melodia de dança, / Zig e Zig e Zag, em seu violino. (Danse Macabre, 1879, p. 2.)

Eles levantam, "*courant et sautant sous leurs grand linceuls.*"[151] O baile animado faz com que seus ossos se choquem ("*On entend claquer les os des danseurs*"[152]). Cazalis retoma o tema da igualdade de todos diante da morte: os esqueletos se misturam e se divertem sem distinção. A antiga madame se entrega lascivamente a um artesão, enquanto um rei saltita alegremente com um camponês; todos se dão as mãos e formam círculos. "*Et vive la mort et l'égalité!*"[153] – proclama o último verso. A sarabanda termina de súbito, os mortos fogem ao cantar do galo.

Tendo a referência do texto de Cazalis, Camille Saint-Saëns desenvolve sua *Danse Macabre* no mesmo ano de 1874. Essa é possivelmente uma das obras mais conhecidas produzidas no século XIX sobre o tema das danças. Ela começa com doze toques de harpa representando as batidas da meia-noite. Os solos de violinos fazem as vezes da Morte e o xilofone emula o bater de ossos que a coreografia dos esqueletos emite.

No caso de *El estudiante de Salamanca*, de Espronceda, publicado em *Poesías*, de 1840, o poeta espanhol evoca a dança dos mortos em três momentos. No início do poema, a cidade de Salamanca, "*insigne em armas y letras, / patria de ilustres varones, / noble archivo de las ciencias*"[154] é também palco de eventos fantásticos. Segundo as antigas histórias contavam, depois da meia-noite, momento em que todos descansam e que as torres das igrejas e o castelo gótico parecem fantasmas na paisagem, sob o céu sombrio e sem estrelas, nesta hora "*temerosas voces suenan / informes, em que se escuchan / tácitas pisadas huecas, / y pavorosas fantasmas / entre las densas tinieblas / vagan*".[155] Esses eram os sinais de que "*los muertos la tumba dejan.*" E foi em uma noite assim que se passou o drama do jovem conquistador Don Félix de Montemar, cujo desenrolar ocupa o seguimento do poema.

Na quarta parte, após matar em duelo o irmão de uma virgem que seduzira e que morreu de tristeza pela desilusão amorosa, Don Félix, o "*estudiante endiablado*", segue uma misteriosa e diáfana figura feminina por um devaneio de infinitas ruas e praças, castelos, templos e torres. Em seu caminho, ocultos sinos

---

151 "correndo e pulando sob as grandes mortalhas."
152 "Ouve-se bater os ossos dos dançarinos".
153 "E viva a morte e a igualdade!"
154 "insigne em armas e letras / pátria de ilustres varões / nobre arquivo das ciências"
155 "temerosas vozes soam / indefinidas, em que se ouvem / tácitas pisadas ocas, / e pavorosos fantasmas / entre as densas trevas vagam".

dobram e ao seu redor *"cien espectros / danzan con torpe compás"*[156], realizando passos de umas*"danzas grotescas"*, como um *"estruendo funeral"*. O funeral era o do próprio Félix, que vê a si mesmo, cadáver, sendo velado.

Por fim, uma vez mais os mortos retornam, agora para o casamento de Montemar com a indistinta figura de mulher. *"Lúgubres sonidos"*[157] aproximam--se, num crescendo, elevando-se acima do quebrar bravo do mar e de trovões que anunciam a tempestade. Sente-se o ruído de ossos batendo, o rangido de dentes e as pedras que se rompem – são as louças tumulares erguendo-se do chão em um *"pavoroso estallido"*.[158] Pouco a pouco a terra se abre e escutam-se os crânios que se chocam, *"ya descarnados y secos"*,[159] saírem de sua morada eterna com *"algazara y gritería"*: *"todo em furiosa armonía / todo em frenético estruendo, / todo em confuso trastorno, / todo mesclado y diverso."*[160] Mais de cem vultos aproximam-se do jovem conquistador espanhol, para testemunhar o tétrico enlace. O fantasma de Elvira lhe oferece sua mão, *"y era su tacto de crispante hielo / y resistirlo audaz intentó em vano"*, *"galvánica, cruel, nerviosa y fría, / histérica y horrible sensación"*.[161] A noiva anuncia a consumação da aliança *"¡Es esposo!"* – ao que reagem jubilosos os espectros: *"¡Es el esposo de su eterno amor!"* [162]

Ela afasta o véu que lhe cobre o corpo e o que Félix contempla lhe enche de pavor: *"uma sórdida, horrible cavalera"*[163]:

> El cariado, lívido esqueleto,
> los fríos, largos y asquerosos brazos,
> le enreda en tanto en pretados lazos,
> y ávido le acaricia en su ansiedad:
> la boca a Montemar, y a su mejilla
> la árida, descarnada y amarilla

---

156 "cem espectros / dançam em torpe compasso"
157 "Lúgubres sons"
158 "pavoroso estalo"
159 "já descarnados e secos"
160 "Algazarra e gritaria: tudo em furiosa harmonia/ tudo em frenético estrondo / tudo em confuso transtorno / tudo misturado e diverso"
161 "e era seu tato de crispante gelo / e resistir-lhe audaz tentou em vão", galvânica, cruel, nervosa e fria / histérica e horrível sensação"
162 "És o esposo de seu eterno amor!"
163 "uma sórdida, horrível caveira"

junta y refriega repugnante faz.[164]

Banhado em suor, o noivo resiste em vão – um misto de repugnância e volúpia inesperada se fundem nele diante das investidas: *"y cuanto más airado forcejea, / tanto más se le junta y le desea."*[165] Enquanto isso, os mortos festejam, como é de praxe, dançando, formando círculos em assombrosa energia:

> Y en furioso, veloz remolino,
> y en aérea fantástica danza,
> que la mente del hombre no alcanza
> en su rápido curso a seguir,
> los espectros su ronda empezaron,
> cual en círculos raudos el viento
> remolinos de polvo violento
> y hojas secas agita sin fin.[166]

A coreografia é cada vez mais louca, uma *"ronda frenética / que en raudo giro se agita (...) más cada vez se atropella, / más cada vez se arrebata, / y em círculos se desata / violentos más cada vez"*.[167] E, no meio dessa vertigem, o casal em um abraço sôfrego realiza suas bodas. Montemar, espremido nos braços lúbricos do horrível esqueleto, sente-se desfalecer: *"la flaca, vil materia / comienza a desmayar."*[168] Com a confusão do bailado que vem e vai dos mortos a sua volta, a ânsia lhe invade o corpo, o peito aperta, o olhos turvam, *"siente sus brazos / lánguidos, débiles"*[169], a fronte se inclina e ele morre.

O modelo goethiano aparece ainda em *La danse des morts*, de Gérard de Nerval, publicado postumamente, em 1855. De novo, temos as batidas da meia-

---

164 "O podre, lívido esqueleto,/os frios, longos e asquerosos braços,/o enredam enquanto em apertados laços,/ávido lhe acaricia em sua ansiedade:/a boca de Montemar e sua bochecha,/à árida, descarnada e amarela/junta e esfrega repugnante face." (Espronceda, 2014, p. 70.)

165 "e quanto mais alucinado força / tanto mais se aproxima e o deseja"

166 E em furioso, veloz redemoinho,/e em aérea fantástica dança,/que a mente do homem não alcança,/em seu rápido curso a seguir,/os espectros sua ronda começaram/ qual em círculos velozes o vento/redemoinhos de pó violento/e folhas secas agita sem fim. (Espronceda, 2014, p. 70-1.)

167 "ronda frenética / que em veloz giro se agita (...) mais cada vez se atropela / mais cada vez se arrebata, / e em círculos se desata / violentos mais cada vez"

168 "a fraca, vil matéria / começa a desmaiar"

169 "sente seus braços / lânguidos, débeis"

-noite e o cemitério: no conto, o narrador passa pelo local nesse exato instante. Ele ouve ruídos provenientes da tumba de um antigo menestrel e, repentinamente, se vê diante de seu espectro – de violão em punho, tocando e declamando. Na obra de Nerval, não são os cadáveres que retornam, mas seus espíritos que, não obstante, estavam nas sepulturas. Uma multidão de espectros sai ao chamado do músico, que evoca aqueles que morreram por amor. Alguns deles são convocados a contar suas histórias: uns foram assassinados (pela amada, por seu esposo ou pai); outros, condenados por crimes de amor, e há ainda aquele que se suicidou. Cada relato é recebido com uma saraivada de palmas, risadas e balbúrdia.

Ao fim, *"la blanche troupe flotta en cercle."*[170] E, assim que o relógio soou uma hora da madrugada, os espíritos se dispersam, voltando às suas covas.

O mesmo tipo de evento se passa no curto poema *La fête des morts*, de Auguste Brizeux, publicado pela primeira vez em 1855, em *Histoires poétiques*. Em uma estrofe de dez versos, o autor refaz a atmosfera das danças contemporâneas: é noite, os sinos dobram; para escapar do lamento dos toques, o narrador caminha para fora da cidade (*"Le glas tinte. J'ai fui bien loin dans les vallées / Pour échapper au cri des cloches désolées [...] Au muet firmament chaque étoile est éteinte"*).[171]

Esse afastamento da vida urbana é um prenúncio dos acontecimentos fantasiosos que testemunharia e o nevoeiro, *"bruillard"*, que ele encontra na saída prepara essa passagem, sugerindo um estado de confusão ou de incerteza, de entrada em uma atmosfera quase onírica – é de noite, o período em que toda a gente dorme. Ele pressupõe a entrada nos territórios afastados da vida e próximos da morte, como o cemitério – local que o narrador encontra e é caracterizado pelos salgueiros (que aparecem também na dança de Flaubert) e pelas tílias (presentes na dança de Cazalis). Dos primeiros, ele ouve o choro, das segundas, um murmúrio. O clima outonal, portanto fresco, colabora com a atmosfera fúnebre (*"C'est l'automne, / C'est la Fête des Morts lugubre et monotone!"*). Esta é a noite em que todos, *"en tumulte ont vidé leur cercueil."* Diante da cena, ele retorna à cidade onde todos repousam e ainda é escuro. Os sinos dobram outra vez.

---

170 "o grupo branco flutuou em círculo."(Nerval, 1855, p. 355.)
171 "As badaladas ressoam compassadamente. Fuji para bem longe no vale / Para escapar do grito dos sinos desolados [...] No firmamento mudo cada estrela está apagada". (Brizeux, 1860, p. 357. Todas as citações do poema são provenientes dessa referência.)

As danças macabras como sabás ou bruxaria

O título do poema de Brizeux, *La fête des morts*, sugere que os acontecimentos narrados se passam no Dia de Finados, que acontece em meados do outono, comemorado no dia 2 de novembro. O hábito de se reservar um dia para homenagear os mortos era já comum desde as culturas pagãs. Com a instauração do "dia de Todos os Santos", pelo Papa Gregório III (731-741 dC), no 1o de novembro, gradativamente Finados se vincula a esse feriado, passando a ser celebrado no dia seguinte (*"a celebração da festa dos Mortos é bem atestada a partir de cerca de 1030."*[172]) A cristianização da data fez com que fosse dedicada às orações aos mortos católicos. Na Baixa Idade Média, com a invenção do Purgatório, o "dia dos mortos" se especializa, sendo concebido como o momento ideal para se rezar pelas almas que lá se encontram, e para sua entrada rápida no Céu.[173]

Logo, por ser imediatamente anterior a Finados, a noite do dia de Todos os Santos seria também, no imaginário popular, bastante impregnada pelos espíritos dos mortos, sendo possível até mesmo o seu retorno - também uma reminiscência das crenças pagãs. Outras ocasiões do ano se mostrariam oportunas para essa abertura do mundo dos vivos aos falecidos, como o dia anterior ao de Todos os Santos – o 31 de outubro, conhecido como Samhain para os celtas. Essa festividade marcava o fim do verão; nessa *passagem* para a estação fria acreditava-se que os mortos poderiam transpor a barreira entre os mundos e *passar* brevemente ao convívio com os vivos.

Tais celebrações a Igreja sempre lutou por eliminar ou dominar. No caso do Samhain, ele é convertido em *All Hallows'Eve*, a véspera do dia de Todos os Santos.[174] Ainda assim, a festa sempre teve matizes confusos, que misturavam a devoção e a homenagem solene aos falecidos com os elementos característicos dos encontros pagãos, como danças, música, bebidas, orgias.

O sincretismo se revela ainda mais desconcertante quando se percebe, na convergência entre as práticas celtas e cristãs e as crenças da Idade Média anglo-saxã, a introdução de ingredientes de difícil rastreamento, como a presença de bruxas e feiticeiras no imaginário desses eventos. Pode-se supor que a manutenção do aspecto festivo e ritualístico se devesse às pessoas ligadas às antigas superstições (incluindo-se, aí, o retorno dos mortos) e que, perante a Igreja, eram hereges.

---

172 Schmitt, 1999, p. 194.
173 Simpson, Jaqueline. In: Howarth e Leaman, 2004, p. 174.
174 Gallery, Steven. In: Howart e Leaman, 2004, p. 174.

Como se sabe, em especial a partir do fim da Idade Média, o tema da bruxaria se tornaria uma verdadeira paranóia para o Ocidente. Dentro do repertório sobre o assunto, os *sabbats* ocupam posição privilegiada, pelo interesse que sempre despertaram.

"Sabá", a partir dos primeiros relatos da Inquisição sobre a existência de seitas heréticas no seio da cristandade (que, em geral, eram fruto da persistência das crenças pagãs), passava a denominar todo encontro ritualístico com o objetivo, supostamente, de profanar Deus e a Igreja. Com a construção da imagem da "feiticeira", e de seu desdobramento mais famoso, a "bruxa", a Inquisição reuniu indelevelmente o sabá e a bruxaria, tornado-os praticamente sinônimos. A "epidemia de bruxaria", conforme expressão de Michel Vovelle,[175] começa em 1482, com a publicação do *Malleus maleficarum*, do dominicano Jacques Sprenger, espécie de manual de reconhecimento, perseguição e punição de suas praticantes. Entre 1574 e 1621, o livro é inúmeras vezes reeditado[176] – não por acaso, coincidindo com os processos inquisitórios, que datam entre os séculos XV e XVII, resultando em uma grande produção de discursos sobre suas participantes ("uma verdadeira obsessão", segundo Franco Cardini,[177] tanto de persegui-las quanto de cria-las), gerando esteriótipos e sistematizando cada vez mais o imaginário relativo à bruxaria, que se tornava repleto de elementos fantasiosos (os vôos noturnos, o transmorfismo animal, o encontro com o diabo) e práticas consideradas maléficas (a antropofagia, os sacrifícios, o incesto, a zoofilia). As perseguições, com julgamentos longos e sentenças públicas, fizeram aumentar a curiosidade popular pelos eventos que supostamente teriam lugar nas reuniões das acusadas, que a Igreja nominou *sabás* na tentativa de enfatizar seu caráter não-cristão e, no limite, demoníaco. De acordo com Carlo Ginzburg:

> Bruxas e feiticeiros reuniam-se à noite, geralmente em lugares solitários, no campo ou na montanha. Às vezes, chegavam voando, depois de ter untado o corpo com unguentos, montando bastões ou cabos de vassouras; em outras ocasiões, apareciam em garupas de animais ou então transformados eles próprios em bichos. Os que vinham pela primeira vez deviam renunciar à fé cristã, profanar os sacramentos e render homenagens ao diabo, presente sob a forma humana ou (mais frequentemente) como animal ou

---

175 Vovelle, 1983, p. 285.
176 *Idem, ibidem*.
177 Cardini, 1982, p. 71.

semianimal. Seguiam-se banquetes, danças, orgias sexuais. Antes de voltar pra casa, bruxas e feiticeiras recebiam unguentos maléficos, produzidos com gordura de criança e outros ingredientes.

São esses os elementos fundamentais que se repetem na maior parte das descrições do sabá.[178]

Durante dois séculos e meio, o esteriótipo inquisitorial da bruxa e do sabá permaneceu imutável – mesmo que desacreditado e, muitas vezes alvo de chacota (como no caso de um autor elisabetano, Reginald Scot, que em seu *Discoverie of Witchcraft* (1584) cita diversas vezes o *Malleus Maleficarum* e outros manuais para expor o ridículo das descrições ali contidas. Segundo Georges Minois, "*os tratados de demonologia, que apresentam os sabás e os atos das feiticeiras sob forma de culto invertido, com uma imaginação delirante e verdadeiramente carnavalesca, são, para os seus adversários, inesgotáveis fontes humorísticas*"[179]). O tema finalmente parece ter sido desprezado pelo racionalismo iluminista, que via como barbárie e superstição tanto a crença em bruxas quanto a cruzada contra elas.

Praticamente esquecido no século XVIII, o sabá foi recuperado pelo Romantismo, que, curiosamente, aproximou sua imagem à das danças macabras, misturando seus elementos. A associação entre os sabás e as danças macabras nunca ocorreu na origem, mas, a partir de então, o retorno dos mortos para dançar e festejar não era mais visto como uma alegoria, que continha ensinamentos, mas como artimanha do Diabo (na *Danse des Morts* de Flaubert, como visto, é Satã quem faz os mortos dançarem) – que tem na bruxa sua fiel escudeira e agia sob seu intermédio nos encontros sabáticos.

Os autores criaram muitas vezes um novo tipo de dança macabra, um tipo de "dança infernal", na qual participam todos os personagens malditos das fabulações medievais. Seria possível encontrar feiticeiras, demônios, bodes e gatos pretos, comemorando e cometendo todo tipo de infâmia junto aos mortos, cadavéricos ou esqueléticos, até então, protagonistas das novas danças contemporâneas – e o caso mais exemplar provavelmente seja *A orgia dos duendes*, de Bernardo Guimarães. No poema bernardiano, dançam com os protagonistas mortos, capetas com rabos de macaco, diabos vestidos de roxo, lagartixas de rabo vermelho, um sapo gordo com chifres na testa, mil bruxas que chegam montadas em suas vassouras, mil duendes, entre outras figuras extraordinárias.

---

178 Ginzburg, 2012, p. 9.
179 Minois, 2003, P. 305.

Em outros casos, a própria Morte anuncia a dança como um sabá, promovendo essa aproximação, como na dança de Ducos du Haron: *"elle donnait le signal du sabbat."*[180] E mais à frente: *"D'heure en heure grandit le sabbat délirant."*[181] Na *Danse des morts* de Anatole France, os vivos são convidados a participar do "sabá" pelos cadáveres-músicos. (*"Cet orchestre si doux ne saurait convier / Les vivants au sabbat, et, pour mener la ronde, / Satan aurait vraiment bien tort de l'envier."*)[182]

Paul Verlaine também relaciona a noite em que os mortos saem da terra com o sabá: *"Un rhythmique sabbat, rhythmique, extrêmement / Rythmique."*[183] O poeta entitula seu poema sobre volta dos mortos de *Nuit do Walpurgis classique* (1867): uma referência tanto à segunda parte do *Fausto*, de Goethe (em que ocorre um encontro de bruxas em pleno *Walpurgisnacht*) quanto à celebração do Walpurgis – ou a noite de vigília para a santa Walpurga, nos países católicos (ela foi canonizada em um primeiro de maio, no século VIII, justamente para coincidir com a festa pagã de *Beltaine*). Comemorado exatamente seis meses antes de Samhain, na noite de 30 de abril, a festa marca a virada para a estação quente; tanto que a narrativa acontece em um *"soir d'été"*, em meio a um espaço florido de rosas, de vasta gramagem, castanheiras, plantas diversas, fontes jorrando água, estátuas de mármore e de bronze espalhadas pelo passeio – um jardim aristocrático, como aqueles projetados por André Lenôtre, o jardineiro da corte de Luís XIV:

> C'est plutôt le sabbat du second Faust que l'autre.
> Un rhythmique sabbat, rhythmique, extrêmement
> Rythmique. – Imaginez un jardin de Lenôtre,
> Correct, ridicule et charmant.[184]

---

180 "elle dava o sinal do sabá."
181 "A cada hora aumenta o sabá delirante."
182 "Esta orquestra tão delicada não saberia convidar / Os vivos para o sabá, e, para conduzir a roda, / Satã agiria mal se a invejasse."(France, 1873, p. 127.)
183 "Um sabá rítmico, rítmico, extremamente/ Rítmico." (Verlaine, 1867, p. 53.)
184 É muito mais o sabá do segundo Fausto que do outro. / Um rítmico sabá, rítmico, extrememente Rítmico. – /Imaginem um jardim de Lenôtre./ Correto, ridículo e encantador. (Verlaine, 1867, p. 53.)

Data também considerada mágica pela tradição pagã, que a comemorava com festas e banquetes (daí sua interpretação sabática pelo cristianismo), o *Beltaine* promovia o encontro entre vivos e mortos – tanto que, em Verlaine, a ambientação muda depois das batidas da meia-noite: "*Minuit sonne, et réveille au fond du parc aulique / Un air mélancolique, un sourd, lent et doux air*"[185], preparando a atmosfera para a entrada desses habitantes de outras instâncias. Ao longe, o narrador ouve a música de um intrumento de sopro que lhe enche a alma de medo; essa mesma melodia chama os espectros,"*des formes toutes blanches, Diaphanes*"[186], que se confundem umas às outras, em um movimento lânguido, "cheio de um desespero profundo". Em volta dos monumentos, elas dançam em ciranda ("*autour des massifs, des bronzes et des marbres / Très lentement dansent en rond.*"[187]). Diante da cena, o narrador se pergunta se a visão é obra de sua bebedeira (e de seus arrependimentos – seus próprios fantasmas) ou se os espectros de outrém estão lá realmente:

> — Ces spectres agités, sont-ce donc la pensée
> Du poète ivre, ou son regret, ou son remord,
> Ces spectres agités en tourbe cadencée,
> Ou bien tout simplement des morts?
>
> (...)
>
> N'importe! ils vont toujours, les fébriles fantômes,
> Menant leur ronde vaste et morne et tressautant
>
> Comme dans un rayon de soleil des atomes,
> Et s'évaporent à l'instant.[188]

---

185 "Soa meia-noite, e acorda atrás no parque palaciano / Uma melancólica melodia, uma surda, lenta e suave melodia"
186 formas totalmente brancas, Diáfanas
187 "ao redor das tumbas, dos bronzes e mármore/ Muito lentamente dançam em roda."
188 — Esses espectros agitados, são então o pensamento/Do poeta ébrio, ou seu arrependimento, ou seu remorso,/Esses espectros agitados feito turba cadenciada, /Ou simplesmente mortos? (...) Pouco importa! Eles continuam, febris fantasmas, /Levando a roda vasta e morna e estremecendo/Como em um raio de sol, os átomos/E se evaporam num instante. (*Idem, ibidem*, p.55.)

Quando o dia amanhece, as sombras evanescem. Nada mais resta, a não ser o "jardim de Lenôtre".

Os operadores das novas danças: a noite, o cemitério, o encontro dos mortos

Não obstante suas particularidade, é possível afirmar que a *Totentanz* de Goethe teria legitimado certos operadores que configurariam o novo modelo das danças macabras do século XIX, distinguindo-se, por meio deles, das obras medievais. Em linhas gerais, eles seriam, principalmente: 1) a noite, como o momento por excelência da volta dos mortos à terra; 2) o cemitério, o local em que os eventos ocorrem, 3) o encontro ou a festa, como o *leitmotif* do despertar dos mortos e de seu retorno temporário à terra.

Lapso de tempo dedicado ao descanso e ao sonho, a noite é cúmplice da fantasia. Por esse motivo, é o contrário do dia, tempo da ação burguesa, que é o trabalho. Para o homem vitoriano comum, a noite é feita para o descanso restaurador, que prepara para a labuta do dia seguinte. Para a imaginação romântica, não. É quando as sombras dominam que o inexplicável emerge, seja em sonho ou em devaneio. Fim da jornada, momento em que o sol se esconde, a escuridão é sua imagem: ausência de luz, ausência de vida: "*La nuit entre majesteusement dans les analogies de la mort*"[189], segundo Edgar Morin.[190] Nos versos da *Teogonia* de Hesíodo (VIII aC), a Noite é a mãe do Sono e da Morte. "*Ela, em muitos medos de outrora, entrava como componente considerável*", lembra J. Delumeau,[191] seja na poesia da Antiguidade, seja na Bíblia. Não é à toa que a volta de Cristo será marcado pelo fim das trevas, pela eterna claridade; Deus *é* luz, pela doutrina cristã. A falta dela é, por inflexão, território do mal, do Diabo: "*era graças à sombra que se desenvolvia, acreditava-se, a maior parte dos sabás, sendo solidários pecado e escuridão.*"[192]

A noite é a hora da confluência entre a calma, a tranquilidade e o repouso com o medo, as assombrações: "*tradicionalmente, a obscuridade convém às manifestações sobrenaturais mais inquietantes, as do diabo e dos demônios, as dos fantasmas*, explica Jean-Claude Schmitt, *a noite terrestre, propícia às aparições*

---

189 "A noite entra majestosamente nas analogias da morte"
190 Morin, 1997, 140.
191 Delumeau, 2009, p.139.
192 Delumeau, 2009, p.147.

mais inquietantes, é negra como o pecado; é negra como as trevas do Além, povoadas pelas almas privadas da iluminação de Deus."[193]Na Idade Média, "com raras exceções, os mortos aparecem à noite. *Nos sonhos, como convém. Mas também com muita frequência, a homens despertos: ao cair da noite, ao luar, à meia-noite ou ainda na segunda parte da noite.*"[194]

A despeito das superstições medievais, as danças macabras do século XV não fazem referência a um período específico para ocorrerem, pelo contrário, a narrativa em geral se passava num tempo-espaço indefinido. As obras iconográficas também não revelam nenhuma preferência, até porque a maioria dela sequer possui um pano de fundo que indique essa interpretação. Talvez se pudesse mencionar a dança da Basiléia que, por trás dos personagens, representa a cidade e os campos com uma luz que parece diurna, e a dança de Holbein na qual os vivos são solicitados em suas atividades cotidianas (de dia, portanto). Ou seja, mesmo nesses exemplos, têm-se a situação oposta à presumida.

Ao contrário da sociabilidade medieval que rejeita a noite e a escuridão ("*a noite é suspeita, pactua com os debochados, os ladrões e os assassinos*"[195]), os séculos modernos vão se acostumando a ela e tentam domá-la. Sabe-se que a iluminação pública nas cidades sempre foi uma preocupação, não apenas como preventivo aos crimes noturnos, mas como tentativa de prolongar as atividades comerciais e os serviços. No século XVIII do *Iluminismo*, a *luz* que venceria essa indesejável escuridão era questão central do planejamento urbanístico e começava a ser possível se manter nas ruas após o pôr-do-sol: ainda que perigosa, a noite saía do breu absoluto. É muito simbólico que o termo "notívago" em francês, *noctambule*, tenha sido registrado a partir de 1710, pela contração do latim *noctis* e *ambulare* – aquele que perambula de noite.[196]Em Paris, às vésperas da Revolução, cerca seis mil postes de iluminação a óleo estavam espalhados pelas áreas de maior circulação (ou seja, antes mesmo das reformas haussmannianas); em 1848, eram 2.600 postes a óleo e 8.600 lâmpadas a gás.[197] Portanto, a experiência do passeio noturno com certa segurança era já possível aos poetas do XIX frequentadores da capital francesa.

---

193 Schimitt, 1999, p. 198.
194 *Idem, ibidem.*
195 Delumeau, 2009, p. 149.
196 Paquot, 2000, p. 8.
197 Paquot, 2000, p. 8.

Além da ambientação extraordinária que promove, quando transportam a narrativa das danças macabras para a noite, não é de se estranhar que os poemas sejam contados ou tenham por testemunha o personagem que passeia e se depara com os mortos. Esses *flâneurs* das trevas representam os próprios poetas:

> [la nuit] distingue ceux qui dorment de ceux qui veillent, ces derniers, inquiets, parce que passionés, triturent la nuit de leur folles amibitions (...) Celui, ou celle, qui souhaite aller à contre-temps des autres, considère la nuit comme un jour particulier et le jour comme un sommeil à oublier. Ce temps inversé se veut une contestation de l'ordre bourgeois, douillet, hypocrite et répétitif.[198]

Essa inversão, característica dos Românticos, impregna a alma do poeta, que opta por viver no e falar do mundo dos mortos – cujo tempo é a noite. Daí as danças macabras serem feitas com o tom do relato e não da alegoria medieval.

E todas se passam à noite: "*Oh! la belle nuit*", como diria a dança de Cazalis. Em geral, as ações têm início com o repicar das doze batidas dos sinos das igrejas. Hélène e Bertrand Utzinger relembram a importância desses objetos na rotina do medievo: "*Les cloches ponctuent la vie ordinaire et les phénomènes rares. Elles réveillent l'home, indiquent l'heure du repas et celle du repos. Elles sonnet pour la naissance et la mort, elles tintent pour le feu et la misère. On connaît leur nom et leur chant, on les baptise et on les appelle par leur nom.*"[199]

"*Les glas tinte*", é como começa o poema de Brizeux. "*Minuit sonne*", na *Nuit du Walpurgis Classique*, de Verlaine. Na *Danse des Morts* de Nerval: "*je cheminais au milieu des rêveries et de l'effroi qui vous assaillent à minuit.*" E na de Cazalis: "*La mort à minuit joue un air de danse.*" Flaubert inicia seu poema em prosa evocando os mortos à meia-noite: "*À la danse quand minuit sonne!*" Toda a ação do poema de Espronceda acontece no período noturno, e o apare-

---

198 [a noite] distingue os que dormem dos que vigiam, estes últimos, inquietos, pois apaixonados, trituram a noite com suas loucas ambições (...) Aquele ou aquela que deseja ir à contracorrente dos outros, considera a noite como um dia especial e o dia como um sono a ser esquecido. Esse tempo invertido quer ser uma contestação à ordem burguesa, melindrosa, hipócrita e repetitiva. (Paquot, 2000, p. 9-10.)

199 "As badaladas pontuam a vida comum e anunciam os fenômenos raros. Acordam o homem, indicam a hora da refeição e do descanso. Os sinos tocam pelo nascimento e pela morte, batem pelo fogo e pela miséria. Conhecemos seus nomes e cantos, nós os batizamos e chamamos por seus nomes. " (Utzinger, 1996, p. 231.)

cimento dos mortos, sempre depois da meia-noite (*"Era más de media noche"*, diz o primeiro verso).

Fonte isolada de claridade, a lua é o único astro a iluminar o encontro dos mortos: *"la lune vous éclaire, quel plus beaus lustre?"* pergunta o narrador na *Danse des Morts* de Flaubert; *"il fasait un brillant clair de lune"* na de Nerval. *"La lune d'un soir d'été sur tout cela"*, na noite de Walpurgis de Verlaine.

A noite, fase inescapável da jornada, é metáfora para a morte: o fim do dia, o fim da vida. É a percepção do mundo como prolongamento do próprio homem, a Natureza como projeção, nela se refletindo a condição humana. O apodrecimento dos frutos, as flores que murcham, as folhas que secam, o crepúsculo, o frio, remetem à decadência do corpo. *"Les fruits tombent, les germes lèvent: c'est l'image de la loi vivante qui régit l'univers"*[200], diz Albert Béguin,[201] tal como no poema de Charles Hubert Millevoye sobre a queda das folhas (*"chaque feuille qui tombe, / je vois un présage de mort"*).[202]

Em uma carta que Novalis escreve a Schiller, em 1794, lê-se sobre o fim do outono, anunciador do inverno e também da morte: *"la féconde maturité à se changer en décomposition, et pour moi la vue de la nature lentement mourante est presque plus riche, plus grande que sa floraison et son éveil au printemps..."*[203]. Com o mesmo sentido, na *Fête des morts*, de Auguste Brizeux, a estação que substitui o verão se relaciona diretamente com os festejos de Finados: *"C'est l'automne, / C'est la Fête des Morts lugubre et monotone!"*[204] Na dança de Cazalis, *"Le vent d'hiver souffle, et la nuit est sombre."*[205] Na *Danse de Morts*, de Flaubert, a gélida noite invernal é a própria Morte que se anuncia: *"La nuit, l'hiver, quand la neige tombe lentement comme des larmes blanches du ciel, c'est ma voix qui chante dans l'air et fait gémir les cyprès en passant dans leur feuillage."*[206]

---

200 As frutas caem, brotam os germes: é a imagem da lei viva que rege o universo"
201 Béguin, 1939, p. 120.
202 "a cada folha que cai, / vejo um presságio da morte" (In Larmand, 1910, p. 95.)
203 "a fecunda maturidade transformando-se em decomposição e, para mim, a visão da natureza morrendo lentamente é quase mais rica e maior que sua floração e seu despertar na primavera..." (apud Béguin, 1939, p. 37.)
204 In: Larmand, 1910, p. 127.
205 "O vento do inverno sopra, e a noite é escura."
206 "À noite, no inverno, quando a neve lentamente cai como brancas lágrimas do céu, é minha voz que canta no ar e faz gemerem os ciprestes ao passar por entre suas folhagens."

A dança dos mortos no século XIX tem, então, hora, a meia-noite, e local, o cemitério – a despeito de suas correlatas medievais, que nunca indicavam de onde saíam e para onde voltavam os mortos.[207] Mas a necrópole oitocentista já diferia sobremaneira dos antigos e caóticos campos-santos medievais, conjugados às Igrejas e claustros – que recebiam em seu espaço interno as sepulturas da elite aristocrática e clerical – (ou ainda, próximos às relíquias de santos, *ad sanctos*) e nos quais as fossas comunais ocupavam os espaços principais.

> Na Idade Média, o cemitério era um lugar público, um lugar de encontro e de jogo, apesar dos ossos expostos nos ossários e do afloramento de pedaços de cadáveres mal encobertos. (...) A coexistência no mesmo local, no cemitério medieval, dos enterros e das reuniões públicas, das feiras ou comércios, das danças e jogos mal afamados, já indicava que não se devotava aos mortos o mesmo respeito que hoje achamaos lhes ser devido. Vivia-se com eles numa familiaridade que hoje nos parece quase indecente.[208]

Mais parecido com uma praça, o cemitério medieval não era, definitivamente, *"un lieu enclos, civilisé et dominé. De jour, il demeure sale, négligé, parcouru de vivants – bêtes et gens – et le choses ne changeront pas de sitôt."*[209] Mas seu caráter insalubre foi se tornando insuportável com o passar dos séculos e o consequente crescimento das cidades. A superlotação dos terrenos era intolerável ao discurso Iluminista, que associava o amontoado de mortos à uma ameaça iminiente à saúde pública. Na *Encyclopédie* de Diderot e D'Alembert, lê-se no verbete "Cimetière": *"Lorsqu'un cimetière a été pollu par effusion de sang ou par quelque autre scandale, il faut le réconcilier"*[210]- os fluidos corporais que contaminam o terreno eram "escandalosos."

O édito real, assinado por Luís XVI na França, em 10 de maio de 1776, interditando as sepulturas dentro das Igrejas e das cidades foi simbólico nesse

---

207 Na dança de Holbein já ocorre essa indicação nas primeiras gravuras, que mostram os esqueletos saindo animadamente dos ossuários – imagem replicada em obras influenciadas por ela.
208 Ariès, 2003, p. 181, 204.
209 "um local cercado, civilizado e dominado. Durante o dia, permanece sujo, negligenciado, percorrido pelos vivos – animais e pessoas – e as coisas demorarão a mudar." (Vovelle, 1983, p. 160.)
210 "Cemitério": "Quando um cemitério foi profanado pela efusão de sangue ou por outro escândalo, é necessário reconciliá-lo." (Encyclopédie, 1765, p. 453.)

sentido. Nas décadas de 1770 e 1780, o mesmo ocorre sob Gustavo III na Suécia, Joseph II na Áustria, Catarina II na Rússia, Carlos III na Espanha, todos proibindo os enterros intramuros – o que mostra um movimento generalizado de afastamento das necrópoles, consideradas agora focos de podridão e contágio. A destruição do cemitério de Saints-Innocents, o principal de Paris, de 1785 a 1787 foi também um marco,

> de onde se retiraram mais de dez pés de terra infecta de despojos de cadáveres, onde se abriram quarenta ou cinquenta fossas comuns das quais se exumaram mais de 20.000 cadáveres com seus esquifes, de onde se transportaram para as pedreiras, batizadas de catacumbas pelas circunstâncias, mais de 1.000 carroças de ossadas. Imaginemos oito a nove séculos de mortos tirados de uma sepultura que muitos escolheram com devoção em seu último momento (...) [211]

Novos terrenos eram disponibilizados para a realização de enterros *extramuros*, maiores, mais organizados, distante dos centros e, mais importante, das Igrejas. As administrações locais, seculares, assumem a gestão dos novos cemitérios, completando seu processo de laicização no fim do século XVIII. Os antigos cemitérios intramuros, adjacentes às igrejas, ou *ad sanctos*, eram então desocupados e destruídos, e os ossos levados à criptas e catacumbas, ou às novas propriedades. Divididas de maneira "racional", essas contavam com um grande espaço designado às valas dos pobres – projeto que substitui as antigas fossas comunais – que já não seriam mais enterrados uns sobre os outros, mas uns ao lado dos outros, individualmente. O restante do terreno, financeiramente mais importante, era

---

211 Ariès, 2003, p. 207.

dividido em lotes que poderiam ser adquiridos em concessão perpétua.[212]Nesse espaço, era garantido à família compradora o direito de construir em sua propriedade o que desejasse, lápides e monumentos de sua preferência.

Desse processo, emergeriam as grandes necrópoles urbanas que nascem no século XIX e que caracterizam a "era de ouro dos cemitérios", quando os pequenos cemitérios paroquiais são substituídos por um grande cemitério geral, às margens das cidades. São exemplos o Père-Lachaise (1800), o de Montmartre e de Montparnasse (ambos de 1804) em Paris, a Necrópolis de Glasgow (1833), Mount Auburn, em Boston (de 1831, o primeiro de uma série por todos os Estados Unidos[213]), All Saints (1831) e Abney Park (1840), em Londres, o Central de Viena (1874).

A possibilidade de se erigir monumentos funerários nas campas transforma a imagem da necrópole, a partir de agora repleta de tumbas, capelas funerárias, efígies e estátuas, além de belos arranjos paisagísticos, com árvores e plantas, inaugurando o conceito de *cemitério-jardim*. Local apropriado para o encontro com

---

212 L'inégalité reste toujours dans la mort. Le double du pauvre reste humilié, accablé, lumpen-prolétaire de l'au-delà, tandis que le roi a le sort des dieux, et le grand celui des héros. Elle se manifeste toujours dans les villes-nécropoles comme dans nos Père-Lachaise où sont séparés les splendides mausolées des pierres tombales nues, les "gros morts", des petits morts. La maison du mort est reflet de la maison du vivant. La concession à perpétuité dresse une immortalité qui veut s'affirmer éternellement, tandis que la fosse commune recueille ceux qui n'auront dans la mort même pas cet embryon de vie personnelle qu'ils pouvaient dérober de leur vivant. Celui dont la vie individuelle a été ignorée ou niée n'aura pas de tombe: qui n'a pas de propriété n'a pas de survie. Le criminel, le traître, l'impie, le vagabond, n'ont pas plus le droit de survivre que de vivre. (A desigualdade permanece na morte. O duplo do pobre continua humilhado, oprimido, subproletário do além, ao passo que o rei tem o destino dos deuses, e o grande, o destino dos heróis. Manifesta-se sempre nas cidades-necrópoles, como ocorre nos cemitérios ao estilo do Père-Lachaise, no qual estão separados os esplêndidos mausoléus dos túmulos nus, os "grandes mortos" dos pequenos mortos. A casa do morto é o reflexo da casa do vivo. A concessão à perpetuidade ergue uma imortalidade que busca se afirmar eternamente, ao passo que a fossa comum recebe aqueles que não terão na morte nem mesmo um embrião de vida pessoal que poderiam ter conseguido em vida. Aquele cuja vida individual foi ignorada ou negada não terá seu túmulo: quem não tem propriedades não tem sobrevida. O criminoso, o traidor, o ímpio, o vagabundo não tem mais direito de sobreviver do que tiveram de viver.) Morin, 1970, p. 155.

213 Na Filadelfia em 1836; Rochester, Baltimore e Worcester em 1838; Pittsburgh em 1844, Cincinatti em 1845; Louisville em 1848; Richmond em 1849 e Charleston em 1850. (Vovelle, 1983, p. 634)

os entes queridos enterrados ou com os despojos de personagens ilustres, transformou-se em espaço de lazer e passeio. Inaugurava-se assim, a idéia da *visita ao cemitério*, onde "moram" os que já se foram. Divididas em quadras, as necrópoles se configuram como versões estilizadas das cidades dos vivos, resumos simbólicos da sociedade, nos quais as hierarquias são separadas pelos terrenos de maior e menor valor e pelas construções mais ou menos exuberantes, que seus habitantes ocupam para o descanso eterno. *Le tombeau est une maison*, afirma Edgar Morin.[214]Enterrar os entes queridos e depois seguir assiduamente reencontrando seus despojos era, segundo P. Ariès, uma das consequências do medo da morte desenvolvido no século XIX:[215] a percepção do fim da vida como uma ruptura, como aniquilação total, se convertia em um apego profundo aos restos mortais do outro – na falta de uma continuidade *post-mortem*, isso era tudo o que havia – e o desejo de prolongar sua presença na terra para além de seu desaparecimento.

Os românticos não ficaram alheios à essa transformação dos cemitérios, tanto visual quanto simbólica, e utilizavam-no como cenário de suas obras, mostrados como portais para a reunião com os que se foram, decorados pelos mais diversos monumentos que os homenageam, além de cobrirem seu corpos putrefatos, seus esqueletos ou mesmo seus espíritos sobre a terra – como na abertura da *Comédie de la mort*, de Gautier: "*Mes vers sont les tombeaux tout brodés de sculptures, / Ils cachent un cadavre, et sous leurs fioritures / Ils pleurent bien souvent en paraissant chanter.*"[216] Ou ainda, em *Bouchers et Tombeaux*, quando os esqueletos que saem de suas tumbas, "*Dans le marbre, joyeusement / Amours, aegipans et bacchantes / Dansaient autour du monument.*" [217]Mesmo em um cenário de sonho, os mortos do poema de Espronceda saem da terra, abrindo caminho, quebrando "*las losas del pavimiento*", como se estivessem sob sepulturas. O narrador da dança de Nerval caminhava diante do cemitério quando vê as tumbas se abri-

---

214 Prossegue o autor: En tant que maison du mort, il correspond aussi et surtout à la survie postmortelle du double, qui, de même que le vivant, doit avoir un domicile. (Enquanto casa do morto, o túmulo corresponde também, e sobretudo, à sobrevivência pós-mortal do duplo, que, ao mesmo tempo que o vivo, deve ter um domicílio.) Morin, 1997, p. 139.
215 Ariès, 2003, p. 210.
216 "Meus versos são as tumbas bordadas de esculturas, / Elas escondem um cadáver e sob seus floreios / Choram muitas vezes parecendo cantar. "
217 "No mármore, alegremente / Cupidos, faunos e bacantes / Dançavam ao redor do monumento. "

rem ao chamado no menestrel. E no poema de Verlaine, eles *"autour des massifs, des bronzes et des marbres / Très lentement dansent en rond."*[218]

Nesse novo local de contemplação e de passeio, as plantas são tão presentes quanto as lápides. O cipreste decora o cemitério na *Danse des Morts*, de Flaubert, árvore muito plantada nas necrópoles urbanas depois da sua reestruturação. Em *La fête des morts* de Brizeux, os salgueiros e as tílias fazem parte do cenário (*"Les saules sont en pleurs, et des pâles tilleuls / Un murmure plaintif s'exhale."*[219]). *"Entre les fleurs et les acanthes"*[220], os mortos vêm à tona, no *Bouchers et Tombeaux*, de Gautier. *"Imaginez un jardin de Lenôtre"*, nos diz Verlaine, *"Des châtaigniers; des plants, de fleurs formant la dune"*[221], e ainda *"des rosiers e des ifs"*[222]. Na dança de Cazalis, *"des gémissements sortent des tilleuls"*.[223]

O terceiro fator de diferenciação entre as danças macabras medievais e as contemporâneas é a sua motivação. Nas primeiras, prevalece a função didática do encontro entre os mortos e os vivos – ensinar ao público das obras, fossem poéticas ou iconográficas, lições sobre a vida e ensinamentos para uma boa morte. Nas danças do século XIX, o papel pedagógico se perde, em detrimento do clima festivo da reunião de cadáveres. *"Ils vont toujours, les fébriles fantômes,/ Menant leur ronde vaste et morne et tressautant"*[224], no poema de Verlaine. Mesmo na dança de Nerval, em que os fantasmas só se encontram para trocar histórias, eles *"rirent joyeusement en choeur (...) la blanche troupe flotta en cercle"*[225]. No *Estudiante de Salamanca*, os mortos aparecem no funeral e no casamento de Félix, dançando freneticamente um *"torpe compás"*[226], a ponto de contribuírem para a perda de seus sentidos antes de falecer. Todo o poema de Cazalis tem o ritmo da dança dos esqueletos que *"vont à travers l'ombre, courant et sautant sous leurs grands linceuls"*.[227]

---

218 "em torno das tumbas, dos bronzes e mármores / Muito lentamente dançam em círculo."
219 "Os chorões estão em prantos, e das pálidas tílias / Um lamento exala"
220 "Entre as flores e os acantos"
221 "Castanheiras; plantas, flores formando a colina"
222 "roseiras e teixos"
223 gemidos saem das tílias
224 "Eles continuam, febris fantasmas, /Conduzindo a roda vasta e morna e estremecendo"
225 "riam alegremente em coro (...) o grupo branco flutuou em círculo".
226 Espronceda, 2014, p. 48.
227 "vão através da sombra, correndo e saltitando sob suas grandes mortalhas".

Uma variação do tema: a Morte vai ao baile

Os três operadores aparecem, em maior ou menor grau, nas danças oitocentistas. Contudo, no caso da *Danse macabre* de Baudelaire, publicada na segunda edição das *Fleurs du mal*, em 1861, temos uma importante inversão dessa proposta. Apesar do título, o poeta não emula uma dança macabra dos dois modelos anteriores, oferecendo, por sua vez, uma descrição de uma Morte coquete, que se arruma como uma dama e vai ao baile dos vivos – lá realizando sua fatal coreografia.

Baudelaire dedica o poema ao amigo e escultor Ernest Cristophe. Ele teria se inspirado em uma pequena estatueta em terracota de sua autoria (de 1859), de um esqueleto feminino ricamente vestido. Nos versos do poeta francês, a figura é a personalização da Morte que, mesmo lembrando as características daquela dos *Triunfos* (poderosa, segura) é também uma bela e terrível mulher. "Tão orgulhosa quanto uma pessoa viva" de sua postura nobre, mas desenvolta como uma coquete, ela segura com elegância um bouquet de flores, um lenço e suas luvas – tal como na estátua.

> Fière, autant qu'un vivant, de sa noble stature,
> Avec son gros bouquet, son mouchoir et ses gants,
> Elle a la nonchalance et la désinvolture
> D'une coquette maigre aux air extravagants.[228]

Trajando *"sa robe exagerérée de royale ampleur"*[229] que disfarça seus *"funèbres appais"*[230]; nos pés, punhado de ossos secos, um *"soulier pomponné, joli comme un fleur"*[231], e, sob o crânio um arranjo de flores, ela chega ao baile causando comoção: *"Vit-on jamais au bal une taille plus mince?"*[232], perguntam-se os convivas. Pois o que ela mostra, segundo o poeta, é *"l'élégance sans nom de l'humaine armature"*.[233]

Há os que não compreendem seus encantos, *"amants ivres de chair"*[234]:

---

228 Orgulhosa como estaria um vivo, por sua nobre estatura, /Com seu buquê, seu lenço e suas luvas, /Ela tem a indolência e o atrevimento / De uma sedutora magra com ares extravagantes (Baudelaire, 1861, p. 225.)
229 seu vestido exagerado de real grandeza
230 fúnebres atributos físicos
231 "calçado enfeitado, bonito como uma flor"
232 "Já se viu no baile, cintura mais fina?",
233 "a elegância sem nome de sua humana estrutura"
234 "amantes ébrios de carne"

> Pour dire vrai, je crains que ta coquetterie
> Ne trouve pas un prix digne de ses efforts
> Qui, de ces coeurs mortels entend la raillerie?
> Les charmes de l'horreur n'enivrent que les forts!²³⁵

Qual seria sua intenção? A Morte, penetra imprevista na "Festa da Vida" chega para atrapalhá-la ou para também gozar de seus prazeres?: *"Viens-tu troubler, avec ta puisante grimace / La fête de la Vie? (...) Te pousse-t-il, crédule, au sabbat du plaisir?"*²³⁶ Ela passeia por entre os participantes, *"inépuisable puîts de sottise et de fautes!"*²³⁷, "dançarinos prudentes" que a evitam ou que contemplam o *"sourire éternel des trente-deux dents"*²³⁸ com *"amères nausées"*²³⁹. A eles, a Morte declara: *"malgré l'art des poudres et du rouge / Vou sentez tous la mort!"*²⁴⁰ E quem são os vivos a quem a Morte se dirige, quem são os comensais do baile que ela invade? Toda a Humanidade, *"risible Humanité"*. Assim, *"au chant des violons, aux flammes des bougies"*²⁴¹, tem início *"le branle universel de la danse macabre."*²⁴²

Essa construção da morte que vai ao baile proposta por Baudelaire já aparece em outro autor que grande influência teve no poeta francês: o americano Edgar Allan Poe. Em *The masque of the Red Death*, de 1842, Poe coloca em cena uma Morte mascarada – e, cabe apontar, também na estátua de E. Cristophe que inspirou Baudelaire, o esqueleto segura uma máscara de rosto feminino. Se a imagem, de fato, representa a Morte que vai ao baile, pode-se pressupor que seria um baile de máscaras e que ela entra despercebida até revelar sua identidade. No entanto, a Morte, no conto de Poe, é uma figura masculina, uma representação

---

235 Para dizer a verdade, receio que teu charme/Não encontre recompensa correspondente aos seus esforços/Quem, esses corações mortais sabe gracejar? /Os charmes do horror inebriam apenas os fortes!
236 "Vens perturbar, com tua poderosa careta / A festa da Vida? (...) leva-te ela, crédula, ao sabá do prazer? "
237 "inesgotável poço de tolices e culpas! "
238 "sorriso eterno de trinta e dois dentes"
239 "náuseas amargas"
240 "apesar da arte da maquilhagem e do batom / Todos vocês exalam a morte! "
241 "ao canto dos violinos, à chama das velas"
242 "o movimento universal da dança macabra. "

pouco usual nos territórios de línguas latinas. Assim é como ela também aparece nas gravuras da *Todtentanz*, do alemão Ferdinand Barth, de 1866.

O texto começa recriando as condições de uma epidemia fulminante, aos moldes da peste negra do século XIV - ainda que não haja indicação sobre o espaço-tempo exato no qual se desenrola a história. Os sintomas do bacilo inventado por Poe eram os mesmos daquele que dizimou um terço da população européia no fim da Idade Média – mas seu ataque, muito mais feroz, em menos de duas horas, a vítima entrava em óbito:

> No pestilence had ever been so fatal, or so hideous. Blood was its Avatar and its seal –the redness and the horror of blood. There were sharp pains, and sudden dizziness, and then profuse bleeding at the pores, with dissolution. The scarlet stains upon the body and especially upon the face of the victim, were the pest ban which shut him out from the aid and from the sympathy of his fellow-men. And the whole seizure, progress and termination of the disease, were the incidents of half an hour. [243]

Na tentativa desesperada de escapar do contágio que assola o território onde vive, o príncipe Próspero encerra-se com sua corte em uma antiga abadia, cujo prédio a ele pertence. O que parece ser de um egoísmo sem análogo era, na verdade bastante comum em tempos de Peste Negra. Sabe-se que os nobres ou a elite urbana retiravam-se dos vilarejos em que um surto epidêmico se aproximava, antes que eles fossem fechados e a população pobre obrigada ao confinamento. Há inúmeros casos em toda a era moderna, ou seja, durante todos os séculos em que a epidemia se manifestou, passando de cidade em cidade e espalhando o terror de uma morte medonha e repugnante por toda a Europa. Eram momentos de desespero extremo: *"Um projetor de alta potência era repentinamente apontado para os homens, desmascarando-os sem piedade: muitos pareciam covardes e odiosos"*,[244] comenta Jean Delumeau em seu estudo sobre a história do medo no Ocidente.

---

243 "Nenhuma pestilência jamais havia sido tão fatal, ou tão hedionda. O sangue era seu Avatar e seu selo - a vermelhidão e o horror do sangue. Havia dores agudas e tonturas súbitas, e depois profusão de sangramento dos poros, culminando no óbito. As manchas escarlates no corpo e especialmente na face da vítima eram o banimento da peste que o afastava da ajuda e da simpatia de seus semelhantes. E o processo todo de acometimento, progresso e fim da doença, eram os incidentes de meia hora."
244 Delumeau, 2009, p. 194.

Os ricos, é claro, eram os primeiros a fugir, criando assim a apreensão coletiva. Seu exemplo era imediatamente seguido por toda parcela da população que possuía mínimos recursos para tal. Giovanni Bocaccio inventou a história de dez jovens que se refugiaram no campo, após deixarem Florença em 1348, no auge do contágio, em seu *Decamerão*, provavelmente inspirado pelos casos reais. Posteriormente, o dado da fuga da peste volta a aparecer no *Diário de um ano da peste* (1722), de Daniel Defoe, sobre o ataque da epidemia em Londres, em 1665. Acredita-se que, na ocasião, um quinto da população, cerca de 75 a 100 mil habitantes, tenham perecido.[245] De acordo com Defoe, 200 mil pessoas deixaram a capital, a começar pela elite:

> (...) the richer sort of people, especially the nobility and gentry, from the west part of the city, with their families and servants, in an unusual manner (...) nothing was to be seen but waggons and carts, with goods, women, servants, children, etc, coaches filled with people of the better sort, and horsemen attending them, all hurrying away (...) This was a very terrible and melancholy thing to see, and as it was a sight wich I could not but look on from morning to night, for indeed there was nothing else of moment to be seen, it filled me with very serious thoughts

---

[245] Desse ciclo endêmico, que atacou desde o norte da Europa, passando por Flandres, Normandia, chegando à Espanha até o mediterrâneo e, depois, à Europa do Leste, Vovelle contabiliza as perdas de algumas outras cidades: Reste, incontestablement, que la peste, dans la première moitie du siècle demeure un fleau dévastateur qui fait des coupes sombres dans les populations urbaines: capable de réduire à rien ou presque la population d'une petite ville comme Digne en 1626, fauchant en 1630 moitié ou plus de la population dans une demi-douzaine de villes italiennes – Parme, Crema, Vérone, Crémone, Mantoue, la plus touchée avec près de 70% de morts. En Angleterre, ou plus précisément encore en Espagne, on a tenté d'apprécier le bilan global de ces pestes du XVIIe siècle: entre 1596 et 1685, elles auraient ainsi coûté un million deux cent cinquante mille vies à l'Espagne (...) (É incontestável que a peste, na primeira metade do século continua sendo um mangual devastador produzindo cortes sombrios nas populações urbanas: capaz de reduzir a nada ou quase nada a população de uma cidadezinha como a cidade de Digne em 1626, ceifando em 1630 metade ou mais da metade da população de uma meia-dúzia de cidades italianas – Parma, Crema, Verona, Cremona, Mântua, a mais fortemente atingida com aproximadamente 70% de mortos. Na Inglaterra, ou mais precisamente ainda, na Espanha, tentou-se estimar a perda global ocasionada por essas pestes do século XVII: entre 1596 et 1685, elas teriam custado um milhão e duzentos e cinquenta mil vidas à Espanha. [Vovelle, 1983, p. 259])

of the misery that was coming upon the city, and the unhappy condition of those that would be left in it.²⁴⁶

No primeiro capítulo, discutimos de que maneira a historiografia da morte sugere que uma das causas para o surgimento do macabro tenham sido justamente as disposições mentais a respeito da morte após a chegada do flagelo em meados do século XIV.

> Os artistas quiseram reconstruir – sem dúvida para livrar-se dele e neutralizá-lo – o horror criado pelo acúmulo de cadáveres e pela insustentável promiscuidade dos vivos e dos mortos. Corpos esparsos nas ruas e que apodrecem antes que sejam levados, carroças ou barcas sobrecarregadas que rompem sob o peso, cadáveres puxados com ganchos ou atados à cauda de um cavalo, doentes e mortos tão esprimidos que não se pode dar um passo sem caminhar por cima (...)²⁴⁷

são algumas das imagens que inevitavelmente passavam a fazer parte do imaginário da morte macabra nos séculos seguintes, nos locais em que a Peste devastava periodicamente.

E era essa imagem que aparecia nas obras de arte que se sucederam aos seus ataques, como *O triunfo da morte*, de Brughel, de 1562. O espetáculo medonho de cadáveres amalgamados e doentes em súplica também se vê na *Piazza del mercatello em Nápoles* de Domenico Gargiulo, de 1656. Ele aparece ainda na escultura em cera *Pestilenza*, de Gaetano Zumbo (1691-1695), em que corpos agonizantes e mortos de velhos, adultos e bebês estão emaranhados e contorcidos, em tons de amarelos e verdes que acusam estágios pré e post mortem diversos. Na *Peste em Atenas*, de Nicolas Poussin, que emula a grande contaminação na cidade grega no século V a.C., mas que foi feita após o surto de 1630 em

---

246 "(...) o tipo mais rico de pessoas, especialmente a nobreza e alta sociedade, da parte ocidental da cidade, com suas famílias e servos, de uma maneira incomum (...) nada se podia ver além de carroças e carrinhos, com mercadorias, mulheres, criados, crianças, etc, carruagens repletas de pessoas da melhor espécie, e cavaleiros os atendendo, todos se a apressando a partirem (...) Era uma coisa muito terrível e melancólica de se ver, e como era uma vista que eu não podia deixar de contemplar da manhã à noite, pois de fato não havia mais nada de importante para ser visto, isso me encheu de pensamentos muito sérios sobre a miséria que pairava sobre a cidade, e a condição infeliz daqueles que seriam deixados nela." (Defoe, 19-?, p. 55.)
247 Delumeau, 2009, p. 193.

Milão, o mau cheiro liberado pelos moribundos e pelos defuntos desfigura a feição daqueles que se aproximam. Esse repertório iconográfico da mortandade generalizada causada pelo detestável flagelo alcança o final dos setecentos, como em *O hospital dos pestíferos*, de Goya, de 1800.

Seria legítima, portanto, a atitude de Próspero, diante de um cenário assim abominável? A Peste era um fator de profunda desestabilização social e a fuga, justificada. Mas Poe parece contrapor o ato desesperado do princípe à sua conduta depois de salvo: se escapar era necessário, viver em luxo era condenável. Os seis meses de reclusão do anfitrião e de seus convidados se passam no mais absoluto conforto, a ponto de começarem a se entediar. É nessa altura, "*quando a peste grassava mais furiosamente lá fora*", que Próspero oferece um magnificente baile de máscaras, cujos preparativos são descritos no conto como "*um espetáculo voluptuoso*". Aqui, Poe deixa claro que o seu nobre incorre em uma série de erros. Primeiro, ao tentar escapar da morte. Segundo, ao virar as costas aos seus vassalos, elegendo apenas seus pares para o isolamento. Em terceiro, ao promover uma *masquerade*.

Camuflada em meio à multidão de mascarados, a Morte surge à festa do príncipe, no instante exato em que soam, do grande relógio de ébano no centro do salão, as doze badaladas da meia-noite. Portando também ela uma máscara (ou seria seu rosto, a maneira como escolheu se apresentar na ocasião? A dúvida permanecia entre todos: "*The mask which concealed the visage was made so nearly to resemble the countenance of a stiffened corpse that the closest scrutiny must have had difficulty in detecting the cheat.*"[248]) que imitava os sinais escarlates dos bulbos que deformavam os rostos dos atingidos pela morte rubra, a Morte, perambula pelos salões temáticos da festa, caminha calmamente por todos os aposentos, atraindo os olhares e incitando exclamações. No poema de Gautier, *Bouchers et Tombeaux*, o narrador se refere ao esqueleto que representa a morte como "*masque sans joues / Comédien que le ver mord*"[249]- a máscara é também o instrumento do ator, que finge, que se disfarça e engana. Quando sua identidade é, finalmente revelada, a todos surpreende: "*He had come like a thief in the night.*

---

248 "A máscara que lhe ocultava o rosto era feita para parecer tanto com o semblante de um cadáver endurecido que o escrutínio mais de perto deve ter tido dificuldade em detectar a farsa"
249 Gautier, 1858, p. 227.

And one by one dropped the revellers in the blood-bedewed halls of their revel, and died each in the despairing posture of his fall."[250]

A máscara possui um vínculo quase universal, segundo Carlo Ginzburg, com a morte. Provém dos mais antigos povos o hábito de cobrir o rosto dos cadáveres; daí a origem da máscara mortuária que, além de proteger um rosto possivelmente deformado pelo *rigor mortis* pudesse ainda rememorar o semblante da pessoa. Tão antigo quanto este uso é o de se esconder a fisionomia em uma cerimônia ou, como é de praxe, em uma festividade, como o Carnaval. Esse momento em que se coloca o mundo às avessas, em que a ordem social é modificada, invertida, parece ideal para o retorno dos mortos ou, no limite, um convite à própria Morte.

---

250 "Ele veio como um ladrão na noite. E, um a um, caíram os foliões nos corredores borrifados de sangue de sua festa, e morreram cada um na pose desesperadora de sua queda."

O Carnaval e a Morte

—... vejo a morte,
Aí vem lazarenta e desdentada...
Que noiva!... E devo então dormir com ela?...
Se ela ao menos dormisse mascarada! —

Álvares de Azevedo. *O poeta moribundo. ca 1853.*

Un bal en carnaval, c'est une fête aux fantômes.[1]

Victor Hugo. *Promontorium Somnii. 1864.*

Na cidade suíça da Basiléia, duas danças macabras foram pintadas na década de 1440. Uma, na parede do claustro de um convento de monjas dominicanas. Outra, maior e mais elaborada, também em um convento dominicano, esse, masculino. Nenhuma resistiu ao século XIX e à sua ânsia racionalista por apagar os sinistros rastros da cristandade medieval, mas diversos registros e cópias foram deixados no decorrer dos quatrocentos anos em que elas existiram. Nesse período, muitos artistas se sentiram profundamente tocados pelas imagens, em especial pelo segundo exemplar, mais impressionante. Um deles foi Hans Holbein. Diz-se que, após seu contato com a obra, motivou-se a desenvolver as suas próprias interpretações do tema.[2] E foi um absoluto sucesso, pois a "dança de Holbein" (1538) repercutiu tanto ou mais que as danças da Basiléia ou de outros lugares.

Feitas após a famosa dança do cemitério de Saints-Innocents, é bastante provável que o autor, ou autores, de ambas tenham sido estimulados pela novidade inaugurada pela tão comentada obra parisiense - e também pela avassaladora passagem da Peste Negra pela Suíça em 1439. Mas há ainda uma outra hipótese.

---

1 *Um baile do carnaval é uma festa de fantasmas.*
2 Infantes, 1997, p. 172.

No ano de 1838, Louis Veuillot, jornalista francês e católico fervoroso, sai em peregrinação. Com o intuito de ver de perto comunidades rurais isoladas que ainda viviam um cristianismo, supostamente, mais próximo do antigo, mais puro e menos contaminado pela vida urbana e capitalista, se embrenha pelo interior da Suíça, percorrendo uma série de pequenas vilas. Passando pela Basiléia, visita a biblioteca municipal, onde estão expostas obras de Holbein, "*ce gros Holbein, génie rude et brutal*"[3], que, segundo ele:

> aimait à peindre les cadavres, ou tout au moins les vivants qui s'en approchaient le plus; son crayon austère trace de préférence de maigres profils de vieillards et de savants, qui semblent occupés à supputer le peu d'instants qu'ils ont encore à passer ici-bas; il donne au vêtement une tournure de linceul, la figure est enfermée dans le cadre noir comme dans um tombeau.[4]

Da leitura de Veuillot, supõe-se que Holbein era obcecado pela morte, mas que esse não era um sentimento exclusivo do mestre. Toda a Idade Média, segundo o jornalista, o compartilhava e *"pensait bravement à la mort."*[5] Movido pelo assunto, Veuillot fez uma descrição fabulosa das festas de Carnaval na Basiléia medieval, que incluía essa fixação dos tempos de outrora: "*Chaque année, au carnaval, des masques représentant la mort parcouraient la ville en dansant. Ils avaient le droit de saisir tous ceux qu'ils rencontraient, et de les forcer, quels qu'ils fussent, à danser avec eux.*"[6]

É de se imaginar o susto dos transeuntes e as situações desconfortáveis resultantes dessas investidas: "*La bizarrerie de ces captures, l'effroi, la mauvaise humeur, la résistance ou la résignation de ceux qui se trouvaient ainsi arrêtés sans s'y

---

3   "*esse grande Holbein, gênio rude e brutal*"
4   *gostava de pintar cadáveres, ou senão os vivos que mais deles se aproximavam; seu lápis austero traça sobretudo magros perfis de anciãos e sábios, que parecem ocupados em calcular os poucos instantes que lhes restam para viver; dá às vestimentas um aspecto de mortalha, a figura aparece envolvida por uma moldura preta como se estivesse em um túmulo.* (Veiullot, 1845, p. 386.)
5   "*pensava corajosamente na morte.*"
6   "*Todo ano, no carnaval, mascarados representando a morte percorriam a cidade dançando. Podiam abordar a todos que encontrassem e forçá-los a dançar, não importa quem fossem.* "(Veiullot, 1845, p. 386.)

attendre, divertissaient les curieux et inspiraient les peintres."[7] Essas cenas, segundo Veuillot, seriam tão fortes que teriam inspirado pintores que, a partir delas, começaram a representar a morte em forma humana, fazendo algazarra enquanto perseguia e levava as pessoas consigo à força: *"Puis, comme cette danse symbolique parassait renfermer une haute leçon de morale, on imagina d'en composer de grandes peitures qui couvraient ou la façade d'un édifice, ou les vastes murs d'um cloître."*[8] O clero teria rapidamente aprovado esse tipo de composição pelo seu profundo valor pedagógico e consentiu em ceder áreas murais de seus prédios para sua confecção, que, em geral, tinham a seguinte estrutura:

> les deux premières figures que l'artiste peignait étaient ordinairement celle du pape et celle de l'empereur; l'un avec sa tiare, l'autre avec son sceptre, suivaient de force ou de gré l'inflexible mort. Après eux venait la foule des humains: princes, magistrats, évêques, moines, artisans, les gentilshommes pleins de force et les pauvres perclus, le vieillard à qui l'infatigable danseuse prenait son or, l'enfant à qui elle prenait ses jouets, la jeune mère qu'elle arrachait à sa toile imparfaite et qui laissait tomber son pinceau.[9]

Embaixo de cada figura assim desenhada, *"ou terrible, ou grotesque"*[10], escrevia-se uma estrofe de quatro versos, que tinha sempre o mesmo sentido: *"Il faut mourir"*[11]. Mas o jornalista faz uma ressalva: a morte naquele tempo *"n'était*

---

7 *"A bizarrice dessas capturas, o pavor, o mal humor, a resistência ou a resignação dos que estavam parados e desprevenidos, divertiam os curiosos e inspiravam os pintores."* (Veuillot, 1845, p. 386.)

8 *"E, como essa dança simbólica parecia conter elevada lição de moral, surgiu a ideia de criar grandes pinturas que cobrissem ou a fachada de uma edificação ou as vastas paredes de um claustro."*

9 *as duas primeiras figuras que o artista pintava eram habitualmente do papa e do imperador; um com sua coroa tríplice e o outro com seu cetro, seguiam obrigados ou não, a morte inflexível. Depois deles, vinha a multidão: príncipes, magistrados, bispos, monges, artesões, os fidalgos cheios de força e os pobres estropiados, o velho de quem a infatigável dançarina pegava o ouro, a criança de quem pegava os brinquedos, a jovem mãe a quem arrancava de sua tela imperfeita e que deixava cair seu pincel.* (Veuillot, 1845, p. 387.)

10 *"ou terrível ou grotesca"*

11 *"É preciso morrer"*

pas le néant"[12] e, por isso, caso se vivesse correta e honestamente, não era necessário temê-la.

Nenhum documento sustenta a descrição apresentada por Veuillot. Aparentemente, ele narrou o que sabia, o que escutou, o que leu. De acordo com sua abordagem, portanto, os festejos do Carnaval medieval *deram origem* às danças macabras - as da Basiléia teriam sido pintadas *por causa* dessas comemorações locais, servindo posteriormente de referência para o jovem Holbein, afetado por todas essas imagens que não esqueceu jamais.

Ainda que o relato de Veuillot seja um tanto duvidoso, não apenas pela falta de dados mais concretos, mas porque diverge das teorias mais sólidas sobre o surgimento das danças macabras, é inegável que ele representa a idéia de uma estreita relação concebida entre elas e o Carnaval – ou, no limite, entre a morte e o Carnaval. Ora, a festa carnavalesca é, justamente, o espaço-tempo da inversão simbólica – e os temas macabros são impregnado de inversão. Mortos que retornam à terra e conversam, dançam, riem, se divertem – uma transgressão impossível na realidade tangível.

Festividades carnavalescas: inversão e excesso

Desde suas origens, o Carnaval é momento em que os contrários se exacerbam e os ânimos se excedem. E, ainda que seja possível remontar à Antiguidade em busca de seus elementos formadores, foi na Idade Média que o fenômeno adquiriu a forma com a qual se estabeleceu no mundo ocidental. Sem se relacionar diretamente com nenhum fato da história cristã ou de algum santo em particular, o período carnavalesco sugere uma espécie de amálgama entre uma série de festas pagãs, principalmente ligadas aos cultos da fertilidade e à sucessão dos ciclos agrícolas. Ou ainda, reminiscências de celebrações romanas como as bacanais, lupercais e, especialmente as saturnais, que marcavam as passagens do tempo circular e da natureza.

O cristianismo, religião linear e escatológica, teria assumido o tempo do Carnaval como um tipo de "acordo de tolerância" em que, aceitando em sua agenda uma festa permissiva e de desbunde, poderia impor em seguida a grande Quaresma, um tempo de abstinência e preparação espiritual para um de seus eventos fundadores, a Páscoa. A Igreja, assim, adaptava-se aos hábitos seculares da população rural - os quais, não conseguindo erradicar mesmo após a consoli-

---

12   "*não era o nada*"

dação de seus dogmas, incorporava ao seu calendário.¹³ Sua etimologia confirma e assinala os últimos dias antes da carestia, em que ainda é permitido comer carne (*carne vale*),¹⁴antes dos jejuns, das privações e da severidade. São os últimos momentos de liberdade e de libido: "*uma festa da abundância durante a qual os homens, para comer, beber e divertir-se, não se preocupavam com os interditos*", afirma Jacques Heers.¹⁵

Apesar de já ser presente no cotidiano do medievo há muito, o Carnaval, propriamente dito, só foi oficializado pela Igreja no século XV, com o papa Paulo II.¹⁶ Mas, além dele, ou seja, além dos três dias imediatamente anteriores a Quarta-feira de Cinzas (e, em muitos casos, estendendo-se à quinta-feira anterior, conhecida como "Quinta-feira Gorda"), outros eventos marcavam os chamados "festejos carnavalescos". Estas festas, que eram genericamente denominadas de

---

13 Em 1091, o Concílio de Benevento instaura a solenidade de Quarta-Feira de Cinzas para fixar um limite aos desregramentos carnavalescos cuja impiedade recaía largamente sobre a Quaresma. (Minois, 2003, p. 184)

14 Heers, 1987, p. 169. A *palavra viria do baixo latim* carnelevamen, *que significaria "adeus à carne", numa alusão à terça-feira gorda, o último dia do calendário cristão em que é permitido comer carne.* (Sebe, 1986, p. 31.) Para uma etimologia extensa e aprofundada da palavra Carnaval, ver capítulo II de Caro Baroja, *Escarceo Linguistico: "Carnaval", "Carnal", "Carnestolendas", "Antruejo"*. (Baroja, 1965, p. 30-49)

15 Heers, 1987, p. 169.

16 Sebe, 1986, p. 25.

"festas dos loucos" [17], incluíam a "festa dos Inocentes"[18] e a "festa do asno"[19], por exemplo, entre outras (a cena inicial d'*O corcunda de Notre Dame*, que se passa em 1482, é justamente uma festa dos loucos, por ocasião do dia de Reis, em Paris, em 6 de janeiro[20]). Conjunto de manifestações da cultura popular, elas aconteciam nos três meses que separavam o Natal da Páscoa, e eram recorren-

---

17 Recebiam esse nome principalmente pelas extravagâncias que se cometiam sob seu pretexto. Elegia-se um falso rei entre o povo, que reinaria incontestavelmente até o fim dos festejos. Todas suas vontades seriam atendidas, por mais absurdas que fossem. Às vezes eram também escolhidos outros membros do alto escalão da corte, para acompanharem-no na interpretação e na bufonaria – como uma rainha, um papa, um abade, etc. Esses representavam seu papel de maneira cômica, vestindo fantasias que imitavam os trajes verdadeiros. Liam discursos, acendiam incensos mal-cheirosos, cantavam hinos indecentes. "*La Fête des Fous était généralement dans toute la chrétienté au moyen âge, mais elle ne fut nulle part célébrée avec autant de ferveur qu'en France.*" Elas aconteciam desde os primeiros anos da Idade Média, sendo motivo de debates desde os concílios de Orleans, em 533 e de Auxerre em 585, até o concílio de Paris, em 1212, que finalmente defendeu sua celebração. No entanto, "*dès le commencement du quinzième siècle, l'Église de France s'était appliquée a faire la guerre aux scandales que cette fête avait introduit avec elle dans la pratique du culte, sinon dans le dogme religieux.*" (Lacroix, 1818, Fête des fous, s/p). Em 1444, a Universidade de Paris condena a festa devido a seus incontroláveis desregramentos. (Heers, 1987, p 138).
18 Celebrada por ocasião do dia do massacre dos Inocentes, 28 de dezembro, em memória às crianças mortas por ordem de Herodes – história contada no Evangelho de Mateus. Elegia-se aí também um rei dos Inocentes, um papa, um bispo, etc. As crianças da região participavam ativamente dos jogos e das encenações. Segundo Jacques Heers, um outro tema da festa dos Inocentes, relacionado às crianças, era a lembrança da infância de Cristo (1987, p. 85).
19 A festa homenageia os burros pertencentes à história de Cristo, seja aquele que o velava e aquecia no estábulo onde ele nasceu, seja aquele que carregou Maria e seu bebê na fuga para o Egito ou ainda aquele que montava em sua entrada em Jerusalém no dia de ramos. Ele é o companheiro fiel da Sagrada Família e, simbolicamente, mostrava como o homem tinha que agir perante Jesus (com humildade, servidão). Emulando um ritual litúrgico todo voltado para o animal, celebrava-se uma "missa do asno", em que se imitava o seu relinchar constantemente em substituição ao "amén" católico, cantava-se e homenageava-se um burro todo paramentado colocado no interior da igreja ou da catedral, como um clérigo. A festa prosseguia após a cerimônia.
20 Hugo, 2013, p. 24.

tes por toda a cristandade, especialmente nas regiões da Itália, da Espanha,[21] da Alemanha, na França do norte e na Inglaterra.[22]

Espetáculos ritualísticos, *"os festejos do carnaval, com todos os atos e ritos cômicos que a eles se ligam, ocupavam um lugar muito importante na vida do homem medieval."*[23] Ocasiões de riso coletivo e de tomada do espaço público pelo povo, eram os momentos da confraternização popular organizada, em que se parodiava a própria vida,[24] invertendo-a, fazendo-a melhor e mais divertida por um lapso de tempo (como o retorno à idade de ouro que a tradição das saturnais romanas tentavam encarnar). Era a tentativa de transformar a dura rotina diária em horas de puro prazer.[25] Contrapunham-se inclusive, às solenidades oficiais, cujo tom sério servia para consagrar a estabilidade e fortalecer a ordem, homenageando um evento ou personagem heróico do passado, para que fossem rememorados

---

21 como comprova o elucidativo estudo de Caro Baroja sobre as festas carnavalescas espanholas. (Baroja, 1965)
22 Heers, 1987, p 135.
23 Bakhtin, 1987, p. 4.
24 Minois, 2003, p. 156.
25 Sem, por isso, se configurarem como uma espécie de *revolta*. Jacques Heers lembra que, apesar de denotarem um melhoramento da vida quando essa se encontrava às avessas (mais alegre, mais abundante), as festas carnavalescas não semeavam nenhum tipo de revolução e, até por esse motivo, eram bem toleradas: *os governos não tinham dúvidas em tolerar as piadas grosseiras que por algumas horas punham em causa a sua dignidade e escarneciam do seu comportamento e da sua posição social; não passava de um dia desagradável, de alguns momentos que era preciso viver... Farsas tão exageradas, na verdade, não constituíam grande ameaça.* (1987, p. 1986) Eram apenas *um desafogo consentido pelos articuladores do funcionamento da vida,* segundo José Carlos Sebe. (1986, p. 29).
Roberto Damatta reforça essa ideia ao comentar as organizações que empreenderam o carnaval brasileiro durante muitas décadas, todas baseadas na coletividade popular (como os blocos, os cordões e as escolas de samba) – nesse sentido, uma continuidades das corporações que organizavam o carnaval medieval – e que, apesar de terem um sistema de extrema complexidade, eram frágeis e sazonais, surgindo com vigor apenas na época da festa. *Em outras palavras, trata-se do povo que pouco se organiza espontaneamente para reclamar ou reivindicar, organizado para brincar.* (Damatta, 1997, p. 69) Isso porque o Carnaval *por ser vigorosamente contrário ao mundo cotidiano, e sendo dele uma imagem invertida, apenas reforça esse mundo, confirmando-o.* (*ibidem*, p. 88)

no presente seus triunfos.[26] Nas festas dos loucos, exaltava-se, ao contrário, o elo fraco da sociedade: a criança, o pobre (na figura do burro, que é o animal trabalhador), o demente (o "folião"[27]).[28]

Nesses momentos que precediam a longa carestia, as festividades carnavalescas ganharam o cunho de períodos de exceção. Não eram dias comuns, eram dias de suspensão da normalidade. O que geralmente seria proibido, ali se tornava a lei: travestir-se (especialmente trocando os gêneros masculino e feminino,[29] mas também adotando uma nova classe social ou ofício), mascarar-se (mostrar-se como alguém que não se é), dançar e pular (em contraste com a forma séria como se caminhava ou se agia regularmente). Além disso, *"eram ocasiões especiais em que as pessoas paravam de trabalhar, e comiam, bebiam e consumiam tudo o que tinham. Em oposição ao cotidiano, era uma época de desperdício justamente porque o cotidiano era uma época de cuidadosa economia."*[30] Fuga provisória da vida

---

[26] *O tom sério exclusivo caracteriza a cultura medieval oficial (...) era a única forma que permitia expressar a verdade, o bem, e de maneira geral tudo o que era importante, considerável. O medo, a veneração, a docilidade, etc., constituíam por sua vez os tons e os matizes dessa seriedade.* (Bakhtin, 1987, p. 8 e 63)

[27] A ênfase na "carnalidade" prevista pelo festejo carnavalesco relaciona-se diretamente com a loucura, segundo Caro Baroja, pois ambas pressupõem o declínio da racionalidade: *La "carnalidad" implica, pues, no sólo realizar actos opuestos al espíritu cristiano, sino también actos irracionales o, mejor, si se quiere, locos.* (Baroja, 1965, p. 51)

[28] Essa característica fundamental da festa carnavalesca se mantém ainda nos eventos da contemporaneidade. Ao falar sobre o carnaval brasileiro, Roberto Damatta atenta para o fato de ser um "rito sem dono", festa que é de todos justamente por que nao pertence a ninguém ou a nenhuma autoridade específica. *Uma festa sem dono é primordialmente uma festa dos destituídos e dos dominados. Porque no mundo cotidiano eles nada possuem, somente eles podem ser o centro de uma festividade invertidade e paradoxal, que não tem programa, lei e donos, mas que pode ser possuída pelos que nada têm.* (Damatta, 1997, p. 122)

[29] *La más clásica inversión propia del Carnaval es la del hombre que se disfraza de mujer y de la mujer que se viste de hombre.* ("A mais clássica inversão do Carnaval é a do homem que se disfarça de mulher e da mulher que se veste de homem." [Baroja, 1965, p. 98])

[30] Minois, 2003, p. 202
E Caro Baroja, citando Juan de Zabaleta, complementa, afirmando que o jejum da Quaresma era, às vezes, necessário, após os abusos cometidos: *Para Carnaval no había freno...; después, los que ayunaban más lo hacían por imposición del propio estómago que por devoción o piedad.* ("No Carnaval não havia freio..., depois, os que jejuavam o faziam mais por imposição do próprio estômago do que por devoção ou piedade." [Baroja, 1965, p. 101])

ordinária, configuravam uma certa desarticulação momentânea de um rigoroso e sisudo sistema de regras do Estado feudal e da Igreja (ainda que tolerada por ambos), pressupondo inclusive um grande relaxamento moral. *"Ao contrário da festa oficial, o carnaval era o triunfo de uma espécie de liberação temporária da verdade dominante e do regime vigente, de abolição provisória de todas as relações hierárquicas, privilégios, regras e tabus."*[31]

As festas carnavalescas ocorriam não apenas sob a égide da inversão, mas igualmente do excesso.[32] Como fenômenos populares, eram a materialização da contestação irreverente, contrariando a ordem das coisas, expondo a relativização da verdade e do *status quo*. *"El Carnaval es época de alegría"*, afirma Caro Baroja,[33] e, através do riso, ridicularizavam-se as formas consolidadas do poder, celebrando a mudança ainda que temporária e excepcional. Um dos seus objetivos é, justamente, permitir, esporadicamente, tudo o que era interdito pela sociedade: a obscenidade, a escatologia, a embriaguez, a lubricidade. Mais do que celebrar a vida - nesse que é o tempo da fecundação (da terra e das mulheres, se levarmos em consideração seu significado primordial antigo) -. o que o carnaval, em seu sentido *lato*, celebra é a abundância: da comida, da bebida (ou seja, do espírito dionísiaco/báquico), do prazer (do júbilo, da "carne").

---

31 Bakhtin, 1987, p. 8
32 *"lo que imperaba era una violencia establecida, un desenfreno de hechos y de palabras que se ajustaba a formas específicas; así la inversión del orden normal de las cosas tenía un papel primordial en la fiesta."*("o que imperava era uma violência estabelecida, uma desordem de fatos e de palavras que se ajustava a formas específicas; assim a inversão da ordem normal das coisas tinha um papel primordial na festa". [Baroja, 1965, p. 50])
33 O autor enfatiza essa proposição relativizando a ideia de que o Carnaval era apenas uma desculpa para o chiste pesado ou para grosserias e brincadeiras obscenas. Todas essas práticas também ocorriam mas, *aparte eso, o al lado de esto, el Carnaval permitia grandes liberdades.* (Baroja, 1965, p. 91)

Paul Lacroix nos conta, em linhas gerais, como era um evento carnavalesco na passagem da Antiguidade para a Idade Média. O importante é notar como seu sentido de inversão e muitas das práticas se mantiveram ao longo dos séculos.[34]

Segundo o autor, os trabalhos administrativos e burocráticos eram suspensos no período (*"tant que durait cette fête, les affaires publiques et particulières restaient suspendues"*[35]), o único compromisso era com os prazeres do corpo – festejar e comer (*"on ne songeait qu'au plaisir; ce n'étaient que collations, danses, concerts, mascarades; on ne quittait presque pas la table"*[36]); elegiam-se os "reis da festa", entre o povo, quando os pobres viviam seus dias de mandatários (*"on y fasait des rois du festin; on y installait les esclaves à la place de leurs maîtres"*[37][lembremo-nos do corcunda Quasímodo, eleito rei após um concurso de caretas]) e a liberalidade era generalizada (*"on se permettait de tout dire et de tout faire, comme sous le règne de Saturne, au bom temps de l'âge d'or"*[38]).[39]

A carnavalização

O conjunto de elementos postos em prática nessas festividades caracterizaria uma poética - uma linguagem e uma visão do mundo - também baseadas na in-

---

34 Esse processo desenvolveu-se de forma especial e em épocas diversas nos diferentes países, e mesmo nas diferentes cidades. Foi primeiro na Itália, e especialmente em Roma, que ele se realizou da maneira mais distinta, mais clássica, poder-se-ia dizer (assim como nas outras cidades italianas, embora de maneira menos distinta, em seguida na França, em Paris, na Alemanha em Nuremberg e em Colônia, da maneira mais ou menos clássica (mas mais tarde). Na Rússia, as coisas foram diferentes: as diversas formas de folguedos populares, tanto os gerais como os locais (Terça-feira Gorda, Dia dos Santos, Páscoa, feiras, etc.) permaneceram fragmentadas e não deram origem a uma forma preponderante, análoga ao Carnaval da Europa Ocidental. (Bakhtin, 1987, p 190) Cabe lembrar ainda que, apesar das festas rurais com características carnavalescas, segundo Georges Minois, o Carnaval é um fato urbano, particularmente desenvolvido nas regiões das cidades importantes, onde as associações e as corporações assumem a organização dos divertimentos. (2003, p. 164).
35 *"enquanto durava a festa os negócios públicos e particulares eram suspensos"*
36 *"só se pensava no prazer; havia apenas refeições, danças, consertos, mascaradas; ficava--se quase o tempo todo à mesa"*
37 *"elegia-se reis do festim; escravos eram colocados à mesa para ocupar o lugar de seus mestres"*
38 *"era permitido dizer e fazer de tudo, como no reino de Saturno, nos bons tempos da idade de ouro"*
39 Lacroix, 1848, *La fête des fous* (s/p.).

versão e no excesso, que se manifestaria não apenas no espaço público da festa popular, como também em uma produção literária e iconográfica. Essa transposição recebeu o nome de *carnavalização*. O termo, desenvolvido por Mikhail Bakhtin, a partir da leitura dos textos de François Rabelais e de sua análise da cultura popular da Idade Média e do Renascimento, pode ser uma chave de leitura possível às danças macabras, e do macabro em geral. Em primeiro lugar, e principalmente, porque o retorno dos mortos pode ser considerado o avesso da normalidade.

Em segundo porque a dança macabra derruba as hierarquias, fazendo com que os vivos de qualquer estrato social caminhem lado a lado e de mãos dadas com qualquer outro personagem (também vivo ou morto; rico ou pobre; etc). Destacando, assim, a função niveladora da morte, ela expõe a fragilidade e a relatividade dos poderes, celebrando a igualdade na morte apesar das desigualdades na vida. Ao contrário dos eventos oficiais do regime feudal, em que as hierarquias eram marcadas e expostas, na carnavalização *"todos eram iguais e reinava uma forma especial de contato livre e familiar entre indivíduos normalmente separados na vida cotidiana pelas barreiras intransponíveis da sua condição, sua fortuna, seu emprego, idade e situação familiar"*[40] – esse contato livre e familiar era vivido intensamente e constituía uma parte essencial da visão carnavalesca de mundo. Além do mais, o espectador da cena macabra não se retira do que vê, ele se inclui, se identifica com os personagens, tanto com os vivos quanto com os cadáveres – o jogo carnavalesco requer essa participação, esse sentimento de pertencimento à humanidade, a uma unidade histórica. Na literatura, o diálogo entre vivos e mortos também seria uma característica da carnavalização, *"que inter-relaciona dialogalmente aspectos contrários/opostos"* e que *"se dá pela sátira, ou seja, por um modo de dizer que contesta e ridiculariza costumes, instituições e ideias com ironia e mordacidade."*[41]

Por último, a dança macabra possui o sentido de carnavalização pois reproduz uma "representação carnavalesca do corpo", que Bakhtin inclui naquilo que ele chama de "realismo grotesco". Conforme definiu o escritor russo, o "grotesco" designa o tipo de *"imagens ambivalentes e contraditórias que parecem disformes, monstruosas e horrendas, se consideradas do ponto de vista da estética clássica, da cultura cômica popular em todas as suas manifestações"*[42]. Convém lembrar que a questão do grotesco enquanto categoria estética ocupou lugar importante entre

---

40 Bakhtin, 1987, p. 9.
41 Schaefer, 2011, p. 200.
42 Bakhtin, 1987, p. 22 a 27.

os românticos, tendo sido debatido por Walter Scott e Victor Hugo, por exemplo. Esse, no prefácio ao *Cromwell*, estabelece que o grotesco se configuraria como o pólo oposto ao sublime: o primeiro, germe da comédia, submete aquele que o experimenta a um rebaixamento de sua condição humana (podendo levar ao riso, ao desconforto ou à angústia), enquanto que a experiência do sublime resulta em elevação, transcendência.[43]

Assim, em relação ao corpo humano, o grotesco enfatiza a deformação e o exagero (no sentido caricatural) e direciona a atenção ao baixo corporal ("*O traço marcante do realismo grotesco é o rebaixamento*"[44]). Na linguagem carnavalesca, o corpo grotesco é aquele aberto ao mundo, com seus orifícios expostos e em destaque, com suas excrescências e mucos, que satisfaz constantemente suas necessidades naturais, sem pudores ou impedimentos. Cabe lembrar que, para Julia Kristeva, o ato de defecar (devolver ao exterior o que se ingeriu dele, pela comida), ao mesmo tempo que necessário à vida, simboliza uma perda que é de si mesmo, de algo que o próprio corpo produz e em seguida, rejeita, liberando: "*Les matières fécales signifient, en quelque sorte, ce qui n'arrête pas de se séparer d'un corps en état de perte permanente pour devenir autonome, distinct des mélanges, altérations et pourritures qui le traversent. C'est au prix de cette perte seulement que le corps devient* propre."[45] Mas a perda de si é, também, a morte: "*Ces déchets chutent pour que je vive, jusqu'à ce que, de perte en perte, il ne m'en reste rien, et que mon corps tombe tout entier au-delà de la limite,* cadere, cadavre."[46]

O dejeto, "*l'excrément et ses équivalents (pourriture, infection, maladie, cadavre, etc.)*",[47] ameaça o corpo que o contém, que o criou, e que é ele mesmo: "*Si l'ordure signifie l'autre côté de la limite, où je ne suis pas et qui me permet d'être, le cadavre, le plus écoeurant des déchets, est une limite qui a tout envahi.*

---

43 Hugo, 1988. Ver mais sobre a definição de "sublime" no Capítulo 2.
44 Bakhtin, 1987, p. 17.
45 "*As matérias fecais significavam, por assim dizer, o que não para de se separar de um corpo em estado de perda permanente para se tornar autônomo, distinto das misturas, alterações e podridões que o atravessam. É apenas ao preço dessa perda que o corpo se torna limpo.* " (Kristeva, 1983, p. 127.)
46 "*Esses dejetos caem para que eu viva, até que, de perda em perda, não me sobre nada e que meu corpo caia inteiramente para além do limite, cadere, cadáver.* " (Kristeva, 1983, p. 11.)
47 "*o excremento e seus equivalentes (podridão, infecção, doença, cadáver, etc.*"

Ce n'est plus moi qui expulse, "je" est expulsé. La limite est devenue un objet. (...) Dépourvu de monde, donc, je m'évanouis."[48]

"Rebaixar consiste em aproximar da terra", diz Bakhtin,[49] e o excremento que remete à morte é, ao mesmo tempo, a fertilidade da terra – assim como o cadáver é também alimento do solo. Essa é a configuração de um corpo grotesco, definido também como um corpo-processo, em relação constante com a natureza. "*A imagem grotesca caracteriza um fenômeno em estado de transformação, de metamorfose ainda incompleta*" [50], segundo Bakhtin. Um corpo grotesco "*não está separado do mundo, não está isolado, acabado nem perfeito, mas ultrapassa-se a si mesmo (...) É um corpo eternamente incompleto, eternamente criado e criador.*"[51]

O "*transi*", o corpo morto do macabro, poderia ser, portanto, considerado esse ser "intermediário", em processo de decomposição, fervilhando de vida parasitária enquanto volta à terra para fecundá-la, dissolvendo-se nela, virando outra coisa, seja esqueleto ou matéria orgânica.[52]

Esse movimento dialético de morte e vida é da ordem do grotesco: "*os excrementos têm o valor de alguma coisa a meio caminho entre a terra e o corpo, alguma coisa que os une. São assim algo intermediário entre o corpo vivo e o corpo morto em decomposição, que se transforma em adubo.*"[53]

É essa concepção de corpo que está no âmago da inversão carnavalesca (aparecendo na linguagem, por exemplo, pela paródia, pelo xingamento, pela grosseria ou pela obscenidade), um corpo que não é o do cânone clássico, harmonioso e ideal, mas que é festejado em toda sua materialidade. Tal ideia de corpo vai de encontro com o cadáver, puro despojo físico, pura matéria corpórea. A inversão carnavalesca testemunha o processo morte-vida do corpo macabro,

---

48 "*Se o dejeto significa o outro lado do limite, onde eu não estou e que me permite ser, o cadáver, o mais repugnante dos dejetos, é um limite que a tudo abarcou. Não sou mais eu quem expulsa, "eu" é expulso. O limite se tornou um objeto. (...) Desprovido de mundo, eu deixo de existir.*"(Kristeva, 1983, p. 12.)
49 Bakhtin, 1987, p. 19.
50 Bakhtin, 1987, p. 21.
51 Bakhtin, 1987, p. 23.
52 Em sua tentativa de determinar a natureza do grotesco, Wolfgang Kayser afirma que as imagens da dança do morte pertencem ao seu repertório. Apesar de não desenvolver mais a proposição, lembra que "*o crânio com seu esgar e o esqueleto a mexer-se são motivos que, com seu conteúdo macabro, entram na estrutura do grotesco.* (Kayser, 1986, p. 159).
53 Bakhtin, 1987, p. 151.

em decomposição, voltando à terra, nutrindo-a. Se o realismo grotesco pressupõe esse eterno ciclo de vida e morte em uma mesma figura, o macabro traz à baila, e ao baile, um corpo que se dissolve e se reintegra – e por ser esse corpo grotesco, carnavalesco, ele também aparece na festa.

A presença da Morte no Carnaval

Apesar da importância do Carnaval no cotidiano medieval, a transição da Idade Média para a Renascença foi um período turbulento, como já vimos. Vida e morte se misturavam de maneira inextrincável naqueles séculos. O momento da passagem entre o século XIV e o século XV foi crucial para as mentalidades ocidentais. Além de marcar a fragmentação do sistema feudal, foi um momento de crise generalizada (superpopulação, escassez, fome, guerra dos cem anos, peste negra, revoltas urbanas). Via-se uma Europa dizimada, esfomeada, devastada. Para Georges Minois, não havia do que rir – ou melhor, o riso era então, nervoso, de agonia: *"desabrido, cacofônico, contestatório amargo, infernal – o riso dos alegres esqueletos da dança macabra."*[54]

Rir, nesse contexto era uma "reação pelo divertimento" – também uma forma de inversão, o paradoxo do sentimento diante de uma avalanche de mortandade e desesperança. Zombar da morte, colocando-a como convidada especial da festa era, por um lado, agregar a tristeza ao espaço-tempo da alegria; por outro, sinal de ousadia, uma vitória alegórica e temporária da humanidade sobre ela. Pode-se constatar, assim, que *"os homens do século XV, enlouquecidos com as desgraças da época, brincaram com seus medos. Quando o mundo se torna absurdo, quando as catástrofes se acumulam a esse ponto, que fazer senão rir? Rir de tudo, rir de todos, dos excluídos e dos poderosos, da loucura e da morte, de Deus e do diabo."*[55]

E foi justamente daquele contexto turbulento que emergiram as representações do macabro do fim da Idade Média, que causaram impacto tão profundo no imaginário popular a ponto de invadirem outras esferas da vida. Serviram até como motivo decorativo, usados em objetos domésticos como móveis (se conhece, ao menos, uma cama em madeira, do século XVI, conservada no Musée des Arts d'Aix-la-Chapelle, e um baú de ébano no Musée des Antiquités d'Angers – ambos

---

54　Minois, 2003, p. 252.
55　Minois, 2003, p. 252.

esculpidos com imagens de danças macabras)[56] e acessórios indumentários (como o porta-adaga em latão cinzelado do Musée de l'Armée de Paris, que reproduz um fragmento da dança de Holbein[57]). É de se imaginar que, assim como foi apropriado pela esfera privada dos utensílios particulares, o macabro muito provavelmente aparecia nas festas públicas que, como lembra Jacques Heers, serviam também para revelar esse repertório dos, por assim dizer, "temas da moda".[58]

Foi dessa maneira que, no decênio de 1490, no então famoso carnaval de Florença, inaugurou-se a tradição do desfile do *"Triunfo da Morte"*, homônimo ao motivo iconográfico criado pouco tempo antes. Em um imenso carro,[59] todo coberto de tapeçarias negras, ornado de ossadas e cruzes brancas, transportava-se uma grande imagem da Morte armada com uma foice. A seus pés, caixões de onde saíam pessoas fantasiadas de esqueletos, que levantavam as tampas de seus falsos túmulos a cada batida do tambor. Atrás do carro, um coro vestindo preto e portando máscaras de feições cadavéricas, segurando tochas, entoando um canto denominado *"Miserere"*, cujos versos lembram muito a lição do *"Encontro dos três vivos e dos três mortos"*: *"Nós fomos o que sois, vós estareis morto, tal como nos vedes."*[60]

Colocando a Morte e os mortos no meio dos festejos, o grotesco medieval e renascentista cumpria seu papel regenerador: *"associado à cultura cômica popular, representa o terrível através de espantalhos cômicos, isto é, na forma do terrível*

---

56 Gabion, 2000, p. 93.
57 O objeto é bastante conhecido, apesar do site do Museu sugerir sua data de origem como ca 1400, anterior, portanto, ao nascimento do artista. Ver em: www.musee-armee.fr/collections/base-de-donnes-des-collections/objets/basilard.html. Há também à venda, no site da casa de leilões de objetos de artes Christies, um porta-fumo alemão para cachimbos do século XVII, em madeira esculpida com o tema da dança macabra. Apesar de parte da coleção "Le cabinet des curiosités" dos colecionadores Jacques e Galila Hollander, nada mais se disponibiliza de informações sobre o objeto. Ver em: www.christies.com?Le-cabinet-de-curiosites-24570.aspx
58 *Para lá dos meros divertimentos gratuitos, dos beberetes e das danças, e à margem de qualquer intenção alegórica, as festas anteriores à Quaresma exprimiam curiosidade, o desejo de agradar. Revelavam, por outro lado, embora de tão difícil interpretação, uma espécie de repertório dos temas da moda, apreciados pelo numeroso público da cidade.* (Heers, 1987, p. 175)
59 A presença de carros alegóricos nos desfiles de Carnaval evoca a tradição romana dos *carrus navalis*, procissão de barcos decorados em ocasiões festivas – daí provém uma das teorias sobre a etimologia da palavra *Carnaval*. (Cirlot, Juan Eduardo. Verbete "Barco", *Diccionario de Simbolos*. Barcelona: Siruela, 1997, p. 107)
60 A descrição desse "Triunfo" foi feita com base nas informações em Georges Minois (2003, p. 267) e Jacques Heers (1987, p. 194).

vencido pelo riso. O terrível adquire sempre um tom de bobagem alegre,"⁶¹de acordo com Bakhtin. Subvertendo os símbolos da agonia, fazendo troça e ridicularizando-os, procurava libertar o mundo da tristeza, vencendo-a pelo riso. Além do mais, como lembra Heers, *"não era difícil imaginar nos ornamentos e nas máscaras, nas cenas representadas nos carros, ou nas fantasias, figuras que traduziam os desejos de desafiar os interditos, de exaltar esta ou aquela brincadeira proibida."*⁶² A imagem da Morte no meio do divertimento devia, efetivamente, chocar e causar impacto e, por isso mesmo, devia ser ainda mais apreciada.

A possibilidade desses momentos de descontração e extravasamento sendo invadidos, como numa inesperada reviravolta, pelo horror da mortandade, transformando-se numa alegoria bizarra do trespasse, ultrapassa os séculos, desembocando no XIX. As mutações sofridas pelas danças macabras oitocentistas eram já sintomáticas dessa idéia: mortos confraternizando, promovendo banquetes e fazendo orgias, apropriando-se dos recursos dos vivos para se divertirem. É significativo que a expressão "dança macabra" apareça, ainda que muito rapidamente, na segunda parte do *Fausto* de Goethe – e, talvez, essa ligeira menção tenha até mesmo contribuído para a curiosidade a respeito do tema. A narrativa mostra a preocupação do porta-voz do Imperador ao anunciar a festa de máscaras do Mardi Gras: não como os vulgares e sinistros tipos de *"Totentänzen"* da tradição medieval, mas como uma artística emulação de uma mascarada florentina da Renascença, mais civilizada (segundo Heers, desde a época dos Médicis, *"o Carnaval florentino apresenta-se-nos como um magnífico exemplo de festa divertida, popular, outrora contestatória, depois recuperada para melhor proveito do homem no poder, e dos seus. (...) limita-se a oferecer-nos uma imagem pacífica da cidade satisfeita com ela própria."*⁶³). Goethe chegou experienciar um carnaval italiano em 1788, acontecimento que o teria impressionado muito positivamente, conforme seu depoimento em um ensaio denominado "Das Römische Karneval".⁶⁴

Apesar da distância temporal, a vivência do poeta alemão parece muito próxima da original, renascentista. O assunto, como se sabe, o interessava particularmente, tanto que foi organizador das festas da corte de Weimar, oferecendo

---

61 Bakhtin, 1987, p 34,
62 Heers, 1987, p. 181.
63 Heers, 1987, p. 201-218.
64 que, aqui, será citado em sua tradução francesa de 1862.

bailes e eventos inspirados por aqueles que presenciou.⁶⁵ Ao falar do Carnaval de rua, Goethe admite seu olhar de estrangeiro, que vê pela primeira vez *"une si grande masse vivante d'objets sensibles."*⁶⁶ Um aspecto do evento fica claro mesmo àqueles que acabavam de conhecê-lo: *"Le carnaval de Rome n'est pas proprement une fête qu'on donne au peuple, mais que le peuple se donne à lui-même."*⁶⁷ A festa popular feita por e para o povo quase não conta com a estrutura do Estado (*"L'État fait peu de préparatifs, peu de dépense (...) la police le dirige d'une main légère"*⁶⁸). Sem a pompa e os faustos que *"éblouisse les yeux des spectateurs"* das festas da Igreja ou dos castelos, que impressionam pelos brilhos, fogos e graves procissões piedosas, o que mobilizava o Carnaval de rua era o fato de que *"chacun peut se montrer aussi fou, aussi extravagant qu'il voudra, et qu'à exception des coups et du poignard, presque tout est permis."*⁶⁹ Assim que o sinal para a festa começar era dado, *"le grave Romain, qui se garde soigneusement de tout faux pas durant l'année entière, dépose tout à coup ses scrupules et sa gravité."*⁷⁰

Nesse estado em que quase tudo era permitido, todos eram iguais: *"la différence entre les grands et les petits semble un moment suspendue."*⁷¹ Livres dos formalismos que marcam a separação entre a classes, as pessoas se aproximavam umas das outras, em uma mútua sensação de *"bonne humeur universelle"*⁷² já estranhos à era contemporânea. Segundo Goethe, durante aqueles dias, os romanos podiam reviver as antigas saturnais, que a fé em Cristo fez recuar, mas nunca conseguiu abolir totalmente.

Tudo começava numa das vias principais, a Corso, entulhada de gente: *"la longue et étroite rue dans laquelle tournoie une foule innombrable* que *ne peut se*

---

65 Goethe foi o organizador dos folguedos e mascaradas da corte do duque Carlos Augusto (Bakhtin, 1987, p. 214)
66 *"uma enorme massa viva de objetos sensíveis."* (Goethe, 1862, p. 458.)
67 *"O carnaval de Roma não é exatamente uma festa que se oferece ao povo, mas uma festa que o povo se oferece a si mesmo."* (Goethe, 1862, p. 458.)
68 *"O Estado faz poucos preparativos, tem poucos gastos (...) a polícia o conduz com mãos discretas"* (Goethe, 1862, p. 459.)
69 *"cada um pode mostrar-se tão louco, tão extravagante quanto quisesse, que, com exceção às brigas e ao punhal, quase tudo era permitido."* (Goethe, 1862, p. 459.)
70 *"o sério Romano, que durante o ano inteiro se abstém cuidadosamente de todo passo em falso, de repente deixa de lado escrúpulos e sobriedade."* (Goethe, 1862, p. 463.)
71 *"a diferença entre os grandes e os pequenos parece suspensa por um momento."* (Goethe, 1862, p. 459.)
72 Goethe, 1862, p. 459.

voir d'um coup d'oeil dans toute son étendue; à peine distingue-t-on quelque chose dans le théâtre du tumulte que l'oeil peut saisir."[73] A massa avançava por ruas previamente decoradas com flores, véus e tapetes, transformadas assim em grandes salões de baile: *"les petites gens, les enfants, sont dans la rue, qui cesse d'être une rue; elle ressemble plutôt à une grande salle de fête, à une immense galerie decorée."*[74] Entregue aos prazeres, à bebida e às batalhas de *confetti* e de frutas, a multidão aumentava a cada hora, *"les masques deviennent plus nombreux,"*[75] assim como os travestidos – homens usando trajes de mulheres de classes inferiores, com o peito descoberto e ar de coqueteria, provocando todos que passam por eles, com insinuações ou grosserias; mulheres fantasiadas de Polichinelo. Cada mascarado atuava de acordo com sua nova identidade, como num teatro sem palco - como o falso advogado que saltava declamando defesas como se estivesse diante de um tribunal, atacando outros foliões com ameaças de processos e inventando motivos para eles. Muitos eram os que se fantasiavam de mendigos e mendicantes: cabelos longos, *"un masque tout blanc,"*[76] uma pequena vasilha de água, um cajado e um chapéu nas mãos, com os quais esmolavam uma prenda qualquer às pessoas. *"Les habits ordinaires de tous les états servent aussi de masques,"*[77] e também a indumentária antiga, o vestuário de outros povos, de outras épocas, tudo virava disfarce. Alguns inventavam uma figura extravagante para fazer graça, como o mascarado que segurava grandes chifres removíveis e os colocava na cabeça quando se aproximava de um casal, fazendo tocar vivamente os sininhos que tinham nas pontas e provocando grandes gargalhadas.

O desfile de carros acontecia todos os dias do Carnaval, mas era no último que se viam os mais elegantes e magníficos. Eles eram decorados e mesmo os cavalos ganhavam fantasias. Sobre os carros, as mais belas romanas eram dispostas e elas acenavam alegremente para o público. Alguns carros eram temáticos e neles se encenavam representações mitológicas e alegóricas, cada um buscando se dis-

---

73 *"a longa e estreita rua na qual volteia uma grande multidão que não se consegue ver de uma só vez em toda a sua extensão; distingue-se muito pouco no teatro do tumulto que o olho pode captar."* (Goethe, 1862, p. 459.)
74 *"gente do povo, crianças estão todos na rua que deixa de ser uma rua; assemelha-se mais a um grande salão de festas, a uma imensa galeria decorada."* (Goethe, 1862, p. 463.)
75 *"o número de mascarados aumenta"* (Goethe, 1862, p. 463.)
76 *"uma máscara inteiramente branca, "* (Goethe, 1862, p. 465.)
77 *"Os trajes do dia a dia de todas as profissões também servem de fantasia, "* (Goethe, 1862, p. 466.)

tinguir e chamar mais atenção que o outro. As sacadas dos prédios se enchiam de gente para assistir aos espetáculos.[78]

Mas a experiência italiana não era padrão – e mesmo ela possuía seus momentos de transtorno.[79]Durante os dias do Carnaval, onde quer que fosse, o estrangeiro possivelmente se sentiria desprotegido fundido à massa local, vulnerável à violência anônima dos mascarados.

O descontrole causado pelo clima de licenciosidade e pelos excessos era frequentemente uma preocupação das autoridades e, no século da Razão, os festejos encontram inimigos: *"os Carnavais, as mascaradas não são resquícios de fanatismo, de ritos grosseiros e supersticiosos, intoleráveis na França esclarecida e regenerada? Por toda parte, as novas autoridades tentam proibir as festas tradicionais"*[80], lembra Minois - e, certamente, o movimento não se limitou à França. Bakhtin comenta a absoluta incompreensão (e aversão, em alguns casos) dos Iluministas diante da obra de Rabelais,[81]o que é bastante significativo em expor a repulsa por essas manifestações "grosseiras" da cultura popular. O realismo grotesco do corpo carnavalesco (que, lembremos, é também o corpo macabro), não condizia com a imagem higienizada do corpo burguês vitoriano, fechado para o mundo, limpo, cujas necessidades fisiológicas e as repugnâncias eram escrupulosamente dissimuladas – e, no limite, escondidas, negadas.

Ele se ligava a outro tipo de grotesco, romântico, que consistia numa *"reação contra os cânones da época clássica e do século XVIII"* e que reinterpretava o grotesco medieval.[82]Porém, ao contrário do grotesco da Idade Média e do Renascimento, diretamente relacionado com a cultura popular e com a comi-

---

78 Mas Goethe também experiencia um grande baile de máscaras do *beau monde* no Teatro Aliberti, *magnifiquement éclairé* na ocasião. Lá, mascarados e não mascarados se misturam aos fantasiados com pompa, em trajes que imitavam épocas diversas e estátuas famosas ou divindades egípcias, gregas e romanas. Nessas festas, se dançava em filas, como nos bailes da corte, apesar de que a ocasião carnavalesca fazia os gestos serem mais afetados e cênicos – alguns casais até mesmo representavam cenas. (Goethe, 1862, p. 480.)
79 Goethe fica particularmente sensibilizado com a bagunça e a sujeira resultante da corrida de cavalos, competição que marcava o fim de cada dia de desfiles de carros. (1862)
80 Minois, 2003, p. 463.
81 *No conjunto, os filósofos das Luzes não souberam compreender nem apreciar Rabelais (...) Para Voltaire, o livro de Rabelais é algo extravagante e ininteligível. É uma mescla de erudição, sujeira e aborrecimento.* (Bakhtin, 1987, p. 100-101. Sobre o assunto, ver todo o capítulo 1, "Rabelais e a história do riso")
82 Bakhtin, 1987, p. 33.

cidade, o grotesco romântico é do isolamento, grave, *"espécie de carnaval que o indivíduo representa na solidão"*. A corporeidade de suas representações se perde em função do pensamento, das abstrações, como se a sensação carnavalesca do mundo tivesse deixado de ser vivida de fato.[83] Quando o século XIX olha para o grotesco medieval, perde a compreensão dessa comicidade reguladora, e interpreta suas manifestações (como a dança macabra, por exemplo, com seus mortos alegres e saltitantes)*"com absoluta seriedade"*.[84]

No *Promontorium Somnii*, série de elucubrações sobre a arte e a literatura, Victor Hugo claramente mistura as duas vias, retomando a alegoria da dança macabra numa leitura contemporânea, concebendo-a como a própria vida (*"L'homme danse volontiers la danse macabre et il la danse sans le savoir"*[85]). Nessa divagação poética, o baile de Carnaval não passa de uma festa de fantasmas, um sabá (ambas imagens medievais de inversão carnavalesca), onde a fantasia confunde-se com a mortalha e a máscara é uma "face morta" em meio ao divertimento.

> L'homme danse volontiers la danse macabre, et, ce qui est bizarre, il la danse sans le savoir. C'est à l'heure où il est le plus gai qu'il est le plus funèbre. Un bal en carnaval, c'est une fête aux fantômes. Le domino est peu distinct du linceul. Quoi de plus lugubre que le masque, face morte promenée dans les joies! L'homme rit sous cette mort. La ronde du sabbat semble s'être abattue à l'Opéra, et l'archet de Musard pourrait être fait d'um tibia. Nul choix possible entre le masque et la larve. *Stryga vel masca*. Qui sait si cette cohue obscène n'a pas, en venant ici, laissé derrière elle des fosses vides?[86]

---

83 Bakhtin, 1987, p. 33.
84 Bakhtin, 1987, p. 44.
85 *"O homem dança de bom grado a dança macabra e o faz sem saber"*
86 *O homem dança de bom grado a dança macabra e, o mais estranho é que ele o faz sem saber. É quando está mais alegre que é mais fúnebre. Um baile de carnaval é uma festa de fantasmas. O traje carnavalesco distingue-se pouco da mortalha. Há algo mais lúgubre do que o rastro da máscara, face morta entre as alegrias! O homem ri sob essa morte. A roda do sabá parece ter se dirigido à Ópera, e o arco de Musard poderia ser feito de uma tíbia. Nenhuma escolha é possível entre a máscara e a larva. Stryga vel masca. Quem garante que essa multidão obscena, ao vir para cá não deixou fossas vazias atrás de si?* (Hugo, 1937, p. 304.)

A máscara

Contribui para esse desconforto diante da festa carnavalesca a impressão do anonimato generalizado, causado pelo uso da máscara. O mascaramento é uma das características primordiais da inversão do carnaval, presente desde seus primeiros registros. Permitindo assumir outra identidade ou mesmo identidade nenhuma, facilita a representação de outros papéis sociais. Não tinha, na leitura de Bakhtin, um sentido negativo em seus usos nos ritos carnavalescos medievais e renascentistas. Traduziam *"a alegria das alternâncias, a alegre relatividade, a alegre negação da identidade e do sentido único"*, eram a máxima expressão *"das transferências, das metamorfoses, das violações das fronteiras naturais, da ridicularização, dos apelidos"*. Mas, quando vista pelos românticos:

> a máscara, arrancada da unidade da visão popular e carnavalesca do mundo, empobrece-se e adquire várias outras significações alheias à sua natureza original: a máscara dissimula, encobre, engana, etc. Numa cultura popular organicamente integrada, a máscara não podia desempenhar essas funções. No Romantismo, a máscara perde quase completamente seu papel regenerador e renovador, e adquire um tom lúgubre. Muitas vezes ela dissimula uma vazio horroroso, o "nada".[87]

Seu aspecto sinistro de dissimulação é bastante evocado pelos escritores do século XIX. Victor Hugo, no trecho citado anteriormente, fala da "face morta" da máscara carnavalesca, fisionomia sem expressão ou congelada, introduzida entre os divertimentos. Daí seu mistério – e também seu perigo - para além da mera brincadeira. Jean Lorrain, em suas *Histoires de masques*, traça uma imagem igualmente assustadora das mascaradas: *"Ils sont bruyants, débordants de mouvements et de gestes, ces masques, et pourtant leur gaieté est triste; ce sont moins des vivants que des spectres. Comme les fântomes, ils marchent pour la plupart enveloppés dans des étoffes à long plis, et, comme les fântomes, on ne voit pas leur visage."*[88] A composição lembra as pinturas de temas carnavalescos de Goya.

---

87 Bakhtin, 1987, p. 35.
88 "*São barulhentas, transbordantes de movimentos e gestos, essas máscaras, contudo têm uma alegria triste; são menos vivas do que os espectros. Como fantasmas, caminham em sua maioria enrolados em panos com longas pregas e, assim como os fantasmas, não podemos ver seus rostos.*" (Lorrain, 1900, p. 4)

Há ainda o caso da morte mascarada, da face que, já morta, se disfarça de vivo para penetrar no baile. É a Morte Rubra, de Poe. Ou ainda, a estatuazinha de terracota, de Ernest Christophe, que inspirou Baudelaire em seu poema *Danse Macabre*, uma personificação feminina da Morte, portando vestido de folhos e xale nos ombros, que segura na mão direita, uma máscara. Sua cara descarnada de caveira recebe um delicado e falso rosto para participar da festa, iludindo momentaneamente aqueles que a vêem adentrando o salão. Como a figura da morte criada por T. Gautier (em *La comédie de la mort*), que muda de máscara e de traje mais do que uma atriz – e como ela, sabe dissimular, não se mostrando como a *"maigre carcasse"* que exibe os dentes fazendo caretas horríveis:

> La mort est multiforme, elle change de masque
> Et d'habit plus souvent qu'une actrice fantasque;
> Elle sait se farder,
> Et ce n'est pas toujours cette maigre carcasse,
> Qui vous montre les dents et vous fait la grimace
> Horrible à regarder.[89]

Em uma das gravuras de *The English Dance of Death*, de Rowlandson (1814), é exatamente assim que a Morte se revela: tirando o disfarce no meio do salão, entre os fantasiados, causando horror em todos à sua volta. Os versos sob a imagem comparam a festa à vida, que a Morte interrompe abruptamente ("*Such is the power & such is the strike. / That ends the Masquerade of Life*"[90]). (Figura 1)

---

89 *La morte é multiforme, muda de máscara /E de vestes mais vezes do que uma atriz extravagante;/Ela sabe se maquiar, /E nem sempre é essa magra carcaça, /Que vos mostra os dentes e faz a careta/Horrível de se ver.* (GAUTIER, 1838, p.39.)
90 *"Tal é o poder & tal é o golpe. / Que encerra a Mascarada da Vida"*

Figura 1: "A Morte no Baile de Carnaval", em *The English Dance of Death*, de Thomas Rowlandson, 1814.

Esse foi, a propósito, o uso de um outro tipo de máscara na Idade Média Tardia: não a da folia, mas a máscara mortuária, que surge no começo do século XIV.[91] Feitas em materiais diversos, esculpidas e estilizadas, para serem colocadas sobre a fronte do defunto, eram de uso comum nas cerimônias fúnebres da Antiguidade. Mas a máscara mortuária medieval, de gesso ou de cera, não mais escondia sua fisionomia. Pelo contrário, registrando seus traços e simulando sua aparência de vivo (eram moldadas no rosto do moribundo ou imediatamente depois do falecimento), ajudavam a disfarçar as distorções faciais post-mortem. Com o desenvolvimento de pompas funerárias mais complexas entre a nobreza a partir do Renascimento, o momento do enterro se adiava em prol de velórios abertos ao público ou mesmo de eventos que exigiam o corpo presente, como a última missa ou a procissão até o local do sepultamento – Michel Vovelle lembra o exemplo de Carlos VI da França, que permaneceu mais de dez dias insepulto após o óbito, participando de exéquias oficiais. A apresentação do corpo ao natural se tornava inapropriada e adotou-se o hábito de substituir o cadáver por uma efígie ou ao menos vesti-lo com seus trajes reais, cobrindo seu rosto com o falso

---

91 Vovelle, 1983, p. 111.

semblante em cera.⁹² Esse uso da máscara como disfarce que cobre um cadáver, de feições possivelmente desfiguradas e horríveis, simulando seu rosto de vivo e escondendo a deterioração, tão comum nos séculos modernos, talvez tenha contribuído para o imaginário da máscara aterrorizante dos oitocentos.

O medo da multidão toda disfarçada, ou mesmo de um único indivíduo transfigurado em meio à turba, e, por isso, apto a cometer qualquer tipo de infração, foi um dos motivos que levou à divisão do Carnaval em festa pública e evento fechado de salão a partir do final do século XVI. ⁹³Aumentando a distância entre cultura popular e de elite, ocorriam as primeiras festividades fechadas, uma reação às catárticas e imprevisíveis manifestações de massa. A demonização do Carnaval acontecia paralela ao mesmo movimento em relação aos sabás, ambos banidos da sociedade renascentista, ora por rememorarem os tempos medievais, ora por exporem uma realidade às avessas. Há de se lembrar do contexto dessa

---

92 *En France le masque funèbre des rois n'est indiscutable qu'en 1461 (Charles VII), l'usage est attesté en Italie vers la même époque (Bernardin de Sienne 1444, Brunelleschi 1446), en Angleterre plus tard sans doute. (...) Ce trait, dans lequel on a parfois voulu voir un moyen d'escamoter la dépouille mortelle, mais qui est aussi bien – et à mon sens plus encore – une manière de pérenniser l'apparence de la vie, connaît une bien curieuse évolution.* (Na França, é apenas em 1461 (Charles VII) que o uso da máscara fúnebre dos reis não deixa dúvidas, seu uso é verificado na Itália na mesma época (Bernardin de Sienne 1444, Brunelleschi 1446), na Inglaterra, sem dúvida, é mais tardio. (...). Essa característica, na qual por vezes se quis ver um meio de escamotear o cadáver, mas que é também – e no meu ponto de vista ainda mais – uma maneira de perenizar a aparência da vida, conhece uma evolução bem curiosa. [Vovelle, 1983, p. 112 e 335])

93 O *Carnaval muda de tom no século XVI*, considera Geroges Minois, dando uma série de exemplos de como a festa de rua passava a ser um evento violento, de ataques religiosos e reinvidicações políticas, tendo de ser interditada em vários lugares da Europa pelos poderes administrativos, especialmente naqueles em que a Reforma se alastrava. A mistura de comemoração desenfreada num espaço-tempo de exceção à normalidade com vinho e disfarces de máscaras resultava em um estado difícil de conter. O Carnaval de Romans, em 1580, por exemplo, terminou com uma dezena de mortos após conflito armado. Minois faz uma lista extensa de outros eventos carnavalescos terminados em tragédia entre os século XVI e XVII, no capítulo *Acabou-se o riso* de sua *História do riso e do escárnio* (2003, p. 317 – 363). Caro Baroja comenta as proibições de brincadeiras violentas no Carnaval de Madrid lançadas pela prefeitura, primeiro em 1586, repetindo-se em 1599, 1606, 1607, 1608, 1612, 1613, 1624, 1626, 1629, 1644, 1646, 1651, 1699, 1673. *Seguimos avanzando en el tiempo y las autoridades, imperturbables, dan leyes semejantes hasta cuarenta veces, según mi cuenta, de 1721 a 1773.* (1965, p. 154)

Europa Ocidental, desestabilizada pelas forças reformadoras, humanistas e absolutistas, que passava a problematizar a inversão carnavalesca das normas. O mundo já estava descontrolado demais e as imagens grotescas dos quadros de Bosch ou de Bruegel não pareciam mera ficção.

Dois Carnavais

O Carnaval finalmente se divide em dois em meados dos seiscentos.[94] Por um lado, assumia a forma de festejo urbano, mais controlado e institucionalizado, mas ainda caótico, persistindo as danças lúbricas, o travestimento, gestos exacerbados, canções populares de duplo sentido, obscenidades. Funcionando como válvula de escape, o povo exorcizava, nele, suas angústias e o peso da existência, ainda que debaixo do olhar vigilante das autoridades. O outro, evento aristocrático e oficial, sob forma de festa de salão com mascarada, era limitado às elites. Neste, a festa se civiliza, se refina, se intelectualiza – como, afinal, acontecia com todos os hábitos da nobreza (efeito do "processo civilizador", que teve em Norbert Elias seu grande intérprete). Comemorava-se com fartura e fausto: no Carnaval cortesão não havia lugar para a tristeza, tampouco para o macabro, pois a riqueza celebra a vida. Daí a decisão do príncipe Próspero, na *Máscara da Morte Rubra*, de E.A.Poe, de oferecer uma mascarada em seu castelo, como se o luxo fosse um escudo, como se fosse possível isolar-se, assim, da epidemia que grassava do lado de fora.

De qualquer maneira, *"já não "Festas dos Loucos" mas festas dos ajuizados, dos dignos recompensados."*[95] As Festas dos Loucos, aliás, nessa conjuntura, ensaiavam sua despedida: mesmo havendo registros até os primeiros decênios do século XVII, à medida que o carnaval se sistematizava, elas foram escasseando até desaparecerem. O divertimento desregrado e desenfreado dava lugar aos mais controlados e organizados: cortejos e espetáculos feitos no espaço público passavam a corresponder a determinadas intenções, políticas até, e, desde então, a espontaneidade não foi mais possível.[96]

Assim, depois do Renascimento, de acordo com Bakhtin, assiste-se a um processo de redução das formas carnavalescas populares, que perdem seu caráter de transgressão ritualizada implicando a metamorfose dialética da ordem para

---

94 Minois, 2003, p. 458.
95 Heers, 1987, p. 219.
96 Heers, 1987, p. 223 a 227.

negá-la e reafirmá-la incessantemente, para se tornarem apenas... festas: "*A visão do mundo carnavalesco com seu universalismo, suas ousadias, seu caráter utópico e sua orientação para o futuro, começa a transformar-se em simples humor festivo.*"[97]

Esse mesmo processo de separação do Carnaval verificou-se no Brasil do século XIX quando, após a chegada da corte ao Rio de Janeiro, fomentou-se pela primeira vez uma cultura cortesã, cujos refinamentos alterariam a maneira de se vivenciar o período carnavalesco. Até então, a brincadeira praticada nos dias gordos que antecediam a Quarta-Feira de Cinzas era o Entrudo. Atividade popular aberta a todos, o Entrudo tinha origem portuguesa e, tendo penetrado no Brasil no século XVI, difundiu-se pelo Nordeste, Rio de Janeiro, Minas Gerais, São Paulo e até Santa Catarina e Rio Grande do Sul.[98] Tratava-se do jogo de atirar água com seringas e vasilhas, ovos ou finíssimas esferas de cera cheias de água perfumada (chamadas de *laranjinhas* ou *limões-de-cheiro*). Podia-se, logo após molhar o alvo, lançar um punhado de farinha ou polvilho, piorando sua situação e aumentando a graça do ataque (como mostra a gravura de Jean-Baptiste Debret, *Dia d'entrudo*, de 1823).

Em *As Mulheres de Mantilha*, Joaquim Manuel de Macedo nos presenteia com um depoimento bastante completo sobre a farra que tomava conta da cidade:

> O entrudo era durante os três dias que se chamam do carnaval, o jogo delirante de todas as idades, desde o menino até o velho, de ambos os sexos, e de todas as classes da sociedade, de todas, porque também os escravos jogavam entre si. O jogo consistia essencialmente em molharem-se uns aos outros; o exaltamento e o frenesi dos jogadores, uma vez travado o combate, não se limitavam a água e com outros meios enxovalhavam, como podiam (...)
> Quem não queria jogar o entrudo, trancava as portas e janelas de sua casa, e não saía à rua durante três dias.[99]

Qualquer um na rua era uma vítima em potencial. Verdadeira "guerra" pública, o Entrudo envolvia toda a gente, de todas as idades e condições sociais – inclusive e especialmente os negros, que tinham na festa a oportunidade de se misturar e de folgar com os brancos. Essa presença negra expunha o ridículo das

---

97 Bakhtin, 1987, p. 30.
98 Monteiro, 2010, p. 3.
99 Macedo, 1988, p 25.

maneiras ditas "civilizadas" da corte, que impressionavam a população média. Para brincar o carnaval, muitos pintavam o rosto e fantasiavam-se de europeus, simulando as mesuras e os trejeitos afetados da etiqueta aristocrática, provocando e caçoando de seus opressores. *"Tal prazer não é difícil de compreender: além da folga e do divertimento, os negros faziam do entrudo ocasião para inverter os sinais, e rir dos brancos."*[100]

Mas a entrada da referência cortesã na cultura brasileira despertou novas demandas de sociabilidade. Em 1840 realizou-se o primeiro "carnaval veneziano de máscaras" no Rio de Janeiro, no teatro São Januário, que parece ter sido um grande sucesso – tanto que se estabeleceu como evento oficial: *"separou-se a festa de rua, popular e negra, embora de origem portuguesa – o entrudo -, da festa do salão branco e segregado, o Carnaval."*[101] Dois anos após a proibição do Entrudo, anunciava-se evento semelhante em São Paulo, em 1856, em clubes privados da elite paulistana.[102]

Esse novo Carnaval fechado, promovido nas mansões dos mais ricos ou nos teatros e agremiações, tornou-se símbolo de status – tanto oferecê-los quanto participar deles, fosse como convidado ou pagante. As fantasias aí eram rebuscadas e não andrajos improvisados, as máscaras eram compradas no comércio especializado, que as importava diretamente da Itália.[103] De lá, também vinham outros costumes carnavalescos, como o desfile com carros alegóricos decorados

---

100 Cunha, 2001, p. 57.
  A autora complementa, mais adiante: *São inúmeras as referências ao fato de que eles pintavam a "carapinha" e as próprias peles com farinha ou alvaiade, realçando as bochechas com vermelhão. Caracterizando-se de "brancos", criavam um simulacro do outro para ridicularizá-lo. Tal brincadeira, no contexto de uma sociedade escravista, não pode ser compreendida apenas como consentimento senhorial para permitir uma "válvula de escape"por meio da qual a dominação possa ser realimentada. Ao contrário, ela serve para explicitar e ampliar o mal-estar entranhado nas relações raciais e sociais: trata-se sem dúvida de uma expressão teatralmente cômica dos conflitos e tensões do dia-a-dia, elaborando um discurso sobre a desigualdade e a injustiça ao explicitar a percepção que os negros tinham dos senhores."*(p. 58) Todo o estudo de Maria Clementina Cunha sobre o Carnaval se baseia na análise dessas tensões sociais que emergiam durante durante os festejos, especialmente as de cunho racial.
101 Alencastro, in: Novais, 1997, p. 52.
102 Alancastro, in: Novais, 1997, p. 52.
103 Alencastro, in: Novais, 1997, p. 52.

e as personagens da *commedia dell'arte*, como Pierrô, Arlequim, Colombina, que "*desconhecidas no Brasil, incorporam-se ao folclore urbano e literário nacional*."[104]

Apesar de interdito, o festejo de rua nunca foi efetivamente extinto: "*a morte do entrudo foi comemorada muitas vezes, desde a década de 50 do século XIX. Sua ressurreição a cada ano era também objeto dos mais irados comentários escritos ou gráficos [na imprensa]*."[105] Entre os decênios de 1850 e 1860, os clubes e agremiações carnavalescas começavam a organizar as passeatas de carros nas principais avenidas (primeiro no Rio de Janeiro e logo em São Paulo e outras capitais). A lógica invertida do Carnaval se tornava mais complexa com essa discrepância a céu aberto: ao lado dos grupos abastados que tentavam instituir o "verdadeiro Carnaval" de inspiração europeia, coexistiam as selvagens laranjinhas e bisnagas d'água.[106]

Além das fantasias de falsos nobres, geralmente envergadas pela população mais pobre e negra, um outro personagem, saído dessa mesma camada, aterrorizava os foliões na Corte: o *diabinho*.

> Com suas roupas encarnadas, chifres e longas caudas pontudas, os endemoniados "diabinhos" personificavam os horrores dos partidários do Carnaval europeizado – mas também encontravam paralelo na grande procura pelas caríssimas fantasias e máscaras de Mefisto que apareciam anunciadas pelas casas finas da rua do Ouvidor. Fantasia antiga, que por muitas décadas ocupou lugar de destaque nas escolhas da população mais pobre da cidade, mas que causava um crescente temor (...)[107]

O temor era explicitado pela imprensa que durante os dias de festa noticiava roubos e confusões diversas causadas pelos diabos, identificados como escravos, forros e capoeiras, que se aproveitavam da condição temporária de anonimato.[108]

Mas não era apenas a presença mascarada do negro que importunava o folião. Moritz Lambert, viajante alemão que visitava o Brasil em meados do século oferece um relato pungente da sensação de estranheza causada pelo contato com a multidão nos festejos de rua:

---

104 Alencastro, in: Novais, 1997, p. 52.
105 Cunha, 2001, p. 66.
106 Cunha, 2001, p. 25.
107 Cunha, 2001, p. 37.
108 Cunha, 2001, p. 37.

No domingo de entrudo de tarde começam a percorrer as ruas que pouco a pouco vão se enchendo de diversas sociedades carnavalescas, munidas dos instrumentos de música os mais variados. Depois, aparecem os mascarados bem fantasiados em carros, a cavalo e a pé. O povo cada vez aumenta mais; *o ruído torna-se atordoador; a confusão, medonha.* [...] As sacadas que nenhuma casa aqui dispensa estão apinhadas na maior parte de senhoras [...]. Atiram limões aos centos sobre os mascarados; mas sobretudo o que mais as diverte é atirá-los sobre amigos e conhecidos, que procuram garantir-se e que por seu lado correspondem a essa amabilidade [...] De repente, como por encanto, nessa imensa confusão, há uma interrupção, faz-se silêncio e, ao longe, ouve-se o som de timbales, castanhetas e tambores [...] O clangor vai aumentando cada vez mais até transformar-se finalmente em ruído estrondoso, que agora retine pelas ruas de modo selvagem e guerreiro [...] Na frente caminham duas fileiras de negros corpulentos tocando seus instrumentos [...] *Atrás vem uma multidão selvagem, gritando e gesticulando* [...] [109]

Há de se admitir que a cena diverge drasticamente do que se esperaria de uma animada e colorida festa de carnaval. A atmosfera de "selvageria" causa apreensão, anunciando que, dentro da massa em êxtase, tudo pode acontecer. A tensão é nítida no relato: a molhadeira do entrudo podia, facilmente, se transformar em violência, potencializada pela mistura entre raças, entre as classes, entre os sexos, pela gritaria, pelo batuque pulsante da percussão, pelo álcool. "*Nas ruas e praças a multidão estrepitosa tresloucava sem medida; os gritos e as gargalhadas, às vezes injúrias e violências (...)*" – a advertência é de Joaquim Manuel de Macedo – "*sobravam os casos em que os velhos mais austeros e severos e as donzelas mais mimosas e as mais acanhadas, aborrecendo o entrudo, desde que, a despeito de suas pragas e de seus protestos, se viam molhados, perdiam as cabeças, e se tornavam furiosos jogadores do jogo d'água.*"[110] É o que mostra a litografia do carioca Frederico Guilherme Briggs, Os resultados do entrudo, de 1840 (fi-

---

109 Moritz Lamberg citado em Cunha, 2001, p. 23. (Os grifos são meus.)
   Cunha chama a atenção para o fato de que o relato se refere à Recife, e não ao Rio de Janeiro – "*mas seus elementos, como as sociedades carnavalescas, os mascarados, as famílias ricas nas sacadas, os limões-de-cheiro, os préstitos"à moda africana", etc, são constantes em diversas capitais brasileiras e, sobretudo, no Carnaval da Corte desse período.*" (2001, p. 317, nota 2 do Capítulo 2).
110 Macedo, 1988, p. 86.

gura 2). A confusão e a licenciosidade carnavalesca terminavam muitas vezes em gravidez indesejada, doenças constrangedoras, chibatadas, prisão, ferimentos graves... e morte.

Figura 2: *Os resultados do Entrudo*, de Frederico Guilherme Briggs, 1840.

O salão hipoteticamente protegia seus convivas dos perigos e da violência da festa de rua, causada pela desmedida dos foliões anônimos. Essa noção, o Carnaval da Corte importou da Europa - mas mesmo lá, havia exceções.

Em 1832, vivendo em Paris como jornalista, correspondente da *Gazette universelle d'Augsbourg* e do *Allgemeine Zeitung*, Henrich Heine testemunhou o surto de cólera que acometeu a cidade em plena temporada de festejos carnavalescos, e escreveu sobre o pânico causado pela epidemia no diário de seus primeiros anos na capital francesa, publicado posteriormente em francês com o título *"De la France"*. Conta o autor alemão a respeito da doença: *"C'était un bourreau masqué, qui marchait dans Paris, escorté d'une invisible guillotine ambulante."*[111] Toda manhã, seu empregado doméstico lhe anunciava a lista de mortos do dia anterior, chamando sua atenção para o caso de algum conhecido ter sucumbido, e depois, suspirando, dizia: *"Nous serons mis tous l'un après l'autre dans le sac!"* [112]– o que não era absolutamente uma figura de linguagem: *"les cercueils manquèrent bientôt, et la plus grande partie des morts furent enterrés*

---

111 *"Era um carrasco mascarado, que caminhava em Paris, seguido por uma invisível guilhotina ambulante."* (Heine, 1873, p. 131.)
112 *"Seremos, um após o outro, colocados no saco!"*

dans des sacs." ¹¹³O poeta se recorda de observar os sacos de tecido branco sendo empilhados diante de um edifício, indiscriminadamente, e depois sendo colocados em charretes que os levariam às valas: *"Je me rappelle que deux petits enfants, à mine affligée, regardaient en même temps que moi, et que l'un d'eux me demanda si je ne pouvais lui dire dans quel sac était son père."*¹¹⁴

A irrupção do cólera naqueles meses foi, provavelmente, o que de mais próximo à Peste Negra viveu o século XIX. O mal que *"sans égard pour le rang ni pour l'opinion, abat par milles ses victimes"*¹¹⁵, chocava a todos pela aparência horrível dos acometidos. É certo que, antes de sua chegada, segundo Heine, a população recebia notícias da doença em Londres, onde não fizera muitas vítimas e, por isso, não se esperava que fosse tão feroz em Paris. Quando chegou, em 29 de março de 1832, era o dia da festa de *"Mi-Carême"*, comemoração tipicamente francesa que assinalava a metade da Quaresma – um tipo de Carnaval fora de época. Fazia tempo bom, de acordo com Heine, e os parisienses passeavam animadamente pelos bulevares portando suas máscaras, entre elas, algumas que parodiavam a aparência dos infectados de cólera, com sua *"couleur maladive et figure defaite, raillaient la crainte et la maladie elle-même"*.¹¹⁶ Naquele mesmo dia, no fim da tarde, os bailes estavam lotados de foliões.

> Les bals furent plus fréquentés que jamais; les rires les plus présompteux couvraient presque la musique éclatante; on s'échauffait beaucoup au chahud, danse peu équivoque; on engloutissait à cette occasion toutes sortes de glaces et de boissons froides¹¹⁷

– isto é, ainda que fazendo troça do contágio, a impressão era de que esse sentimento *mascarava* o pânico coletivo – denunciado pelos risos escan-

---

113 *"os caixões logo começaram a faltar, e a maior parte dos mortos foram enterrados dentro de sacos."*

114 *"Eu me lembro que duas criancinhas, de rostos aflitos, olhavam ao mesmo tempo que eu, e que uma delas me perguntou se eu sabia em que saco estava seu pai."* (Heine, 1873, p. 132.)

115 *"sem considerar a posição social ou a opinião, abate aos milhares as suas vítimas"*

116 *"cor doentia e figura desgrenhada, zombavam do medo e da própria doença"*

117 *Os bailes eram mais frequentados que nunca; as gargalhadas mais presunçosas quase sobrepujavam a música ruidosa; as pessoas se excitavam com o chahud, dança pouco pudica; nessa ocasião engolia-se todo tipo de sorvetes e bebidas frias.*

dalosos, mais altos que a música, pela coreografia desenfreada e excêntrica do *chahud*[118], pela glutonaria.

O relato, a partir daí, se torna tétrico: "*tout à coup le plus sémillant des arlequins sentit trop de fraîcheur dans ses jambes, ôta son masque et découvrit à l'étonnement de tout ce monde um visage bleu violet.*"[119] Quando tira a máscara e revela o contágio, o pavor se espalha rapidamente entre os presentes:[120] "*on s'aperçut tout d'abord que ce n'était pas une plaisanterie, et les rires se turent, et l'on conduisit bientôt plusieurs voitures de masques du bal immédiatement à l'Hôtel-Dieu, hôpital central où, en arrivant sous leurs burlesques déguisements, le plus grand nombre moururent.*" [121]Esses primeiros mortos, vítimas do cólera e do terror do povo, foram enterrados tão apressadamente que portavam ainda suas coloridas fantasias.

A epidemia progride. Em apenas um dia, 10 de abril, foram contabilizados 2 mil mortos – e a população acreditava que o número era ainda maior do que os anúncios tentavam fazer acreditar. "*Mon barbier me raconta* – prossegue Heine - *qu'une vieille femme était restée toute la nuit à la fenêtre, dans le faubourg Montmartre, pour compter les cercueils qu'on faisait passer devant sa maison, et qu'elle en avait vu trois cents; puis, quand vint le jour, saisie par le froid et par les douleurs du choléra, elle-même expira.*" [122] A continuação da narrativa se assemelha muito a de outros flagelos: cadáveres apodrecidos amontoados pelas vias,

---

118 Segundo o relato de Heine, dançava-se o *chahud* ou *chahut* – trata-se de outra designação para o *can-can*.

119 "*repentinamente, o mais alegre dos arlequins sentiu muito frio nas pernas, tirou a máscara e revelou para a surpresa de todas aquelas pessoas um rosto violáceo.*"

120 A semelhança com o conto de Edgar A. Poe é inegável. Mais à frente, Heine comenta que, ainda que o cólera atingisse "*avec une préférence visible*" a classe mais pobre, os ricos *não deixaram de fugir* e que uma boa parte da *haute finance* igualmente deixou a cidade e foi viver em seus castelos – tal como a corte do príncipe Próspero em The masque of the red death. (Heine, 1873, p. 143-144.)

121 *as pessoas logo perceberam que não era uma brincadeira, e os risos se calaram, e rapidamente levaram vários carros de mascarados do baile ao hospital central, o Hôtel-Dieu, onde, mal tendo chegado, ainda trajados com suas burlescas fantasias, um grande número deles morreu.*

122 "*Meu barbeiro me contou que uma velha senhora tinha passado a noite toda à janela, no faubourg Montmartre, contando os caixões que passavam por sua casa, e que tinha visto trezentos; então, ao amanhecer, tomada pelo frio e pelas dores do cólera, ela mesma expirou.*" (Heine, 1873, p. 148.)

falta de carroças para levá-los às fossas que enchem muito rapidamente, enterros solitários e anônimos, os sobreviventes trancafiados em suas casas.

A verdade é que *"le grand mal"*,[123] como Heine chama o cólera, não chegou nem perto da Peste Negra em termos de número de vítimas. Nesse surto de 1831 a 1837, a mortalidade foi de 2,4% da população parisiense, 1,5% da população em Moscou; 0,4% em Londres; Marseille 2,2%; Lille 1%; 5% em Genova, Veneza e Trieste 5% cada; Nápoles mais de 5%, Palermo de 10 a 15% e, o mais alto índice, na Catania e em Siracusa, por volta de 20%. No entanto, *"il devient l'image, ou le masque, de la mort"*,[124] segundo Michel Vovelle. A forte comoção relembrava as agressões da peste: uma doença que se acompanha a progressão territorial e se espera a chegada, que suscita a fuga em massa e, aos que ficam, o armazenamento de provisões, o fervor religioso, o desespero. Novamente, a iconografia macabra é evocada como metáfora para a situação: *"Cette irruption de la mort au milieu de la vie, retrouve, dans l'iconographie du temps, les traits de la danse macabre."*[125]

Essa mesma imagem da avassaladora mortandade irrompendo em meio à alegria carnavalesca também se produziu no Brasil. De acordo com Luiz Felipe de Alencastro, *"ao longo do século XIX, quem dançava no Rio em fevereiro e março era a morte, a Grande Ceifeira."*[126] Isso porque, além da violência causada pelos excessos carnavalescos, o período era de chuvas frequentes, que traziam consigo surtos de febre amarela, cólera e varíola, além de outras viroses típicas do clima e da época do ano. Em um gráfico apresentado na *História da vida privada no Brasil*, vê-se que no ano de 1857, o total de enterros ocorridos no Rio de Janeiro sobe de 800 em janeiro para mais de 1200 nos dois meses seguintes (*"consequência das febres contraídas durante as chuvas de verão"*, diz a legenda[127]), voltando a cair em abril e normalizando-se em maio e junho, na faixa dos 500. O fenômeno não estava restrito a capital do Império e verificou-se também na Bahia e no Recife. *"Todas as províncias acabaram sendo atingidas por essas pestilências e mortandades."*[128]

---

123 Heine, 1873, p. 152.
124 *"ele se torna a imagem, ou a máscara, da morte"*
125 *"esta irrupção da morte no meio da vida, encontra, na iconografia do tempo, os traços da dança macabra."* (Vovelle, 1983, p. 517-519.)
126 Alencastro, In: Novais e Alencastro, 1997, p. 67.
127 Alencastro, In: Novais e Alencastro, 1997, p. 68.
128 Alencastro, In: Novais e Alencastro, 1997, p. 68.

230

O dado se repetia com regularidade. Angelo Agostini, autor da dança dos mortos do cemitério da Consolação publicada pelo *Cabrião*, representou uma dessa ocasiões de "Triunfo da morte" para a *Revista Ilustrada* em uma gravura intitulada *"O Carnaval de 1876"*. Em forma de um gigante e assustador esqueleto coberto com mortalha segurando uma foice descomunal, a Morte paira sobre a multidão, com seus carros alegóricos, bandeirolas e músicos. A gente, alegre e em regozijo, nem se dá conta do mal que a espreita. Em sua túnica, a impiedosa traz escrito seu nome: Febre Amarela. No arco que serve de moldura à imagem, de um lado vemos uma charrete conduzindo um folião; no centro, uma caveira mascarada é ladeada por garrafas de vinho (simbolizando, provavelmente, o excesso que leva à destruição); do lado oposto, à direita, um veículo mortuário carrega um caixão (Figura 3). A despeito de ilustrar a folia do carnaval de rua, é a Morte sua indubitável protagonista. É ela a dona da festa.

Figura 3: "O Carnaval de 1876", de Angelo Agostini, para a *Revista Ilustrada*.

Considerações finais

O discurso literário e as artes visuais exprimem, em maior ou menor grau, as respostas de uma época a certas demandas. Quando as imagens de corpos em decomposição invadem a poesia e a iconografia medieval no século XIV, a devastação causada pela Peste Negra, que expunha a corrupção da morte física, ainda latejava nas mentalidades da época. Mas vimos que essa foi apenas a ponta aparente de um fenômeno maior, de valorização da vida material e afastamento de algumas certezas sustentadas pela fé.

Essa noção se apronfudaria ainda mais às vésperas do triunfo burguês revolucionário. No final do século XVIII, a percepção do óbito como extinção da existência se tornava ainda mais contundente e o macabro ressurge em todo seu esplendor, como elemento crucial da preocupação com a finitude. Afinal, aquele corpo que se dissolve era, na percepção vitoriana, tudo o que restava do sujeito e daqueles que ele amava.[129]

Daí o Romantismo abraçar com ímpeto o tema. A ênfase no indivíduo e as angústias com o passamento, característicos deste movimento, fazem com que a idéia de cadáveres deteriorados seja uma fonte paradoxal de horror e encantamento.

A dança dos mortos era a grande síntese de tudo o que macabro problematizava: a dissolvição do corpo, as dúvidas quanto a eternidade post-mortem, a universalidade da morte que ignorava classe, idade e gênero. Por isso foi motivo frequente na poesia e na prosa românticas, cujos autores, muitas vezes, conheciam as danças originais da Idade Média.

Mas o século XIX coloriu com suas próprias tintas as cenas macabras, inserindo os mortos dançarinos nas festas dos vivos, emulando as suas maneiras de se divertir. Esses defuntos não voltam mais à superfície para carregar consigo suas vítimas – eles preferem o baile, a música, a bebida, a orgia.

---

129 As manifestações do apego excessivo ao morto inauguradas pela cultura oitocentista, como o luto prolongado, as visitas ao cemitérios, o uso de relíquias como acssório indumentário e a prática das fotografias mortuárias foram anteriormente estudadas em SCHMITT, Juliana. *Mortes Vitorianas*. Corpos, luto e vestuário. São Paulo: Casa Editorial Alameda, 2010.

Por isso, o díptico formado pela gravura publicado no jornalzinho *O Cabrião* (1866) e pelo poema *A orgia dos duendes*, de Bernardo Guimarães (1865), parece tão representativo. Cada um, a sua maneira, oferece o olhar oitocentista à morte e às danças macabras. O primeiro, apresentando os elementos emblemáticos da sensibilidade ultra-romântica: a noite, como o momento das revelações; a floresta como a natureza sublime e assustadora que esconde segredos; os seres grotescos e monstruosos da imaginação; a atmosfera de profanação satânica; a coletânea de crimes *à la* narrativa gótica; a ironia da virgem que cisma de amores ignorando os mistérios da vida e da morte.

O segundo, no Cemitério da Consolação, na São Paulo em formação de meados do século XIX. A necrópole urbana, racionalmente organizada e cercada, com suas lápides individuais e sisudos monumentos mortuários, vira palco de um verdadeiro Carnaval! Respeitáveis senhores de cartola e casaca perdem a linha na companhia de esqueletos foliões. Bebem vinho sentados nas louças, fumam charutos, atracam-se lubricamente... Na inversão dos valores que a volta dos mortos promove, até uma ossada infantil participa da confusão. Não é à toa que a gravura foi alvo de críticas e motivo de indignação popular: a moral burguesa não brinca com seus mortos. O autor do desenho, ao se defender em artigo publicado no jornal de maior circulação da cidade, revelava conhecer bastante bem a referência que evocava – e as danças macabras, quem diria, viram assunto entre as rodas de intelectuais paulistas.

Mas, ao mesmo tempo que repercutem o imaginário macabro europeu, as duas obras são extremamente brasileiras. O poema, por seu linguajar regionalista, caro ao autor Bernardo Guimarães, se revela exemplar único, prova da aclimatação da tópica medieval aos trópicos. Mesclando a tradição macabra ao folclore, à fauna e à flora local e ainda utilizando vocábulos de origem indígena, africana e portuguesa, fica claro que a *Orgia* poderia acontecer em, praticamente, qualquer lugar do Brasil miscigenado. Tamanha identificação transformou seus versos em tradição oral.

Já a gravura tem por ambientação, justamente, a necrópole que abrigava as peripécias dos românticos estudantes da Faculdade de Direito. Foi no Cemitério da Consolação que tiveram lugar as lendárias pândegas da famigerada Sociedade Epicuréia. Como não relacionar a cena com as histórias dos jovens poetas acadêmicos das décadas de 1840 a 1860? A boêmia, a bebedeira e a morte caminhavam de mãos dadas com eles.

Assim, nesse projeto que parecia quase improvável à primeira vista, elaboramos um pequeno percurso do macabro que culmina no Romantismo brasileiro. Seus ecos, entretanto, ecoam por todo o século XIX e além dele. Como os mortos das danças macabras, o imaginário do cadáver putrefato retorna amiúde, expondo aos vivos suas próprias fragilidades.

Referências

AGGRAWAL, Anil. *Necrophilia: Forensic and Medico-legal Aspects.* Florida: Taylor & Francis Group, 2011.

ANDRADA, Martim Francisco Ribeiro. *Lágrimas e sorrisos: poesias.* Rio de Janeiro: Typographia Brasiliense F.M. Ferreira, 1848.

ALMEIDA, Pires. *A escola byroniana no Brasil.* São Paulo: Conselho Estadual de Cultura, Comissão de Literatura, 1962.

ALVES, Antônio F. de Castro. *Obra Completa.* Rio de Janeiro: Nova Aguilar, 1997.

ALVES, Cilaine. Representações da arte popular: natureza e artifício no Romantismo brasileiro. *Escritural – Écritures d'Amérique Latine.* Université de Poitiers, n. 6, Décembre 2012.

ANJOS, Augusto dos. *Eu e outras poesias.* São Paulo: Martins Fontes, 1996.

APPLEFORD, Amy. The Dance of Death in London: John Carpenter, John Lydgate, and the Daunce of Poulys. In: *Journal of Medieval and Early Modern Studies.* 38:2, Duke University Press, 2008.

ARIÈS, Philippe e CHARTIER, Roger (orgs). *História da vida privada 3: da Renascença ao Século das Luzes.* São Paulo: Companhia das Letras, 1991.

ARIÈS, Philippe. *História da morte no Ocidente.* Rio de Janeiro: Ediouro, 2003.

ARIÈS, Philippe. *O homem diante da morte.* Volume I. Rio de Janeiro: Francisco Alves Ed., 1989.

ARIÈS, Philippe. *O homem diante da morte.* Volume II. Rio de Janeiro: Francisco Alves Ed., 1990.

ARISTÓTELES. *Poética.* Disponível em http://www.dominiopublico.gov.br. Último acesso em 02/04/2013.

ASSIS, Machado de. *Obra completa.* Volume III. Poesia, Crônica, Crítica, Miscelânea e Epistolário. Rio de Janeiro: José Aguilar, 1962.

AZEVEDO, Álvares. *O Conde Lopo.* Rio de Janeiro: Tup. G. Leuzinger & Filhos, 1886.

AZEVEDO, Álvares. *Obra Completa.* Rio de Janeiro: Nova Aguilar, 2000.

AZEVEDO, Álvares. *Noite na Taverna /Macário.* Introdução de Edgar Cavalheiro. São Paulo: Martins, s/d.

AZEVEDO, Vicente de Paulo Vicente de. *A vida amorosa dos poetas românticos*. São Paulo: Conselho Estadual de Cultura, 1971.

BAKHTIN, Mikhail. *A cultura popular na Idade Média e no Renascimento*. Tradução de Yara Frateschi Vieira. São Paulo: Hucitec, 1987.

BANDEIRA, Manuel. *Antologia dos Poetas Brasileiros: Fase Romântica*. Rio de Janeiro: Nova Fronteira, 1996.

BARBEY D'AUREVILLY, Jules. *Léa*. Collection électronique de la Bibliothèque Municipale de Lisieux, upload em 1996. Disponível em: http://www.bmlisieux.com/litterature/barbey/lea01.htm

BAROJA, Julio Caro. *El Carnaval*. Análisis historico-cultural. Madrid: Taurus, 1965.

BATAILLE, Georges. *O erotismo*. São Paulo: Arx, 2004.

BAUDELAIRE, Charles. *Les fleurs du mal*. Paris: Poulet-Malassis et De Broise Éd., 1857.

BAUDELAIRE, Charles. *Les fleurs du mal*. Seconde édition augmentée de trente-cinq poèmes nouveaux. Paris: Poulet-Malassis et De Broise Éd., 1861.

BÉGUIN, Albert. *L'âme romantique et le rêve*. Essai sur le romantisme allemand et la poésie française. Paris: José Corti, 1939.

BOCACCIO, Giovanni. *Decamerão*. São Paulo: Editora Abril, 1971, Col. Os Imortais da Literatura Universal.

BONIFÁCIO, José. *Poesias*. Organizado por Alfredo Bosi e Nilo Scalzo. São Paulo: Conselho Estadual de Cultura, Comissão de Literatura, 1962.

BOIME, Albert. Alfred Rethel's Counterrevolutionary Death Dance. In: *The Art Bulletin*. December 1991, Volume LXXIII, Number 4. Disponível em: http://www.albertboime.com/Articles/81.pdf

BOSI, Alfredo. *História concisa da literatura brasileira*. 2a edição. São Paulo: Cultrix, 1979.

BOREL, Pétrus. *Champavert: contes immoreaux*. Paris: Eugène Renduel Éditeur-Libraire, 1833.

BOREL, Pétrus. *Madame Putiphar*. Seconde édition, conforme pour le texte et les vignettes à l'édition de 1839. Paris: Librairie Léon Willem, 1877, Tome I.

BOREL, Pétrus. *Madame Putiphar*. Seconde édition, conforme pour le texte et les vignettes à l'édition de 1839. Paris: Librairie Léon Willem, 1878, Tome II.

BRIZEUX, Auguste. *Oeuvres complètes*. Paris: Michel Lévy Frères, 1860, Tomo 2.

BROCA, Brito. *Românticos, Pré-Românticos, Ultra-Românticos – Vida literária e Romantiso Brasileiro*. São Paulo: Polis, 1979.

BROCA, Brito. *Naturalistas, Parnasianos e Decadistas. Vida literária do Realismo ao Pré-Modernismo*. Campinas: Ed.UNICAMP, 1991.

BURKE, Edmund. *Uma investigação filosófica sobre a origem de nossas idéias do sublime e do belo*. Traudução de Enid Abreu Dobránszky. Campinas: Papirus, Editora da Universidade de Campinas, 1993.

BURKE, Peter. *Cultura popular na Idade Moderna*. Tradução de Denise Bottmann. São Paulo: Companhia das Letras, 1999.

Cabrião: semanário humorístico editado por Ângelo Agostini, Américo Campos e Antônio Manuel dos Reis: 1866-1867. Introdução de Délio Freire dos Santos. 2a edição. São Paulo: Editora UNESP, Imprensa Oficial do Estado, 2000.

CALIXTO, Maria Leonor. *A literatura "negra"ou "de terror"em Portugal nos séculos XVIII e XIX*. Lisboa: Publicações da Faculdade de Letras da Universidade de Lisboa, 1956.

CAMARANI, Ana Luiza Silva. Intertextualidade e frenético em *Han d'Islande*. In: *Lettres Françaises*. Unesp, 2003, N. 5, p. 35-47.

CAMILO, Vagner. *Risos entre pares: poesia e humor românticos*. São Paulo: EDUSP/FAPESP, 1997.

CAMPAUX, Antoine-François. *François Villon, sa vie et ses oeuvres*. Paris: A. Durand, 1859. Disponível em: http://gallica.bnf.fr/ark:/12148/bpt6k6323962m/f53.image.r=poise.langEN

CAMPOS, Haroldo de. *A arte no horizonte do provável e outros ensaios*. São Paulo: Perspectiva, 2010.

CANDIDO, Antonio. *Formação da Literatura brasileira. Momentos decisivos.1750-1880*. 12a edição. São Paulo: FAPESP, 2009.

CANDIDO, Antonio. *Formação da Literatura brasileira*. Momentos decisivos.1750-1880. Volume 2. 5a edição. São Paulo: Ed. Usp, 1975.

CANDIDO, Antonio. A *educação pela noite*. 5a edição. Rio de Janeiro: Ouro sobre Azul, 2006.

CANDIDO, Antonio. *O discurso e a cidade*. 3a ed. Riod e Janeiro: Ouro sobre Azul; São Paulo: Duas Cidades, 2004.

CARDINI, Franco. *Magia, brujeria y superstición en el Occidente medieval*. Barcelona: Edicions 62, 1982.

CAVALHEIRO, Edgard (org). *O conto romântico*. Rio de Janeiro: Civilização Brasileira, 1961.

CLARK, James M., *The Dance of Death by Hans Holbein*. Glasgow: The University Press, 1947.

CHAMPION, Pierre. *Histoire poétique su quinzième siécle*. Tomes I et II. Paris: Honoré Champion Editeur, 1923.

COELHO, José Maria Vaz Pinto. *Poesias e romances do Dr. Bernardo Guimarães*. Rio de Janeiro: Typ. Universal de Laemmert, 1885.

CORRÊA, Irineu Eduardo Jones. *Bernardo Guimarães e o paraíso obsceno. A floresta enfeitiçada e os corpos da luxúria no romantismo*. Tese de Doutorado, Programa de pós-graduação em Letras, UFRJ, 2006.

CORVISIER, Andre. *La Danse macabre de Meslay-le-Grenet*, Chartres, Memoires de la Société Archéologique d'Eure et Loir, 1969.

CORVISIER, André. *Les danses macabres*. Collection Que sais-je?. Paris: Presses Universitaires de France, 1998.

CORVISIER, André. La représentation de la société dans les danses des morts du XVe au XVIIIe siècle. In: *Revue d'Histoire Moderne et Contemporaine*. Tome XVI, octobre-décembre 1969, p. 489-539.

COURBIN, Alain (org). *História do corpo*. 3 volumes. Petrópolis: Vozes, 2008.

COUTINHO, Afrânio. *A Literatura no Brasil*. Era Romântica. 6ª ed. São Paulo: Global, 2002.

CRUZ, Dilermando. *Bernardo Guimarães: perfil bio-biblio-litterário*. Juiz de Fora: Casa Azul, 1911.

CUNHA, Cilaine Alves. *O belo e o disforme*. São Paulo: EDUSP/FAPESP, 1998.

CUNHA, Cilaine Alves. Representações da arte popular: natureza e artifício no Romantismo brasileiro. *Escritural: Écritures d'Amérique latine*. Revue du Centre de Recherches Latino-Américaines, Université de Poitiers, N. 6, Décembre 2012. Disponível em: http://www.mshs.univ-poitiers.fr/crla/contenidos/ESCRITURAL/index.html

CUNHA, Fausto; DUTRA, Waltensir. *Biografia crítica das letras mineiras*. Rio de Janeiro: Instituto Nacional do Livro, 1959.

CUNHA, Maria Clementina, *Ecos da folia*. Uma história social do Carnaval carioca entre 1880 e 1920. São Paulo: Companhia das Letras, 2001.

DAMATTA, Roberto. *Carnavais, malandros e heróis*. Para uma sociologia do dilema brasileiro. Rio de Janeiro: Rocco, 1997.

Danse Macabre, paroles de Henri Cazalis, musique de Saint-Saëns. Paris: Enoch Père et Fils Éd., 1879.

Danse macabre. (fac-similés et traduction de *Der doten dantz mit figuren*, 1490). Introduction de René Wetzel. Traduction de Anna Sziráky. Maxéville: Presses Universitaires de France, Foundation Martin Bodmer, Collection Sources, 2011.

DEFOE, Daniel. *Journal of the plague.* London: Blackie & Son, 19-?

DELUMEAU, Jean. *História do medo no Ocidente.* 1300-1800: uma cidade sitiada. São Paulo: Companhia das Letras, 2009.

DIAS, Antonio Gonçalves. *Poesia e Prosa Completas.* Organização de Alexei Bueno. Rio de Janeiro: Nova Aguilar, 1998.

DOUCE, Francis. *The dance of death.* London: William Pickering, 1833.

DUBY, Georges. *Ano 1000, ano 2000: na pista de nossos medos.* Tradução: Eugenio Sila e Maria Regina Osório. São Paulo: Editora Unesp e Imprensa Oficial do Estado de São Paulo, 1999.

Du HAURON, Alcide Ducos. *La danse macabre au XIXème siècle.* 1864. Fac-símile disponível em https://play.google.com/store/books/details?id=O1suAAAAYAAJ

Encyclopèdie ou Dictionnaire raisonné des sciences, des arts et des métiers. Publié par M. Diderot et M. D'Alembert. Tome troisième. Paris: Briasson, David, Le Breton, Faulche, 1765.

Encyclopèdie ou Dictionnaire raisonné des sciences, des arts et des métiers. Publié par M. Diderot et M. D'Alembert. Tome dixième. Paris: Briasson, David, Le Breton, Faulche, 1765.

ESPRONCEDA, José de. *El estudiante de Salamanca.* Junta de Andalucía: Colección Averroes, Consejería de Educación y Ciencia, 2014. Disponível em: http://www.ucm.es/data/cont/docs/119-2014-02-19-Espronceda.%20ElEstudianteDeSalamanca.pdf

FLAUBERT, Gustave. *Oeuvres de jeunesse.* Paris: Éditions Gallimard, 2001.

FOUCAUD, Boris. *L'ouevre d'Anatole France: à la recherche d'une philosophie du monde par l'écriture du Désir.* Thèse de doctorat. Université d'Angers, juin 2001. Disponíevl em: http://www.borisfoucaud.com/these/

FRANCE, Anatole. *Les poèmes dorés.* Paris: Alphonse Lemerre Éditeur, 1873.

FRANCHETTI, Paulo. O riso romântico. *Remate de Males*: Revista do Departamento de Teoria Literária da Universidade Estadual de Campinas, n.7: 7-17, 1987.

FREIRE, Junqueira. *Poesias Completas*. Volumes I e II. Rio de Janeiro: Zélio Valverde, 1944, Coleção Poetas do Brasil.

FROIDMONT, Hélinand. *Os versos da morte*. Tradução: Heitor Megale. São Paulo: Ed. Imaginário, 1996.

GAUTIER, Théophile. *La comédie de la mort*. Paris, Desessart Éditeur, 1838.

GAUTIER, Théophile. *Émaux et camées*. (2e éd. augmentée). Paris, Poulet-Malassis et de Broise, 1858.

GAUTIER, Théophile. *Mademoiselle de Maupin*. Nouvelle Édition. Paris: Charpentier et Cie, 1876.

GAUTIER, Théophile. *Les Jeunes-France, romans goguenards*. Suivis de contes humoristiques. Paris: G. Charpentier Éditeur, 1878.

GINZBURG, Carlo. *História noturna*. Decifrando o sabá. São Paulo: Companhia das Letras, 2012.

GLIXELLI, Stefan. *Le cinq poèmes des trois morts et des trois vifs*. Paris: Librairie Ancienne Honoré Champion Éditeurs, 1914.

GOETHE, Johann Wolfgang von. *Voyages en Suisse et en Italie*.Paris: Hachette, 1862.

GOETHE, Johann Wolfgang von. *The Poems of Goethe - Translated in the Original Metres* by Edgar Alfred Bowring. London, 1874. Disponível em http://archive.org/stream/thepoemsofgoethe01287gut/tpgth10.txt

GOETHE, Johann Wolfgang von. *Doutrina das cores*. Tradução de Marco Giannotti. São Paulo: Nova Alexandria, 1993.

GOMES, Ednaldo Cândido Moreira. *Sutilezas e mordacidades na poética de Bernardo Guimarães*. Dissertação de Mestrado. Programa de pós-graduação em Letras da Pontifícia Universidade Católica de Minas Gerais, Belo Horizonte, 2007.

GOMES, Álvaro Cardoso e VECHI, Carlos Alberto. *A estética romântica*. Textos doutrinários comentados. São Paulo: Atlas, 1992.

GRAHAM, Mary. *Journal of a voyage to Brazil and residence there during part of the years 1821, 1822, 1823*. London: Longman, Hurst, Reers, Orme, Brown and Green, 1824.

GRIECO, Agrippino. *Evolução da poesia brasileira*. Rio de Janeiro: Ariel, 1932.

GUIMARÃES, Bernardo. *Folhas de Outono*. Rio de Janeiro: Garnier, 1883.

GUIMARÃES, Bernardo. *Poesias completas*. Rio de Janeiro: Ministério da Educação e Cultura, Instituto Nacional do Livro, 1959.

GUIMARÃES, Bernardo. *Poesia erótica e satírica*. Prefácio, organização e notas de Duda Machado. Rio de Janeiro: Imago, 1992.

GUIMARÃES, Bernardo. Äureliano Lessa". Prefácio in: LESSA, Aureliano José. *Poesias pósthumas do Dr. Aureliano José Lessa*. Editadas por seu irmão Francisco José Pedro Lessa. Rio de Janeiro: Typ. da Luz, 1873, p. V-XVIII.

GUIMARAENS, Alphonsus de. *Obra Completa*. Rio de Janeiro: José Aguilar, 1960.

GUINSBURG, Jacó (org). *O Romantismo*. São Paulo: Perspectiva, 1993.

HADDAD, Jamil Almansur. *Álvares de Azevedo, a Maçonaria e a Dança*. São Paulo: Conselho Estadual de Cultura, Comissão de Literatura, 1960.

HADDAD, Jamil Almansur. Introdução a Bernardo Guimarães. Separata da *Revista do Arquivo Municipal*. Vol. CXLII. São Paulo: Departamento de Cultura, Divisão do Arquivo Histórico, 1952.

HEERS, Jacques. *Festas de Loucos e Carnavais*. Tradução de Carlos Porto. Lisboa: Dom Quixote, 1987.

HELMREICH, Christian. La traduction des "Souffrances du jeune Werther" en France (1776-1850). Contribution à une histoire des transferts franco-allemands. In: *Revue germanique internationale* [En ligne], 12 | 1999, p. 179-193. Disponível em: http://rgi.revues.org/753

HEINE, Henri. *De la France*. Nouvelle Édition. Paris: Michel Lévy Frères Editeurs, 1873.

HOBSBAWM, Eric. *A era das revoluções. Europa 1789-1848*. Rio de Janeiro: Paz e Terra, 2006.

HOFFBAUER, Theodor Josef Hubert. *Paris à travers les âges*. Paris: Firmin-Didot, 1885.

HOLANDA, Sérgio Buarque de. *Cobra de vidro*. São Paulo: Perspectiva, 1978.

HOLBEIN, Hans. *Simulachres & histoires facées de la Mort*. Lyon: Melchior et Gaspar Trechesel, 1538.

HOWARTH, Glennys e LEAMAN, Oliver. *Enciclopédia da Morte e da Arte de Morrer*. Rio de Mouros: Printer Portuguesa, 2004.

HUGO, Victor. *William Shakespeare*. Paris: Albin Michel, 1937.

HUGO, Victor. *La légende des siècles*. Nouvelle série. Paris: Calmann Lévy Éditeur,1877, Tome II.

HUGO, Victor. *Do grotesco e do sublime*. Tradução do "Prefácio de Cromwell". Tradução e notas de Celia Berretini. São Paulo: Perspectiva, 1988.

HUGO, Victor. *O corcunda de Notre Dame*. Rio de Janeiro: Zahar, 2013.

HUIZINGA, Johan. *O outono da Idade Média*. Estudo sobre as formas de vida e de pensamento dos séculos XIV e XV na França e nos Países Baixos. São Paulo: Cosac Naify, 2010.

HURTADO, Haydée Bermejo y CVITANOVIC, Dinko. *Danza General de la Muerte*. Bahía Blanca: Cuadernos del Sur, 1966.

INFANTES, Víctor. *Las danzas de la muerte*. Génesis y desarrollo de un género medieval (siglos XIII-XVII). Salamanca: Ediciones Universidad de Salamanca, 1997.

JANIN, Jules. *L'âne mort et la femme guillotinée*. Paris: Adolphe Delahays Éditeur, 1861.

Journal d'un Bourgeois de Paris, 1405-1449. Publié d'après les manuscrits de Rome et de Paris par Alexandre Tuetey. Paris: H. Champion, 1881.

KANT, Emmanuel. *Observações sobre os sentimento do belo e do sublime; Ensaio sobre as doenças mentais*. Tradução de Vinícius Figueiredo. Campinas: Papirus, 1993.

KANT, Immanuel. *Duas introduções à Crítica do Juízo*. São Paulo: Iluminuras, 1995.

KANT, Immanuel. *Crítica da Faculdade do Juízo*. Tradução de Valério Rohden e António Marques. 3a edição. Rio de Janeiro: Forense Universitária, 2012.

KASTNER, Georges. *Les Danses des Morts. Dissertations et recherches historique, philosophiques, littéraires et musicales sur les divers monuments de ce genre qui existent ou qui ont existé tant en France qu'à l'étranger.Accompangnés de La Danse Macabre*. Paris: Brandus e Cie Éditeurs, 1852.

KAYSER, Wolfgang. *O grotesco*. São Paulo: Perspectiva, 1986.

KRISTEVA, Julia. *Pouvoirs de l'horreur. Essai sur l'abjection*. Paris: Seuil, Collection Points 152, 1983.

LACROIX, Paul. *La Danse Macabre. Histoire fantastique du quinzième siècle*. Paris: Eugène-Renduel Éditeur, 1832.

LANGLOIS, E.H. *Essai historique, philosphe et pittoresque sur les Danses des Morts*. Rouen: A. Lebrument Librairie, 1852.

LARMAND, Léon. *Les poètes de la mort*. Anthologie de poèsies de la mort du XVe siècle a nos jours. Paris: Louis-Michaud, 1910.

LEWIS, Mathew Gregory. *The monk*. E-book disponível em http://www.gutenberg.org/files/601/601-h/601-h.htm Postado pelo Project Gutenberg, em 2008.

LIMA, Israel Souza. *Biobibliografia dos patronos*, v. 3: Bernardo Guimarães e Casimiro de Abreu. Rio de Janeiro: Academia Brasileira de Letras, 2000.

LIMA, Luiz Costa. *Pensando nos trópicos*. (Dispersa Demanda II). Rio de Janeiro: Rocco, 1991.

LOBATO, Monteiro. *Cidades Mortas*. São Paulo: Brasiliense, 1986.

LOBO, Luiza (org). *Teorias poéticas do Romantismo*. Porto Alegre: Mercado Aberto, Coleção Novas Perspectivas, 1987.

LONGINO. Do sublime. In: ARISTÓTELES, HORÁCIO, LONGINO. *A poética clássica*. São Paulo: Cultrix/ Edusp, 1981, p. 70-114.

LORRAIN, Jean. *Histoires de masques*. Paris: Societé d'Éditions Littéraires et Artistiques, 1900.

LÖWY, Michel. (et alli). *Revolta e melancolia: o Romantismo na contramão da modernidade*. Tradução de Guilherme João de F. Teixeira. Petrópolis: Vozes, 1995.

LOYN, Henry R. (org). *Dicionário da Idade Média*. Tradução de Alvaro Cabral. Rio de Janeiro: Jorge Zahar, 1997.

LUFT, Celso Pedro. *Dicionário de Literatura Portuguesa e Brasileira*. Porto Alegre: Editora Globo, 1967.

MACHADO, Antonio de Alcântara. *Cavaquinho e saxofone*. (Solos) 1926-1935. Rio de Janeiro: Livraria José Olympio, 1940.

MACHADO, Duda. Bernardo Guimarães: a exceção pelo riso. *Revista USP*, São Paulo, n. 74, p. 174-187, junho/agosto 2007.

MAGALHÃES, Basílio de. *Bernardo Guimarães (esboço crítico)*. Rio de Janeiro: Typographia do Annuário do Brasil, 1926.

MAGALHÃES, Domingos José Gonçalves de. *Cânticos fúnebres*. Rio de Janeiro: Livraria de B.L.Garnier, 1864.

MÂLE, Émile. *L'art religieux de la fin du Moyen Age en France*. Étude sur l'iconographie du Moyen Age et sur ses sources d'inspiration. 5e édition. Paris: Librairie Armand Colin Ed., 1949.

MARTINS, Wilson. *História da inteligência brasileira*. Vol. II (1794-1855). São Paulo: Cultrix, 1977.

MATURIN, Charles Robert. *Melmoth, the wanderer*. E-book disponível em http://ebooks.adelaide.edu.au/m/maturin/charles/melmoth_the_wanderer/index.html Postado pela University of Adelaide Library, em 2005.

MATURIN, Charles Robert. *Bertram, ou Le Chateau de St. Aldobrand, tragédie en cinq actes*. Traduite librement de l'anglois par Mm. Taylor et Ch. Nodier. Paris: Gide Fils Libraire, 1821.

MENDONÇA, Lucio. *Murmúrios e clamores*. Poesias Completas. Rio de Janeiro: H. Garnier, 1962.

MERQUIOR, José Guilherme. *De Anchieta a Euclides. Breve História da Literatura Brasileira*. Rio de Janeiro: José Olympio, 1977.

MÉTAYER, Christine. Un espace de vie: les charniers du cimetière des SS. Innocents à Paris, sous l'Ancien Régime. *Journal of the Canadian Historical Association/Revue de la Societé historique du Canada*, vol. 4, n. 1, 1993, p. 183-206. Disponível em http://www.erudit.org/revue/jcha/1993/v4/n1/031062ar.pdf

MEZAN, Renato. "A medusa e o telescópio ou Vergasse 19". In: NOVAES, Adauto (org.) *O olhar*. São Paulo: Companhia das Letras, 1988.

MINOIS, Georges. *História do riso e do escárnio*. Tradução de Maria Helena Assumpção. São Paulo: Editora Unesp, 2003.

MOLINIER, Auguste. *Inventaire sommaire de la collection Joly de Fleury*. Paris: A. Picard, 1881.

MONTEIRO, Débora Paiva. O mais querido "fora da lei": um estudo sobre o entrudo na cidade do Rio de Janeiro. (1889-1910). *Anais do XIV Encontro Regional da Anpuh*. Rio de Janeiro, Unirio, 19 a 23 de julho de 2010.

MOISÉS, Massaud. *História da Literatutra Brasileira*. São Paulo: Cultrix, 1985.

MORAES, Eliane Robert. *Sade: a felicidade libertina*. Rio de Janeiro: Imago, 1994.

MORAIS FILHO, Mello. *Parnaso brazileiro*. Século XVI-XIX. Rio de Janeiro: Garnier, 1885..

MORIN, Edgar. *O homem e a morte*. Tradução: Cleone Rodrigues. Rio de Janeiro: Imago, 1997.

NERVAL, Gérard de. *Le rêve et la vie*. Paris: Victor Lecou Ed., 1855.

NOVAES, Adauto (org). *O homem-máquina*. A *ciência manipula o corpo*. São Paulo: companhia das Letras, 2003.

NOVAES, Adauto (org). *O desejo*. São Paulo: Companhia das Letras, 1990.

NOVAIS, Fernando (dir) e ALENCASTRO, Luis Felipe (org). *História da vida privada no Brasil 2. Império: a corte e a modernidade nacional*. São Paulo: Companhia das Letras, 1997.

OOSTERWIJK, Sophia. "Fro Paris to Inglond"? *The danse macabre in text and image in late-medieval England*. Doctoral thesis. Department of English Language and Culture, Faculty of Humanities, Leiden University, 2009. Disponível em https://openaccess.leidenuniv.nl/handle/1887/13873

PAQUOT, Thierry. Le sentiment de la nuit urbaine aux XIXe et XXe siècles. In: *Les Annales de la Recherche Urbaine*, n. 87, Septembre 2000, p. 6-14. Disponível em: http://www.annalesdelarechercheurbaine.fr/le-sentiment-de-la-nuit-urbaine-a184.html

PAZ, Octavio. *Os filhos do barro*. Do Romantismo à vanguarda. Tradução de Olga Savary. Rio de Janeiro: Nova Fronteira, 1984.

PERROT, Michelle (org.) *História da vida privada 4: da Revolução Francesa à Primeira Guerra*. Tradução: Denise Bottman e Bernardo Joffily. São Paulo: Companhia das Letras, 1991.

PIRENNE, Henri. *História econômica e social da Idade Média*. São Paulo: Mestre Jou, 1968.

PÔRTO, Ângela. Representações sociais da tuberculose: estigma e preconceito. *Revista da Saúde Pública*, 2007, 41 (Supl. 1): 43-49.

PRAZ, Mario. *A carne, a morte e o diabo na literatura romântica*. Tradução de Philadelpho Menezes. Campinas: Editora UNICAMP, 1996.

RABELAIS, François. *Gargantua et Pantagruel*. Texte transcrit et annoté par Henri Clouzot. Tome I et II. Paris: Bibliothèque Larousse, s/d.

RABELAIS, François. *Gargantua*. Tradução de Aristides Lobo. São Paulo: Hucitec, 1986.

RABELAIS, François. *Pantagruel*. Préface de Michelet. Paris: Gallimard, 1964.

RABELO, Laurindo. *Poesias Completas*. Edição e prefácio de Attilio Milano. Rio de Janeiro: Zélio Valverde, s/d, Coleção Grandes Poetas do Brasil.

RADCLIFFE, Ann. On the Supernatural in Poetry. In *New Monthly Magazine*. Volume 16, n° 1 (1826), p. 145-152.

RAMOS, Péricles Eugênio da Silva. *Poesia Romântica: Antologia*. São Paulo: Melhoramentos, 1965.

RAMOS, Péricles Eugênio da Silva. *Do Barroco ao Modernismo*. Estudos de poesia brasileira. Rio de Janeiro: Livros Técnicos e Científicos, 1979.

ROMERO, Sílvio. *História da Literatura Brasileira*. Tomo Terceiro: Transição e Romantismo. 6a edição. Rio de Janeiro: José Olympio, 1960.

ROSEN, Charles. *Poetas românticos, críticos e outros loucos*. São Paulo: Ateliê Editorial, 2004.

ROUDINESCO, Elisabeth. *A parte obscura de nós mesmos*. Uma história dos perversos. Rio de janeiro: Zahar, 2008.

RYTTING, Jenny Rebecca. A Disputacioun Betwyx þe Body and Wormes: A Translation. In: Comitatus: A Journal of Medieval and Renaissance Studies, 31(1). UCLA, 2000. Disponível em: http://escholarship.org/uc/item/0c04p0xq. Último acesso em: 09/07/2012.

SANTO AGOSTINHO. *Confissões*. Disponível em http://www.dominiopublico.gov.br. Último acesso em 02/04/2013.

SANTOS, Carlos José. *Bernardo Guimarães na intimidade*. Belo Horizonte: Typ. Antunes, 1928.

SAUGNIEUX, Joël. *Les danses macabres de France et d'Espagne et leurs prolongements littéraires*. Paris: Société d'Édition "Les Belles Lettres", 1972.

SCOTT, Walter. *Poetical works*. London: MacMillan and Co, 1869.

SCHAEFER, Sérgio. Dialogismo, polifonia e carnavalização em Dostoiévski. In: *Bakhtiniana, Revista de Estudos do Discurso* [online]. 2011, vol. 6, n. 1, pp 194-209.

SCHILLER, Friedrich. *Do sublime ao trágico*. Organização de Pedro Sussekind. Belo Horizonte: Autêntica, 2011.

SCHILLER, Friedrich. *A educação estética do homem numa série de cartas*. Tradução de Roberto Schwarz e Márcio Suzuki. São Paulo Iluminuras, 1995.

SCHMITT, Jean-Claude. *Os vivos e os mortos na sociedade medieval*. São Paulo: Companhia das Letras, 1999.

SEBE, José Carlos. *Carnaval, Carnavais*. São Paulo: Ática, 1986.

SELIGMANN-SILVA, Márcio. *O local da diferença*. Ensaios sobre memória, arte, literatura e tradução. São Paulo: Editora 34, 2005.

SODRÉ, Nelson Werneck. *História da Literatura Brasileira*. 8a ed. Rio de Janeiro: Bertrand, 1988.

SOLÁ-SOLÉ, Josep M. *La Dança General de la Muerte*. Edición crítica, analítico-cuantitativa. Barcelona: Puvill Editor, 1981.

SOUSA, João da Cruz. *Poesias*. Introdução e notas de Nestor Vitor. Rio de Janeiro: Edição do Annuario do Brasil, 1923.

SOUZA, Laura de Mello e. *Inferno Atlântico: demonologia e colonização: séculos XVI-XVIII*. São Paulo: Companhia das Letras, 1993.

STEGEMEIER, Henri. Goethe and the *Totentanz*. *The Journal of English and Germanic Philology*. University of Illinois Press, Vol. 48, No. 4, Goethe Bicentennial Issue 1749-1949 (Oct, 1949), p. 582-587. Disponível em: http://www.jstor.org/stable/27715033

STENDHAL, M. *Le rouge et le noir: chronique du XIXe siècle*. Tome I et II. Paris: A. Lavavasseur, 1831.

SÜSSEKIND, Flora. *Papéis colados*. Rio de Janeiro: Ed. UFRJ, 1993.

TENENTI, Alberto. *Il senso della morte e l'amore della vita nel Rinascimento (Francia e Italia)*. Giulio Enaudi Editore, 1957.

TENENTI, Alberto. *La vie et la mort à travers l'art du XVe siècle*. Paris: Librairie Armand Colin Ed., Cahiers des Annales 8, 1952.

TORRES-MARCHAL. A lenda do Tatuturema. *Eutomia*. Revista Online de Literatura e Linguística do Departamento de Letras da Universidade Federal de Pernambuco. Ano II, N. 2 – Dezembro de 2009.

TUNISON, Joseph S. *Dramatic traditions of the dark ages*. Chicago: The University of Chicago Press, 1907.

UTZINGER, Hélène et Bertrand. *Itinéraires des Danses macabres*. Chartres: Éditions J.M. Garnier, 1996.

VARELLA, Fagundes. *Obras Completas*. Rio de Janeiro: Garnier, 1919.

VASCONCELOS, Sandra Guardini. *Dez lições sobre o romance inglês do século XVIII*. São Paulo: Boitempo, 2002.

VEUILLOT, Louis. *Les pèlerinages de Suisse*. Tours: A. Mame et Cie, cinquième édition, 1845.

VERÍSSIMO, José. *História da Literatura Brasileira*. De Bento Teixeira a Machado de Assis. 5a edição. Rio de Janeiro: José Olympio, 1969.

VERÍSSIMO, José. *Estudos de Literatura Brasileira: 2a série*. Belo Horizonte: Itatiaia; São Paulo: Ed. Usp, 1977.

VERLAINE, Paul. *Poèmes saturniens*. Paris: Alph. Lemerre Éditeur, 1867.

Vifs nous sommes... morts nous serons: la rencontre des trois morts et des trois vifs dans la peinture murale en France. Groupe de recherches sur les peintures murales. Vendôme: Éditions du Cherche-Lune, 2001.

VIGARELLO, Georges. *O limpo e o sujo. Uma história da higiene corporal.* Tradução: Mônica Stahel. São Paulo: Martins Fontes, 2002.

VOVELLE, Michel. A história dos homens no espelho da morte. In: BRAET, Herman e VERBEKE, Werner (orgs.). *A morte na Idade Média.* São Paulo: Ed.USP, 1996.

VOVELLE, Michel. *La Mort et l'Occident de 1300 à nos jours.* Paris: Gallimard, 1983.

WARREN, Florence. *The Dance of Death.* Edited from MSS. Ellesmere 26/A.13 and B.M. Landsdowne 699, Collated with the other extant MSS. Londres: Oxford University Press, 1931.

WARTON, Thomas. *History of English Poetry – From the eleventh to the seventeenth century.* London, Vincent Brooks, 1778-1781. Disponível em https://archive.org/stream/historyofenglis02wartuoft/historyofenglis02wartuoft_djvu.txt

WEISKEL, Thomas. *O sublime romântico.* Estudos sobre a estrutura e psicologia da transcendência. Tradução de Patrícia Flores da Cunha. Rio de Janeiro: Imago, 1994.

WILLER, Claudio. *Um obscuro encanto: gnose, gnosticismo e a poesia moderna.* Rio de Janeiro: Civilização Brasileira, 2010.

Índice de imagens

Introdução

Figura 1. O cemitério da Consolação no Dia de Finados.
Fonte : *Cabrião*: semanário humorístico, 2000   13

Capítulo 1

Figura 1: Efíge de François de La Sarra, 1380-1400.
Capela de Saint-Antoine, Vaud, Suiça.
Fonte: www.izymanager.com/chateaulasarraz/   27

Figura 2: Efígie de Guillaume de Harcigny. 1393.
Museu de Laon, França.
Fonte: fr.wikipedia.org/wiki/Guillaume_de_Harcigny   27

Figura 3: Efígie de Jean Lagrange, ca. 1402.
Musée du Petit Palais d'Avignon, França.
Fonte: Fonte: www.petit-palais.org/musee/fr/   28

Figura 4: *O encontro dos três mortos com os três vivos.*
Anônimo, Século XV. Afresco do convento beneditino de Subiaco, Itália.
Fonte: http://www.benedettini-subiaco.it/monastero_sanbenedetto.asp?rid=38
     33

Figura 5: *Le cimetière et l'église des Saints-Innocents.*
Anônimo, c. 1570. Musée Carnavalet em Paris, França.
Fonte:www.carnavalet.paris.fr/fr/collections/le-cimetiere-et-l-eglise-des-saints-
-innocen   41

Figura 6: Galeria do cemitério de Saints-Innocents.
T. J. H. Hoffbauer, 1885.
Fonte: HOFFBAUER, 1885, p. 377.   42

Figura 7: Primeiro painel da dança macabra de *La Chaise-Dieu*.
Meados do século XV. Abadia de La Chaise-Dieu, Alto Loire, França.
Fonte: arquivo pessoal. 44

Figura 8: Detalhe do terceiro painel da dança macabra de *La Chaise-Dieu*.
Meados do século XV. Abadia de La Chaise-Dieu, Alto Loire, França.
Fonte: arquivo pessoal. 45

Figura 9: Afrescos no interior da igreja de Meslay-le-Grenet, França.
Anônimo, final do século XV.
Fonte: arquivo pessoal 46

Figura 10: detalhe da dança macabra de Meslay-le-Grenet.
Anônimo, final do século XV.
Fonte: arquivo pessoal. 47

Figura 11: Os cadáveres-músicos.
Dança macabra de Guyot Marchand, 1485.
Fonte: gallica.bnf.fr 52

Figura 12: O Papa e o Imperador.
Dança macabra de Guyot Marchand, 1485.
Fonte: gallica.bnf.fr 53

Figura 13: O monge, o usurário e o pobre.
Dança macabra de Guyot Marchand, 1485.
Fonte: gallica.bnf.fr 54

Figura 14: Página da dança macabra de Antoine Vérard, 1491.
Fonte: http://www.dodedans.com/ 55

Figura 15: Página da dança macabra de Antoine Vérard, 1491.
Fonte: http://www.dodedans.com/ 56

Figura 16: Página da dança macabra de Antoine Vérard, 1491.
Fonte: http://www.dodedans.com/ 57

Figura 17: Hieronymus Bosch, A *morte do avarento* (1490-1500).
National Gallery of Art, Washington.
Fonte: en.wikipedia.org/wiki/Death_and_the_Miser   66

Figuras 18 e 19: O dia do Juízo.
Livro de horas da família Rohan, 1410-1415.
Fonte:http://commons.wikimedia.org/wiki/Category:Grandes_Heures_de_
Rohan_-_BNF,_Lat._9471   68

Figura 19: O ofício dos mortos.
Livro de horas da família Rohan, 1410-1415.
Fonte:http://commons.wikimedia.org/wiki/Category:Grandes_Heures_de_
Rohan_-_BNF,_Lat._9471   68

Figura 20: Triunfo da Morte no Palazzo Abbatelli, em Palermo, Itália.
Anônimo, século XV.
Fonte: http://it.wikipedia.org/wiki/File:Palermo-trionfo-della-morte-bjs.jpg
                                                        70

Figura 21: Ilustrações do manuscrito *Disputacioun Betwyx the Body and Wormes*.
Anônimo, ca. 1435-1440.
Fonte: www.wga. hu   75

Capítulo 3

Figura 1: Gravura da dança macabra de Holbein: A *Morte e a Rainha*.
Hans Holbein, *Simulachres & histoires facées de la Mort*, 1523-1526
Fonte: HOLBEIN, 1538   131

Figura 2: Gravura da dança macabra de Holbein: A *Morte e o cavaleiro*.
Hans Holbein, *Simulachres & histoires facées de la Mort*, 1523-1526
Fonte: HOLBEIN, 1538   132

Figura 3: Página inteira da dança macabra de Holbein. A *Morte e os recém-casados*
Hans Holbein, *Simulachres & histoires facées de la Mort*, 1523-1526
Fonte: HOLBEIN, 1538   133

Figura 4: Gravura da dança macabra de Holbein: A *Morte e a criança*
Hans Holbein, *Simulachres & histoires facées de la Mort*, 1523-1526
Fonte: HOLBEIN, 1538   134

Figura 5: Frontispício da *The English Dance of Death*
Thomas Rowlandson, 1814.
Fonte: http://www.bonhams.com   139

Figura 6: *The Dance of Death Modernised*
G. M. Woodward, 1808.
Fonte: images. library.yale.edu   140

Figura 7: *Todtentanz*, quarta prancha
Alfred Rethel, 1848
Fonte: BOIME, 1991   142

Capítulo 4

Figura 1: A Morte no baile de Carnaval, *The English Dance of Death*,
Thomas Rowlandson, 1814.
Fonte: www.augustana.edu   219

Figura 2: *Os resultados do Entrudo*
Frederico Guilherme Briggs, 1840.
Fonte: CUNHA, *Ecos da folia*, 2001, Caderno de Ilustrações
                                                               226

Figura 3: Ilustração "O *Carnaval de 1876*" para a *Revista Ilustrada*
Angelo Agostini, 1876.
Fonte: NOVAIS e ALENCASTRO, *História da vida privada no Brasil*, 1997,
p. 69   230

Agradecimentos

O conteúdo desse livro é parte de minha tese de doutorado, apresentada ao Departamento de Letras Clássicas e Vernáculas da Universidade de São Paulo, defendida em 2014. Gostaria de agradecer à CAPES pelo auxílio financeiro durante o curso e à FAPESP, pelo apoio concedido à sua publicação.

O processo de desenvolvimento dessa pesquisa coincidiu com momentos especialmente dolorosos de minha vida pessoal. Algumas presenças foram fundamentais para que não esmorecesse o desejo de concluí-la, apesar das dificuldades. Minha mãe Lucy e meu irmão Lucas são, dentre elas, certamente, as mais importantes.

Eliane Robert Moraes, mais do que orientadora, foi, para mim, inspiração e força, em todas as etapas. Agradeço, de todo o coração, a confiança e a amizade.

Sou também imensamente grata ao professor Camille Dumoulié, pela sugestão do tema do último capítulo e por me presentear com uma belíssima Apresentação.

Às professoras Marisa Werneck, Cilaine Alves, Andrea Daher e Lucia Sá, agradeço a participação na banca examinadora, a leitura atenta do texto e as sugestões e comentários valiosos.

Ao amigo Cid Vale Ferreira, meu agradecimento pela ajuda prestada no início da pesquisa e pela indicação da ilustração usada na Introdução.

E aos meus editores, Joana Monteleone e Haroldo Ceravolo, pelo carinho com que tratam meu texto e pelo entusiasmo em transformá-lo em livro: muito obrigada!

*(...) quem entre nós poderia dizer
que não tremeria diante da visão
de um cadáver coberto de vermes?*

Georges Bataille, O *erotismo*

Alameda nas redes sociais:
Site: www.alamedaeditorial.com.br
Facebook.com/alamedaeditorial/
Twitter.com/editoraalameda
Instagram.com/editora_alameda/

Esta obra foi impressa em São Paulo no verão de 2018. No texto foi utilizada a fonte Electra LH em corpo 10,5 e entrelinha de 15 pontos.